视觉新知口袋书系列

经济学入门很简单

看得懂的极简经济学

[日] 菅原晃 著
龚宁 崔扬 译

図解 使えるマクロ経済学

人民邮电出版社
北京

图书在版编目（C I P）数据

经济学入门很简单 ： 看得懂的极简经济学 / (日)
菅原晃著 ； 龚宁, 崔扬译. -- 北京 ： 人民邮电出版社,
2019.6（2021.3 重印）
ISBN 978-7-115-49599-0

Ⅰ. ①经… Ⅱ. ①菅… ②龚… ③崔… Ⅲ. ①经济学
—通俗读物 Ⅳ. ①F0-49

中国版本图书馆CIP数据核字(2018)第229310号

内 容 提 要

经济学不是晦涩难懂的模型和数字，而是使我们变得更聪明的学科。本书以简短的文字和直观的图表，描述复杂的宏观经济现象及问题，揭示其背后的经济理论。尤其本书的第三部分，不仅涉及经济学的主要流派及其观点，而且论述精准、合理，为读者进一步研习经济学奠定良好的基础。

本书图文并茂，可视化程度高，逻辑严密，系统性强，既适合作为经济学初学者的入门读物，也适合已经受过一定经济学训练的读者找回初心，重新发现经济学的现实智慧。

◆ 著 ［日］菅原晃
译 龚 宁 崔 扬
责任编辑 郭 媛
责任印制 周昇亮
◆ 人民邮电出版社出版发行 北京市丰台区成寿寺路 11 号
邮编 100164 电子邮件 315@ptpress.com.cn
网址 http://www.ptpress.com.cn
北京虎彩文化传播有限公司印刷
◆ 开本：850×1100 1/32
印张：8.125 2019 年 6 月第 1 版
字数：249 千字 2021 年 3 月北京第 6 次印刷
著作权合同登记号 图字：01-2017-6257 号

定价：49.80 元

读者服务热线：(010)81055296 印装质量热线：(010)81055316
反盗版热线：(010)81055315
广告经营许可证：京东市监广登字 20170147 号

译者序

伴随着中国经济的飞速发展，经济学的学习者越来越多，经济学等相关专业早已成为高校的热门专业，即使在高中课程中也有所涉及。然而，随着学习的深入，我们常常被经济学的模型所累，越来越数学化的经济学，逐渐让学习者忘记了经济学的本意而产生似乎是在学习数学的困惑。经济学到底研究的是什么？我们为什么要学习经济学？著名的经济学家曼昆在他的经济学科普读物《经济学原理》中说：“经济学研究的就是人类的日常生活。我们学习经济学有三个目的：其一是帮助我们了解我们所生活的世界；其二是帮助我们更聪明地参与到经济活动中；其三是帮助我们更好地了解经济政策的实质及其局限性。”也就是说，经济学应该是使我们变得更聪明的学科，而不只是一些让人头疼的模型和搞不清意义的数字。菅原晃先生的这本著作，似乎让我们找到了经济学的“初心”。

感谢人民邮电出版社给译者这个机会翻译这本《图解实用宏观经济学》，译者在翻译过程中获得了极大的乐趣，现归纳为以下三点与读者分享。

首先，这本书的编排方式非常有趣，在每一页文字之后，都附有可视化和逻辑性极强的图表，为读者及时归纳和总结每一节的要点。事实证明这种方式非常有效。实际上译者在翻译时，也经常对比文字页和图表页，互相印证，互做补充。

其次，了解经济学流派是宏观经济学学习中非常重要、不可或缺的一部分。但是，经济学流派本身非常庞杂，要对其做详尽解释，并非易事。然而，作者作为一名受过系统性经济学训练的高中老师，一方面对经济学理论本身非常熟悉，更重要的是他非常擅长以简短的文字描述复杂的经济问题。书中的第三部分不仅涉及了经济学的主要流派及其观点，而且论述精准合理，为读者进一步研习经济学各流派奠定了良好的基础。

最后，我们经常在市面上看到的多是西方学者的经济学著作，比如萨缪尔森、曼昆、克鲁格曼、范里安等，对于中国的学生来说，这些都是耳熟能详的名字。但是我们对于日本经济学者还比较陌生，更遑论对日本经济史的了解。然而不论是“日本奇迹”还是“失去的二十年”，这些命题都是非常值得研究的经济学现象，对这些现象的解读在一定程度上也改变了经济学的发展方向。菅原晃先生的这本著作为我们补上了这一课，对我们增进对邻国的了解，想必有所助力。

译者认为，这本书既适合初学者，也很适合已经受过一定经济学训练的读者。对于初学者来说，这本书是一本非常好的入门读物，通过阅读，读者可以理解新闻报纸上大部分经济学术语的含义，对于经济运行想必也有更深的体会。而对于受过一定程度经济学训练的读者来说，在厌倦了模型化的经济学、厌倦了“无计量不经济”的研究后，他们可以试着找回初心，重新发现经济学的现实智慧，也许这样才能继续前行吧。

龚宁　崔扬

2017 年 11 月 6 日于北京

前言

本书所面向的是想要从日常繁忙的工作生活中抽出一点时间来了解经济学常识的人（有效利用自己的时间正是对经济学中比较优势理论的一种实践）以及经济学初学者。

虽然现在市面上有很多以“简单易懂”为宣传卖点的经济学入门书或教科书，但基本上面向的都是为了通过相关资格考试、已经具备一定经济学知识的人或经济学专业的本科学生。对于毫无经济学背景的一般人来说，要读懂这些书比较困难，需要花费在阅读上的时间也比较多。另一方面，市面上还有许多书只解说经济现象，却不阐述其背后的经济学理论。

正如保罗·克鲁格曼所说，“流行经济学关于贸易是国与国之间非输即赢的竞争这种观点，完全无视了经济学家200年来所有的思考与研究”（《流行的国际主义》）。岩田规久男也提到，“日本由于很长一段时间根本没有学习经济学的意识，导致门外汉经济学大行其道。打比方来说，门外汉经济学犹如地心说，正统经济学则如同日心说，虽然前者似乎更容易理解但却是彻头彻尾的谬误。我不能放任国民就这样追随谬误”（《用经济学的方式思考》）。

本书将尝试结合经济现象等常识，尽可能通俗地讲解经济学的专业知识与理论。经济学是一门不断变化的科学，因此在讲解经济学理论的同时我们还将追溯经济学的历史，从经济学的诞生讲到当代标新立异的货币政策。

本书浓缩了经济学200年来的理论和发展，读者不能期望花10分钟就全部读完并且完全掌握。然而，希望读者在不断阅读和复习的过程中，能够形成牢固的经济学思维方式，甚至亲身体会到当年坚持“日心说”的科学家们的感受。

如今，面对停滞不前的日本经济，有人指出“心灵的繁荣比经济繁荣更值得重视”。然而我们不能忘记由于战争，日本曾经经历过国民收入下降超过20%的时期。以下描写引述自当时的作家壶井荣的著作《二十四只眼睛》（该书也被改编为电影）。

- 年龄相当于现在小学 6 年级学生的孩子，从学校退了学，早早地开始工作。
- 穷困，生病了也没有钱医治，只能等死。
- 因为肚子饿，想要摘柿子吃，却从柿子树上掉下来，摔死了。

提高生活水平意即增进社会福利。贫困国家的社会福利自然无法与发达国家相比。经济增长同时意味着社会福利（健康、寿命、公共卫生）的增进与充实。马歇尔（参见第 3.10 节）认为“cool head, but warm heart（冷静的头脑，热血的心）”是经济学研究者必备心得。经济学是一门研究如何有效利用资源以实现福利最大化的科学，可不只是考虑如何赚钱那么简单。

本书如果能够为您打开一扇了解经济学的大门，将是笔者最大的荣幸。

菅原晃

书中的内容，存在部分理论简化以及略过理论的争论和发展过程。特此说明。

本书为一本经济学的科普性读物，作者通过大量日本案例和数字，向读者介绍经济学的概念、理论和思维方式，其所揭示的经济学规律具有通用意义及普适性，对于读者开始了解经济学，以及把握经济运行的规律具有很大的帮助。——译者注

目录

第 1 章　GDP 与贸易

第 2 章 国债与经济的未来走向

第 3 章 不断变化的经济学

第1章 GDP与贸易

高储蓄率会导致贸易顺差，这是 GDP 的奇妙机制

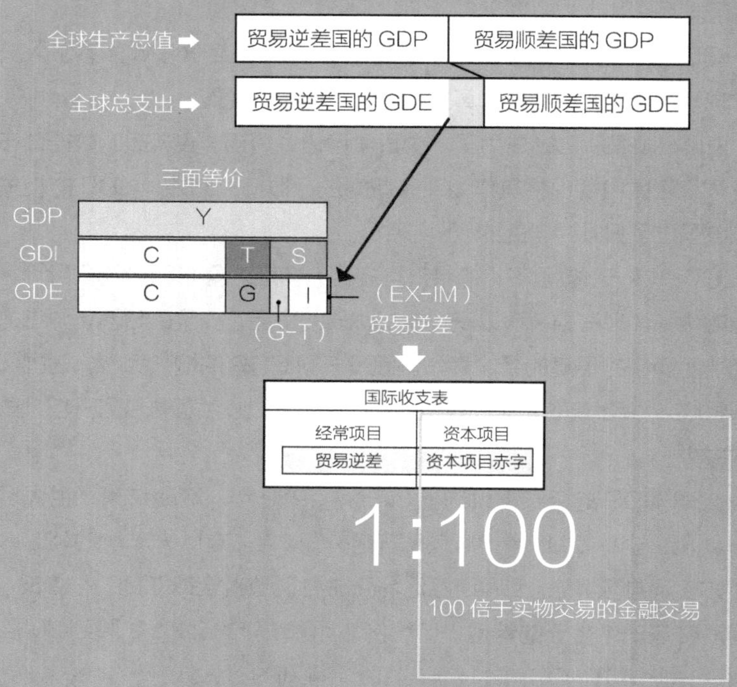

将看不见的经济可视化

什么是 GDP？

GDP 是经济的重要内容。GDP 与人均 GDP 的增减是国民必知的经济指标。

GDP（Gross Domestic Product，国内生产总值）是所有经济指标中最为重要的一个，它指的是在一定时期内一个国家生产的所有最终产品和劳务的市场价值。简单地说，整个国家中所有人的收入加起来，就是一国的财富收入。经济增长率所表示的则是与上一年度相比，GDP 的增长情况。

GDP 的核算依据是国际共通的 SNA（国民经济核算体系）。宏观经济学也同这个日益精细的计算指标一道不断向前发展。

如今，GDP 已经成为了一个日常用语。每当季度 GDP 数据公布时，无论报纸还是电视都将其作为头条新闻进行报道。此外，GDP 的相关知识还被收录进了日本中学生的教科书中。

GDP 是一个将看不见的经济可视化的指标。同 GDP 小国相比，GDP 大国的优势体现在国民可以获得更加优质的食品、安全的环境、先进的医疗以及伴随而来的更高的平均寿命。假设一国 GDP 的增长为零，则国民整体收入将陷入零和博弈，即一部分国民收入的增加必然意味着另一部分国民收入的减少。

全球 GDP 的增长率大约是 3.5%。1989 年，冷战结束，世界经济实现一体化，全球 GDP 约为 20.5 万亿美元。到 2011 年，全球 GDP 已达到 1989 年的 3.4 倍，即 70 万亿美元左右。随着全球 GDP 的增长，每日人均消费低于 1 美元的特困人口比例从 1990 年的 29% 下降到 2004 年的 18%。由此可见，GDP 的增长亦即社会福利的提高。

什么是 GDP？

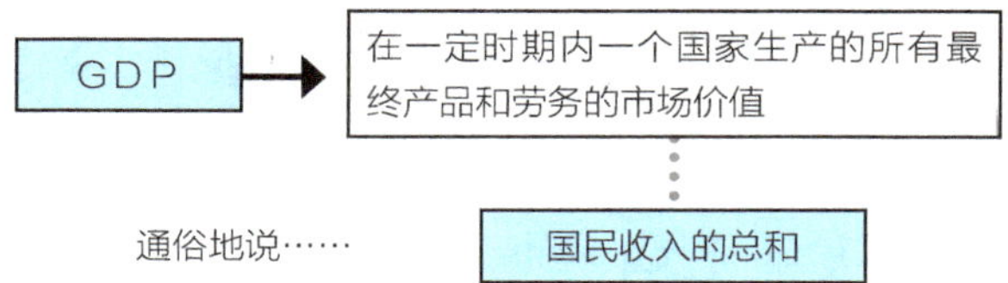

日本的名义 GDP（2012 年）

（单位：10 亿日元；存在四舍五入误差，内阁府《国民经济核算》）

名义 GDP 优势国

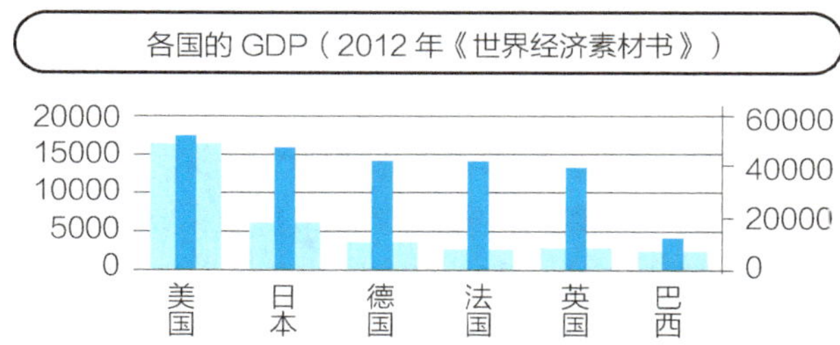

名义 GDP（左，单位：10 亿美元）　人均名义 GDP（右，单位：美元）

一则小插曲

第二次世界大战后，日本的经济官员无法应要求向 GHQ（驻日盟军总司令部）提供 GDP 数据。最高司令官麦克阿瑟就此询问首相吉田茂，为何日本无法提供相关经济数据。吉田茂首相回答道："日本从来就没有过经济数据。如果有的话，就不会发动战争了；或者即使发动了战争，也不会落到现在这般下场。"

小室直树
(1932~2010)
经济学家、法学家、法律社会学家

GDP 的计算

GDP 作为国民经济核算的内容，在日本由内阁府负责，每季度公布一次 GDP 公告，每年公布一次国民经济核算终报。

GDP 并非销售额，而是附加价值（利润）的总和。

在此，假设一个国家只存在农民、纺织品商和服装制造商。下页图中，设农民的产值为 100 万日元，纺织品商为 150 万日元，服装制造商为 200 万日元，则总产值为 450 万日元。GDP 是附加价值的总和，也就是说纺织品商从农民手中买入 100 万日元的原材料用以加工成布料（中间产品）销售，其中新增的价值为 150-100=50 万日元。同样地，服装制造商从纺织品商手中买入 150 万日元的布料用以加工成服装（最终产品）销售，其实际新增价值为 200-150=50 万日元。因而，这个国家的 GDP 就等于每一阶段的新增价值的总和，即农民 100 万日元 + 纺织品商 50 万日元 + 服装制造商 50 万日元，总计为 200 万日元。

GDP 是一个市场价值的概念，各种最终产品的市场价值是在市场上完成交换的价值。因此，雇用家政服务所产生的价值会被计入 GDP，而家庭主妇的家务劳动以及志愿者服务不会被计入 GDP。此外，由于 GDP 核算的是新增的价值，因此二手车及二手房的销售收入也不会被计入（但是交易中产生的手续费会被计入）。

1993 年之前，我们一直将 GNP（Gross National Product，国民生产总值），即现在所说的 GNI（Gross National Income，国民总收入）作为代表性指标使用。GNP 是 GDP 加上本国国民在国外创造的价值总和，减去外国国民在本国创造的价值总和。

在人才流动频繁的全球化时代，GDP 才是衡量一国经济的最佳指标。

如何计算 GDP？

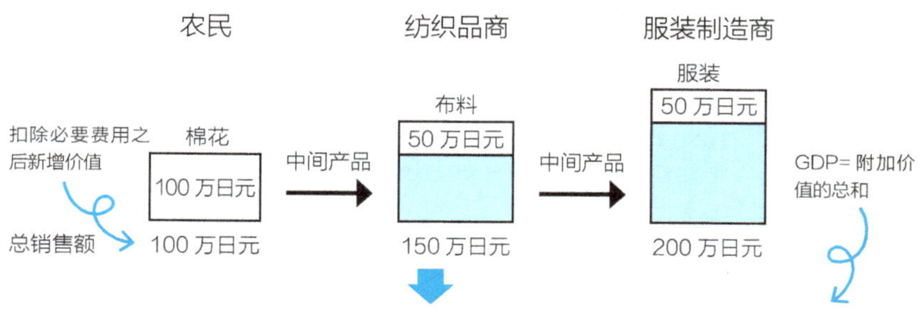

这些项目也需要计入 GDP 核算

① 农民自己的消费	自己吃的食物在生产过程中由于消耗了原料、肥料、燃料等，应计入 GDP 核算。
② 自有住房租金	居民自有住房服务价值应通过估算租金的方式计入 GDP。核算时应该考虑各国自有住房比例和出租率的不同，采用适当的方法。
③ 公务员	公安、消防等公共服务部门向社会提供的服务虽然不在市场上流通，但要将其视作政府的最终产品和劳务计入 GDP。
④ 金融机构	利息收入虽然并非最终产品，但要作为附加价值计入 GDP。

GDP 与 GNP（GNI）区别

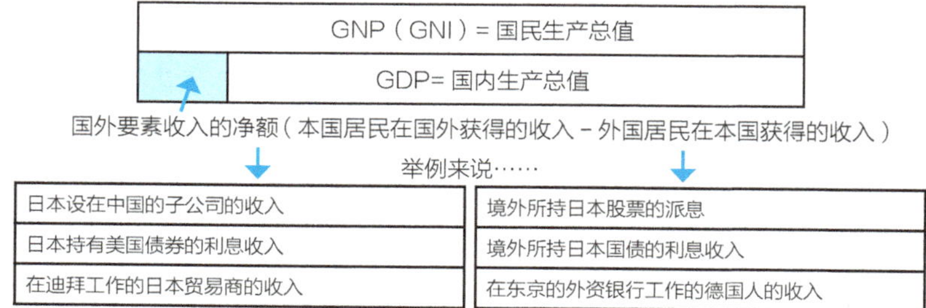

GDP 与 GNP（GNI）的趋势　名义值（单位：10 亿日元；内阁府）

	2010 年	2011 年	2012 年
GNP（GNI）	495358.7	485985.9	488821.9
GDP	482384.4	471310.8	473777.1

GDP 平减指数

日本政府在 2001 年 3 月的月度经济报告中宣布："日本经济处于温和的通货紧缩中。"此前十年和后十年被称为"失去的二十年"。

假设某国上一年度的 GDP 是 500 万亿日元。本年度由于面包和车辆的产量增加、餐厅的营业额上涨，GDP 增长了 10%，达到 550 万亿日元。

此时，如果物价也同样上涨了 10%，会发生什么呢？无论购买面包、车辆还是到餐厅就餐，所需花费的金额也都会跟随物价的上涨而增加。但是这部分 GDP 的增长仅仅是物价水平上升所带来的，实际购买面包和车辆的数量以及到餐厅就餐的次数并没有任何变化。

如此，我们把将价格变动从数量变动中分离出去的 GDP 称作实际 GDP。名义 GDP 则是以价格为单位进行计算的市场价值总和。在物价上涨 10% 的情况下，名义 GDP 从 500 万亿日元增长到 550 万亿日元只是一种假象，事实上社会总产量并没有增加，国民的生活水平也没有实质性提高。

如果一国处在通货紧缩状态中，则名义 GDP 低于实际 GDP。倘若处于经济增长期，尤其是快速增长期，则名义 GDP 会高于实际 GDP。

实际 GDP 增长意味着社会生产的产品和提供的服务增加了，而另一方面，名义 GDP 没有增长则意味着工资收入的票面价值没有变化。那么倘若受到通货紧缩的影响物价下降，则相同面额的货币的实际购买力上升，花费同样的 1 万日元可以购买到的产品和服务增加了，这也可以认为是实际收入的增加。

在日本"失去的二十年"中，1997 年是名义 GDP 的峰值，实际 GDP 则在 2013 年达到历史最高点。日本人是否从中真正感受到了生活水平的提高呢？

名义 GDP 与实际 GDP 的区别

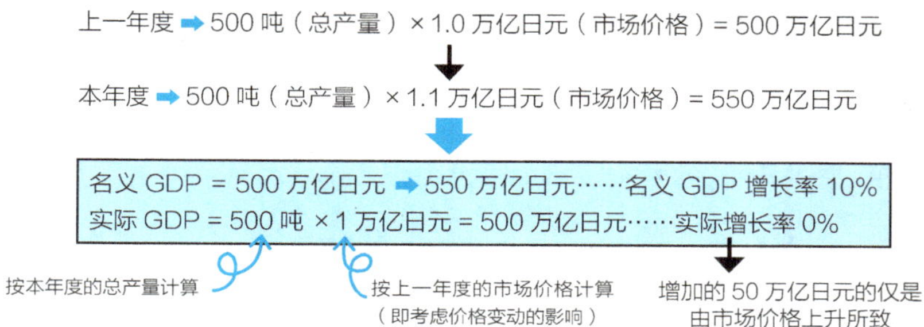

GDP 平减指数

GDP 平减指数 ➡ 通过名义 GDP 计算得出反映产量变动的实际 GDP 所需要使用的指数

$$\text{GDP 平减指数} = \frac{\text{名义 GDP}}{\text{实际 GDP}} \times 100\%$$

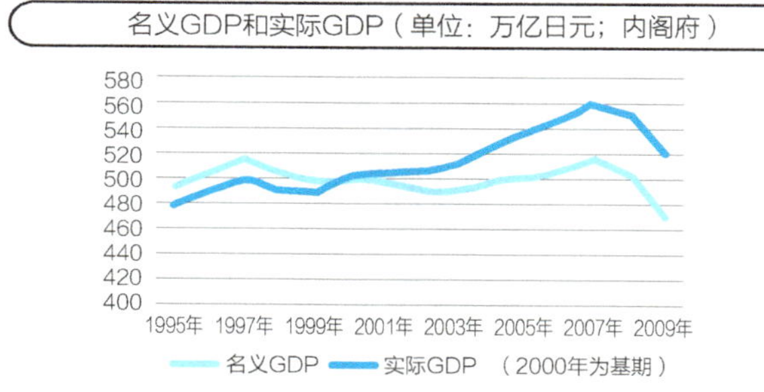

在日本，近年由于通货紧缩，名义 GDP 低于实际 GDP。左图以 2000 年为基期，该年，名义 GDP 与实际 GDP 相同，事实上从 1995 年开始名义 GDP 与实际 GDP 的走向就开始颠倒。

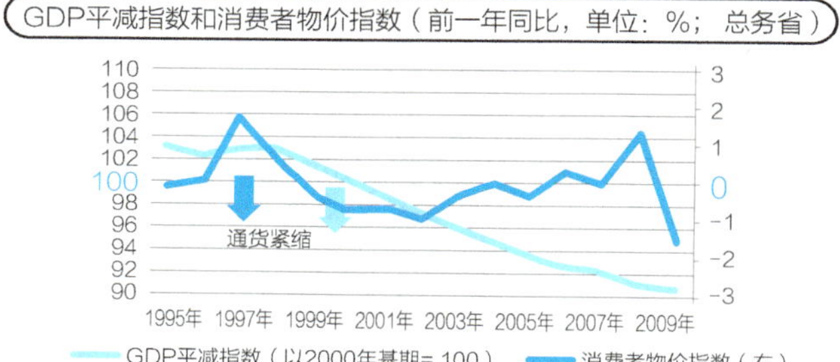

GDP 平减指数低于 100 即为通货紧缩。消费者物价指数（参见第 2.8 节）低于 0 亦为通货紧缩。左图虽然以 2000 年为基期，但是实际上除了 1998 年，自 1997 年以来 GDP 平减指数全部都低于 100。

生产=分配=支出

GDP 的三面等价原则（1）

通过 GDP 的核算方法可以看到，我们的支出转而会成为别人的收入。社会经济状况会因消费支出增多而大幅变动。

GDP 的增加，意味着收入增加，也即可供消费支出的资金增加了。在实际核算中，GDP 的三种核算方法分别体现了 GDP 的三种表现形态，即①生产 = ②分配 = ③支出，这就是 GDP 的三面等价原则。

假设拉面店一个月的销售额为 100 万日元。当面条及配料的原料（中间产品）成本为 30 万日元时，通过①生产法核算，该拉面店的 GDP 为 70 万日元。

另一方面，拉面店用收入支付店铺租金、店员工资、贷款利息和税金等费用之后，存下剩余金额。支付出去的费用与剩余金额的总和 70 万日元即通过②分配法核算的 GDP。

此外，拉面店一个月的收入换个角度看即顾客在拉面消费所支付的金额。这就是③支出法的核算方式。顾客向拉面店支付了 100 万日元，其中 30 万日元被拉面店用于购买原料，则最终消费支出为 70 万日元。

由此可见，无论使用①生产、②分配、③支出中的哪种核算方法，得到的 GDP 都是同样的 70 万日元。

GDP（国内生产总值）= GDI（国内总收入）= GDE（国内总支出）。

和 GDP 的三面等价原则类似，GNP 的三面等价也同样成立。

由此，依据 GDP 的三面等价原则，GDP（国内生产总值）= GDI（国内总收入），可以说 GDP 增加也就意味着国民收入的增加。

以拉面店为例说明 GDP 的三面等价原则

从生产方面来看

销售额 100 万日元 - 原料（中间产品）成本 30 万日元 = 70 万日元（附加价值）

从分配方面来看

附加价值 70 万日元 = [租金，人事费用，税金等（分配）] …… [盈余]

分配对象收入 + 生产者收入 =70 万日元

从支出方面来看

顾客 100 万日元 - 原料（中间产品）成本 30 万日元 = 70 万日元

全部是 70 万日元

生产 = 分配 = 支出

↓

GDP（国内生产总值）= GDI（国内总收入）= GDE（国内总支出）

生产总值、总收入、总支出一览

国内指标

①生产总值	GDP （国内生产总值）	Gross Domestic Product
②总收入	GDI （国内总收入）	Gross Domestic Income
③总支出	GDE （国内总支出）	Gross Domestic Expenditure

国民指标

①生产总值	GNP （国民生产总值）	Gross National Product
②总收入	GNI （国民总收入）	Gross National Income
③总支出	GNE （国民总支出）	Gross National Expenditure

国内经济指标与国民经济指标的区别

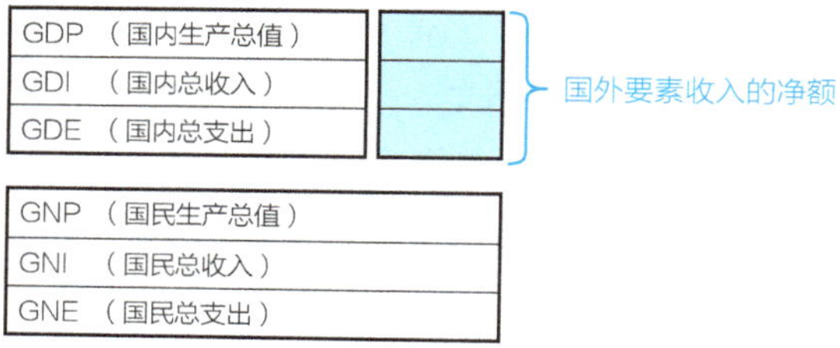

GDP （国内生产总值）	
GDI （国内总收入）	
GDE （国内总支出）	

国外要素收入的净额

GNP （国民生产总值）
GNI （国民总收入）
GNE （国民总支出）

投资（I）= 储蓄（S）1

GDP 的三面等价原则(2)

对 GDP 三面等价原则的理解程度，是流行经济学与正统宏观经济学理论的分歧点所在。了解概念和熟练运用之间有着天壤之别。

那么，我们就利用 GDP 的三面等价原则来阐明经济的本质吧。这是迈入经济学领域的门槛。请看下图。

用公式来表示生产、分配、支出

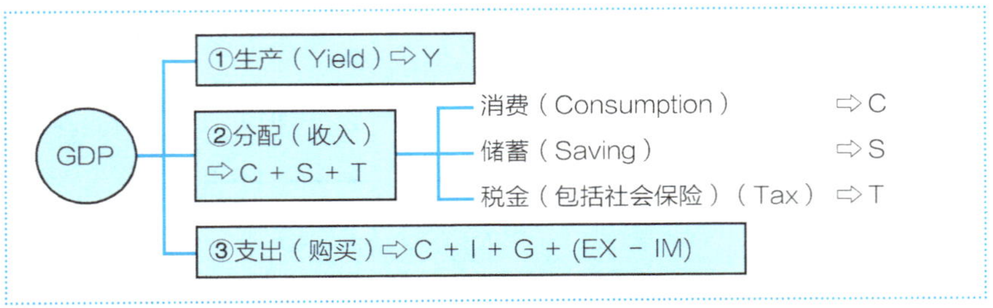

首先，①生产用 Y 来表示。这是“生产”的英文单词 Yield 的首字母。

其次是②分配。当我们收到工资报酬之后会如何使用呢？不外乎消费、储蓄、缴纳税金（包括社会保险）这三种选择。例如一个高中生通过兼职获得了 1 万日元，他用其中的 5000 日元购买衣服，同时支付了 400 日元的消费税（税率 8%），然后将剩余的 4600 日元存了起来。这虽然是一个再简单不过的例子，但是已经基本囊括了收入的所有分配方式。以家庭为单位的收入所得，也不外乎是用于支付家庭生活开销、缴纳税金和储蓄。

此处所说的“储蓄”指的是所有未使用的资金。也就是说，这些资金无论是放在钱包中，还是存在银行里，或者借给了某人，都没有关系，重点是没有被用于消费或其他支付。

以企业作为主体来看也是同样的道理。企业收入的分配方式也可归纳为购买用于生产的原材料（如餐厅这种服务业则是购入食材、为服务员定制统一制服等），缴纳所得税、消费税等税金和保险，以及盈余三种。

收入分配无论是以企业为主体，还是以个人为主体，甚或以地方政府为主体，都同样可归纳为消费、储蓄、税金三种方式。

用英语单词 Consumption 的首字母 C 来表示消费，Saving 的 S 来表示储蓄，Tax 的 T 来表示税金（包括社会保险），则②分配就可以用公式表示为 C+S+T。

再次是③支出（购买）。在此补充一点，以一国为经济体来说的供给和需求被称为总供给和总需求。总供给（卖方）是指社会能够提供的产品和劳务的总量，总需求（买方）则是指社会对产品和劳务的需求总量。

推导支出公式的过程

首先，总供给（卖方）包括两个部分，一是由一国国内生产活动提供的产品和劳务，二是由国外提供的产品和劳务。比如说我们饮用的茶是由本国生产的，但咖啡却是国外生产的。在此，用 Y 来表示一国国内生产活动提供的产品和劳务，即 GDP。由国外提供的产品和劳务，即产品和劳务的进口，用英语单词 Import 的头两个字母 IM 来表示。

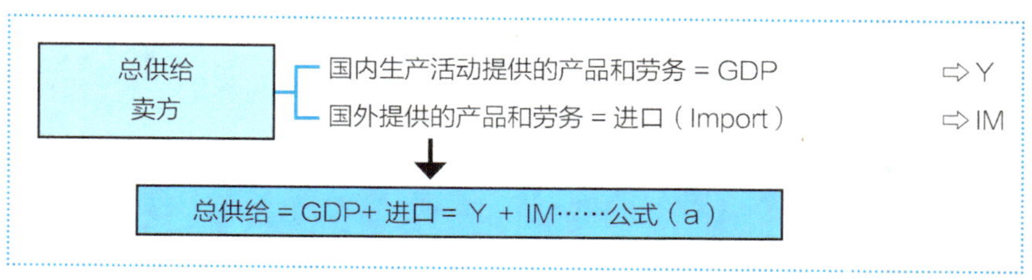

接下来是总需求（买方），一国国内的买方包括个人、企业和政府，他们的需求分为消费需求和投资需求两类。

个人是消费需求的主力（比如购入住房，或进行住房投资）。企业是投资需求的主体，比如对工厂、机器、店面、车辆等设备进行投资，以及投资库存以避免缺货等。政府（国家、地方）需求则包括对桥梁、道路和港口等设施建设的投资需求，以及购买产品和劳务的消费需求。

用英语单词 Consumption 的首字母 C 来表示消费，Investment 的 I 来表示投资，Government 的 G 来表示政府支出，则总需求（买方）就可以用公式表示为 C+I+G。

此外，总需求还包括国外需求（外需）。外国人也会购买本国国内生产的产品和劳务，例如本国生产的车辆及家电产品就很受外国顾客青睐。这就是出口，用英语单词 Export 的头两个字母 EX 来表示。由此，总需求的全部构成即为 C+I+G+EX。

综上可以得知，总供给 = 总需求。因此，公式（a）= 公式（b）。

Y + IM = C + I + G + EX。

将 IM 移项至等式的右边可以得到如下公式。

Y = C + I + G +（EX−IM）。

国内生产总值 = 消费 + 投资 + 政府支出 +（出口 − 进口）。

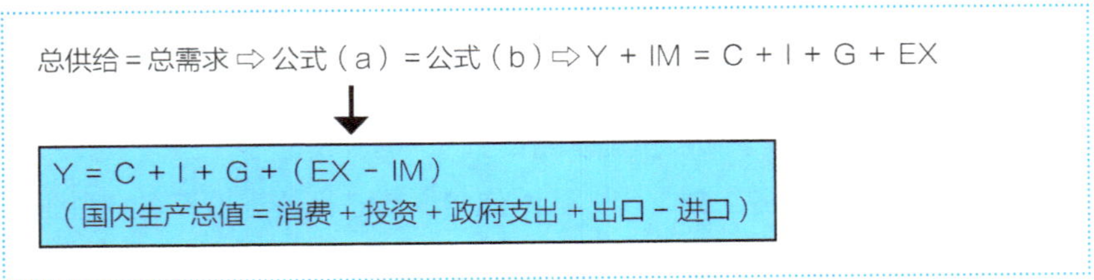

从国外进口的产品和劳务不计入国内生产总值，将这部分扣除后即可得到国内总支出。

投资（I）= 储蓄（S）

① 生产 = Y。

② 分配 = C + S + T。

③ 支出 = C + I + G +（EX − IM）。

以上是 GDP 三面等价原则的所有相关公式。由此，我们可以得到下面的公式。

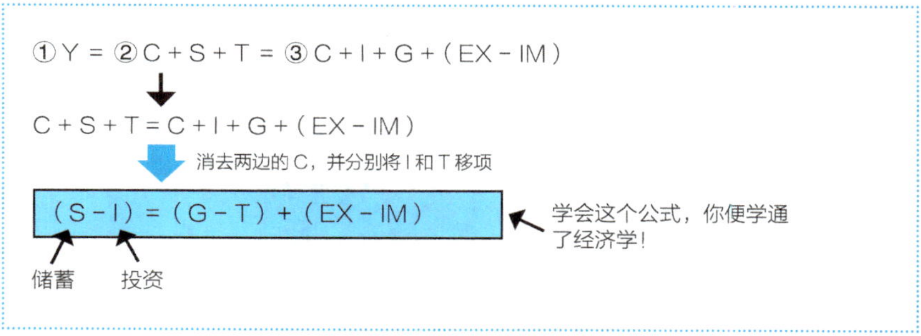

①Y = ②C + S + T = ③C + I + G +（EX − IM）

↓

C + S + T = C + I + G +（EX − IM）

↓ 消去两边的 C，并分别将 I 和 T 移项

（S − I）=（G − T）+（EX − IM） ← 学会这个公式，你便学通了经济学！

储蓄　投资

将等式两边的 C 消去，并分别将 I 和 T 移项之后，便得出了宏观经济学最重要的公式之一，即储蓄投资恒等式。流行经济学与正统宏观经济学的分歧点，就在于是否能够理解这个公式。

储蓄投资恒等式：（S − I）=（G − T）+（EX − IM）。

投资（I）= 储蓄（S）2

GDP 的三面等价原则(3)

由三面等价图可以看出，贸易顺差、逆差同财政赤字、盈余并不是相互孤立的现象，而是长在同一棵树上的枝叶。

来试着分析一下三面等价图吧！

在下面的三面等价图中，同时表现了资金（资本）的动向与产品和劳务（实物）的动向。

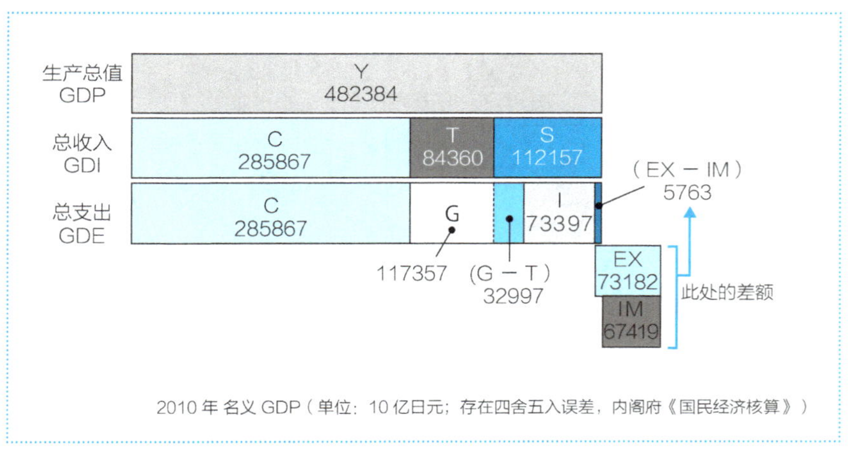

2010 年 名义 GDP（单位：10 亿日元；存在四舍五入误差，内阁府《国民经济核算》）

国内生产总值 Y 是生产产品和提供劳务过程中所产生的附加价值的总和。上图中的数字同时表现了产品和劳务的流动，以及资金的动态。

在经济学中，对于事情和现象的分析应当是多维度的。如果不遵守这个原则的话，就和流行经济学的简单粗暴毫无区别了。本书始终遵循多维度分析的原则（即从多角度分析问题）。

那么，我们现在就来从不同维度试着分析看看三面等价原则和储蓄投资恒等式吧。

从不同维度分析

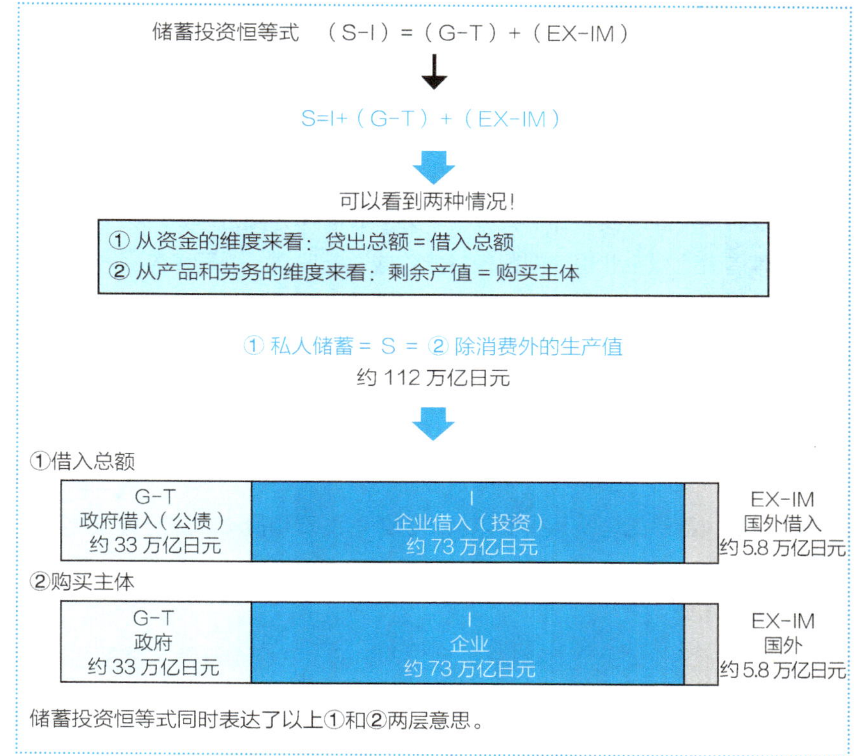

① 贷出总额 = 借入总额。

储蓄投资恒等式的左边的 S 表示储蓄，可以理解为贷出的金额。S 是本国每个居民（或每家私营公司）的私人储蓄，因而可以将居民看作是贷出资金的人。

右边的 I、（G − T）、（EX − IM）则是借入资金。I 是私人借入，（G − T）是政府借入，（EX − IM）是国外借入。

I 是以企业为主体进行的投资。企业资金来源的其中一种是从银行借入资金。此外还可通过发行股票、发行公司债券等形式筹措资金。将筹得的资金用于设备或广告宣传等投资，以提高产品或劳务的产出。此外，个人借款

（例如：住房贷款）也包括在内。由此，I 可以表示私人借入资金的情况。

（G－T）代表政府储蓄。G 表示政府（国家、地方）用于消费和投资所需支出的资金，T 表示税金。当政府所需支出的资金高于税金时，就出现了“财政赤字”。此时政府就需要通过发行公债（包括国债和地方债）来筹措财政资金。

（EX－IM）代表的是用于对国外消费和投资的部分。国外同本国一样，个人、政府、企业以买方的形式存在。外国政府作为买方时，也会通过发行国债来筹措资金；企业也会向银行贷款，或发行股票、公司债券。一国购买国外的国债或国外公司的股票、债券，或在国外存款，或直接对外投资（如在国外投建工厂等），都可以看作是国外向本国借入资金。

② 剩余产值 = 购买主体。

接下来，我们来看看是谁购买了经由生产活动提供的最终产品和劳务。换句话说，从支出方面来看，和储蓄等额的支出来自哪些主体。这些支出来自企业投资、政府的消费和投资以及对国外的消费和投资。政府通过发行公债，代替私人进行消费和投资。国外购买一国国内没有被消费的产品和劳务则形成贸易顺差。

由此，通过对以上①贷出总额 = 借入总额、②剩余产值 = 购买主体的阐述，我们可以进一步说明下列问题。

首先是关于贸易顺差的问题。

关于贸易顺差，你的理解正确吗？

贸易顺差流向国外！

EX-IM ⇨ 贸易顺差额 = 对外投资的净额（向国外贷出的资金额度）

（EX-IM）表示贸易顺差，也可以看作一国对国外的投资。

贸易顺差额 = 对外投资的净额（向国外贷出的资金额度）。

那么贸易顺差去了哪里呢？答案是成了本国持有的国外资产。也就是说，贸易顺差并不一定意味着本国国民生活水平的提升。事实上，“贸易顺差是盈利，贸易逆差是亏损”是流行经济学的代表性观点。

关于公债，你的理解正确吗？

G-T ⇨ 公债 = 政府的债务……国民财产

国家的债务增加，也是国民财产的增加！

公债（G-T）表示的是政府的债务，而从购买公债的国民角度出发，也可将其看作是国民财产。

公债 = 政府的债务 = 国民财产。

媒体上时常出现“我国的负债水平高居世界前列”等报道，其实这同时也意味着“一国的国民财产达到了历史最高水平”。将政府负债与家庭收支类比也是流行经济学的观点，在会计原则上是无法成立的。

关于贸易的“贸易顺差就是盈利”和关于财政赤字的“国家负债糟糕透了”是蔓延最广、影响最大的流行经济学观点。在对宏观经济学毫无了解的情况下，很容易被这样的观点所误导，有时甚至会影响一国的发展方针。

那么我们就用宏观经济学来一一验证这些误解。即使只为解开这些误解，相信你也能够从中体会到经济学的价值所在。

贸易顺差 = 国外净资产

贸易顺差等于国外净投资额，即本国对外投资总额减去本国引进的国外投资额；贸易逆差等于本国引进的国外净投资额。贸易顺差增加也就等同于国外净资产的增加。

我们先说结论：贸易顺差是本国将消费控制在收入（生产总值）以下，并不断地向国外进行投资（购买股票或债券、地皮或房产等）的结果。贸易顺差的增加，也就是国外资产的增加。

贸易逆差则是本国持续不断地引进国外投资（股票或债券、地皮或房产、存款），使得其消费高于收入（生产总值）的结果。在日本国内，贸易逆差体现为国外企业的不断增加，如日产、欧力士、花王等（从持有股份的比例来看，这些已经是国外企业了。参见第 1.8 节图）。

依据 GDP 的三面等价原则，全球的生产总值（GDP）= 全球总支出（GDE）。从这个角度来看，贸易顺差即该国将国内生产的一部分产品和劳务卖往国外；贸易逆差即从国外购入产品和劳务。

全球的生产总值，也可说是总支出，正在以令人惊叹的势头突飞猛进（冷战结束后的 20 年间已达到了 3.5 倍的增长）。随之而来的全球的出口量，也可说是进口量，也在飞速增长。

（EX-IM）所表示的贸易顺差，站在一国的角度看是本国向国外贷出的资金（对外投资额），从国外的角度看则是本国在国外所持有的债权（本国持有的国外股票、债券、地皮、房产、存款等）。本国对外投资额 - 本国引进的国外投资额 = 贸易顺差。

通过分析储蓄投资恒等式（三面等价图）我们知道，贸易顺差（产品和劳务的出口超过进口）同时也意味着对外投资额的净增加。这两者必然同时等额发生。

顺差国与逆差国的贸易（资本项目）内容

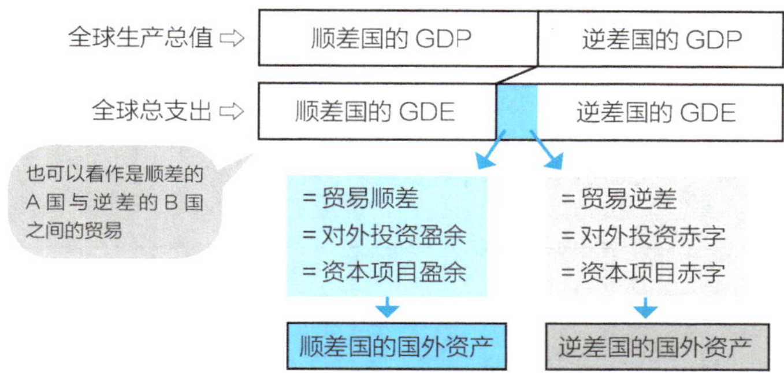

全球 GDP 与出口额的变化

全球 GDP（GDE）与出口额（单位：10 亿美元；总务省、JETRO[日本贸易振兴机构]）

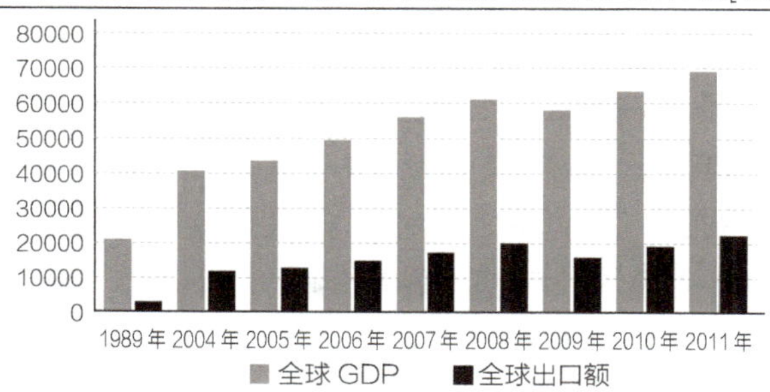

日本的名义 GDP

2010 年 名义 GDP（单位：10 亿日元；存在四舍五入误差，内阁府《国民经济核算》）

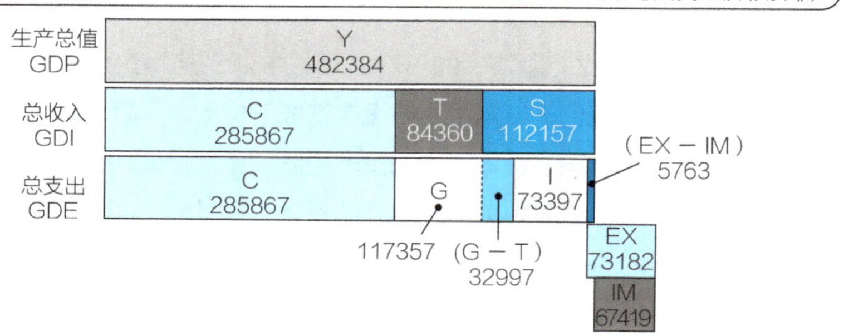

国外净资产

贸易顺差和逆差，反映的是对外投资的情况。无论是外资企业还是本国企业，所产出的 GDP 都会被计入本国国内生产总值。

贸易顺差（产品和劳务的出口超过进口）同时也意味着对外投资额的净增加，贸易顺差额越大，也就是意味着本国的国外资产在不断增加。

国外资产（如一国持有的国外股票、债券、地皮、房产、存款等）扣除对外负债（如国外持有的本国国内的股票、债券、地皮、房产、存款等）之后的部分被称作国外净资产。2012 年年底日本的国外净资产达到 296 万亿日元，成为了全球最大的债权国。这其中包括了日本持有的美国国债、在中国开设的日资商场、在东南亚投资建设的工厂以及在国外的存款等。

另一方面，所谓一国的对外负债指的并不是单纯的债务，而可以看作是全球其他各国持有的该国的国债、公司债券、股票投资以及银行投入的预存款项。举例来说，美国作为债务国，持有大量的对外借款，然而这并没有导致美国的经济状况出现巨大的问题。

我们再来看一个例子。假设外国投资者在日本的股票市场上进行的大额投资占到了每日成交量的六成，则与日本股票市场相关的资本项目赤字额便会增加。而事实上，东京证券交易所一部的上市公司中，国外资本持股比例过半的已超过 100 家了。

话虽这么说，我们所熟悉的日产汽车、中外制药等企业，无论是否有国外资本注入，对我们的日常生活并没有造成任何影响。换个角度说，美国的某某公司如今由泰国、日本或中国资本控股这类情况的增多，同时表示国外资金流入的增加。这既是美国的对外债务，也是其他国向美国的投资。

什么是国外净资产？

国外净资产 ＝ **国外资产**（本国持有的国外股票、债券、地皮、房产、存款等）－ **对外负债**（国外持有的本国国内的股票、债券、地皮、房产、存款等）

日本的国外资产、对外负债、国外净资产的变化

国外资产、对外负债（国外持有的日本国内资产）、国外净资产（单位：万亿日元；财务省）

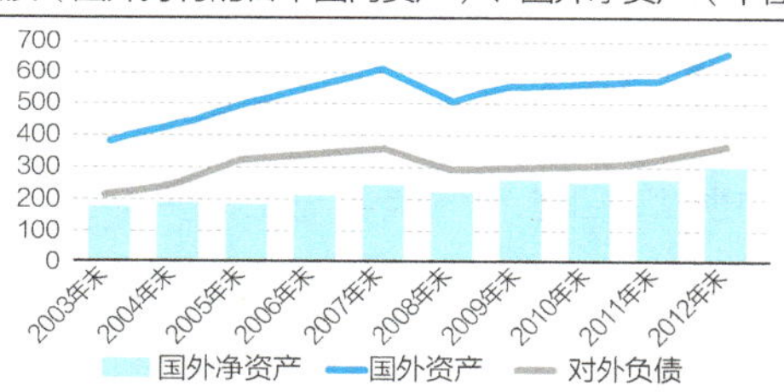

各国的国外净资产

国外净资产（单位：万亿日元；2011～2012年末，财务省）

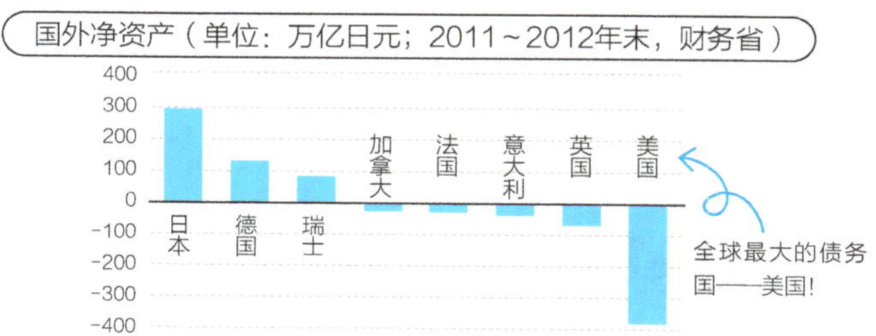

令人在意的日本企业中国外资本的控股比例

国外资本控股率（单位：%；股票天气官网，2014年3月7日）

企业	比例	企业	比例
ICHIGO HD	77.2	花王	50.7
中外制药	75.4	山田电器	49.3
日产汽车	73.1	三井不动产	49.1
LAOX	65.6	LEOPALACE21	48.5
欧力士	62.9	铃木	47.9
大泉制造所	60.5	任天堂	47.1
大东建托	55.7	东洋水产	45.9

国际收支平衡表

国际收支平衡表记录了一国与其他国家之间在产品和劳务（实物）以及金融资产（资本）方面的交易。其中广义的经常项目（实物）与资本项目是等额的。

国际收支平衡表是一个基于复式记账法的会计账目，同时记录了一国与其他国家之间在产品和劳务（实物）以及金融资产（资本）方面的交易。因而，国际收支平衡表上的经常项目盈余（赤字）额等于资本项目盈余（赤字）额。

日本过往的经常项目积累，即形成国外资产的其中一部分，来自 1 年间约 14 万亿日元的收益所得（包括股票分红、债券利息收入）。这部分记录在（1）经常项目的②第 1 次所得收支项目下。这便是我们在第 1.2 节讲解过的国外要素收入的净额，即 GNP 与 GDP 之间的差额。这部分盈余在经常项目中所占比重最大，从而也显示了日本走向“投资立国”的趋势。

同样，GDP 核算中的 EX-IM = 贸易收支这一项，记录在（1）经常项目的①货物贸易、劳务收支项目下。

（1）经常项目。

① **货物和劳务贸易收支：**产品和劳务的进口与出口，即核算 GDP 时所说的 EX-IM。

② **第 1 次所得收支：**股票分红、债券利息以及从国外资产取得的收入。

③ **第 2 次所得收支：**政府或民间对外提供食物、医药品等救济和无偿援助。

（2）资本转移账户。

政府以投资形式（建设道路、港口等基础设施）的对外援助。

（3）资本项目。

直接投资、证券投资（股票、债券和金融产品等）以及其他投资（国际信贷、预付款等）。

国际收支平衡表

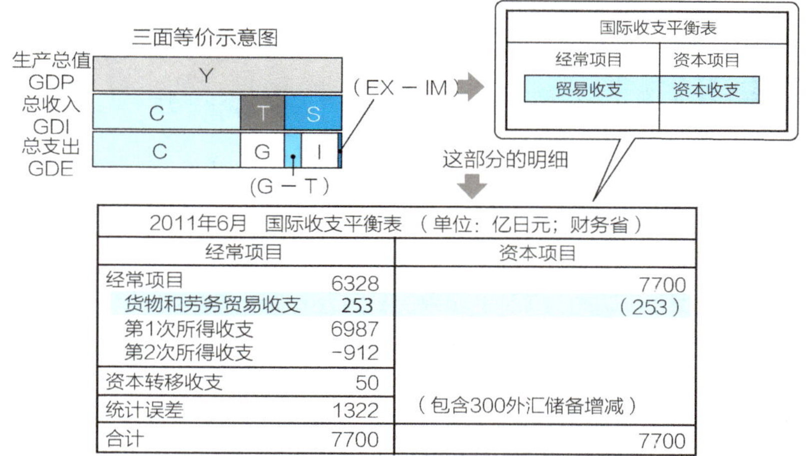

2011年6月　国际收支平衡表 （单位：亿日元；财务省）		
经常项目		资本项目
经常项目	6328	7700
货物和劳务贸易收支	253	（253）
第1次所得收支	6987	
第2次所得收支	-912	
资本转移收支	50	
统计误差	1322	（包含300外汇储备增减）
合计	7700	7700

金融交易在国际收支平衡表上的相互抵销

我们用一个例子来说明。假设日本汽车出口额为 100 万日元，乘坐国外船只旅行的费用为 50 万日元，购入国外公司股票 20 万日元，按照国际收支平衡表的方式记录如下。

如购入外国公司股票这类的金融交易，从整体上来看所持的资产总额是不变的，区别只在于这部分金融资产是在国内持有还是在国外持有。因此在资本项目下用贷（+）和借（−）同时表示，相互抵销。

经常项目		资本项目	
货物和劳务贸易收支	+ 100 -50		+ 100 -50
		证券投资 + 20	
			现金和存款　-20
合计	+ 50	合计	+ 50

世界经济的主要力量

当今是金融交易更盛于实物交易的时代。美国联邦储备委员会前主席伯南克说贸易不过是狗的尾巴。

我们已经了解了贸易顺差（逆差）与资本项目盈余（赤字）之间的关系。然而，如上页所说明的，单纯的金融交易因为借贷双方相互抵销而不会体现在国际收支平衡表上。事实上，最终没有被记录在国际收支平衡表上的金融交易才是当今世界经济的主要力量。

2010 年全球货物和劳务贸易（实物交易）额为日均 412 亿美元，同时外汇/金融交易额为日均 4 万亿美元，是实物交易的 95 倍。打个比方来说，现如今的金融交易是狗的头部和身体（即主角），货物和劳务贸易（实物交易）则不过是狗的尾巴罢了（即配角）。

贸易顺差（逆差）和经常项目盈余（赤字）是与金融交易息息相关的。资本项目盈余（赤字）则经常项目亦为盈余（赤字）。一个国家之所以形成贸易顺差，源于总支出低于其 GDP 收入，同时流向国外的资金等于从国外引进的投资额。

一个国家之所以形成贸易逆差则是由于其总支出高于 GDP 收入，同时引进大量的国外资金。“为了驱动经常项目，必须驱动资本项目，为此储蓄投资恒等式也必须随之变动”（野口旭《学习世界经济》）。这便是国际收支调节的吸收分析法，即国民总收入与总支出对国际收支的影响，亦即储蓄投资差额理论。

金融交易是货物和劳务贸易（实物交易）甚至汇率的决定因素。

世界经济的主要力量是金融交易！

全球市场　（2010年）

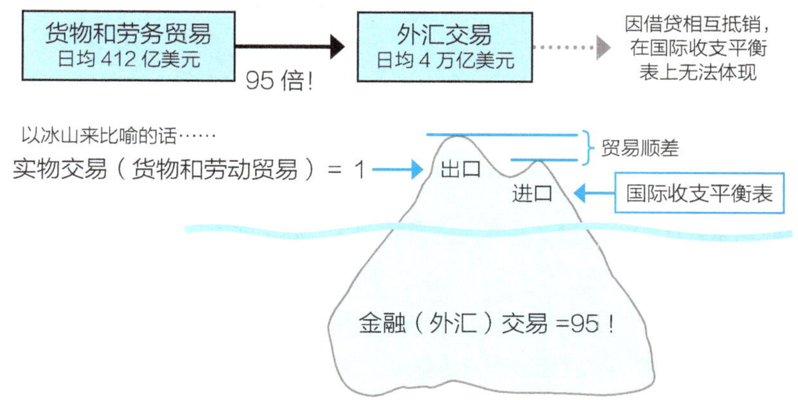

日本市场　（2010 年 4 月）

货物和劳务贸易：1 ⇨ 外汇交易：美元 = 240 倍，日元 = 140 倍

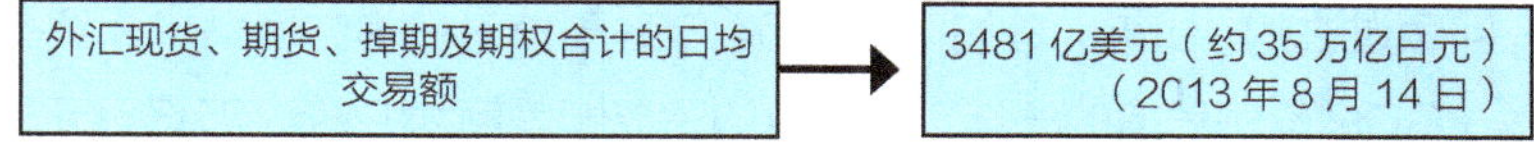

英国市场

日均交易额（2013 年 4 月）

日元⇔美元	9780 亿美元
欧元⇔美元	12890 亿美元

（日元与美元间的外汇交易额占交易总额的 18%）

伊藤元重（1951～　）
经济学家

“由于日本在多数行业中都拥有强大的竞争力，在国际经济中占有压倒性的优势，因此日本的贸易收支及经常收支总是盈余的”这一论调有多么荒唐可笑，各位都能理解了吧。

（伊藤元重《贸易顺差的误解：日本经济的问题出在哪里？》东洋经济新报社）

不可“贸易立国”

日本无论过去还是现在都并非依靠出口，以贸易立国的。虽然出口额的绝对值很大，但日本国内的需求量比出口更庞大。

日本虽然曾经有过“贸易立国”的说法，但事实上所谓的“贸易立国”在日本从未真正实现过。

日本在经济快速增长期间，GNP 年平均增长率达到了 10%。即使放眼全球，这个增长速度也是非常迅猛的。然而，贸易顺差的增长与之相比却显得非常微不足道，增长率仅在 0.2% ~ 1.5%。这期间，1961 年和 1963 年甚至出现了贸易逆差。而收入（GNP 和 GNI）即使在贸易逆差时期也在不断增长。

回顾过去的 10 年也是如此。2004 年是国外对日本的净需求（贸易顺差）占 GDP 份额最多的一年，该年度的贸易顺差额为 9.859 万亿日元，国内生产总值为 503.7253 万亿日元，贸易顺差额占 GDP 比重达到 1.95%。而在 2008 年金融危机之后经济陷入低迷的 2009 年，这个比重仅为 0.36%（贸易顺差额为 1.7267 万亿日元，GDP 为 469.412 万亿日元），实在是九牛一毛。2009 ~ 2010 年，日本虽然处于贸易顺差的状态，但其 GDP 却达到过去 10 年间最低点。

将日本和全球其他国家比较来看，情形大抵相同。日本的出口额与 GDP 的比值，甚至较英国更低。日本经济的快速增长所依靠的主要力量是国内市场的不断扩大，即内需的增长，而外需不过是占据次位的。从国内生产总值中扣除消费总额之后的部分才是向国外流出的资金，即我们所说的 (EX−IM) = 贸易顺差。日本的贸易顺差正是源于总收入超过总支出的部分，并将这一剩余部分对外进行投资。这才是贸易顺差的实质所在。

日本不可“贸易立国”！

经济快速增长期，贸易顺差额占 GDP 比重低于 1.5%

日本的 GNP 与贸易收支（单位：万亿日元；内阁府）

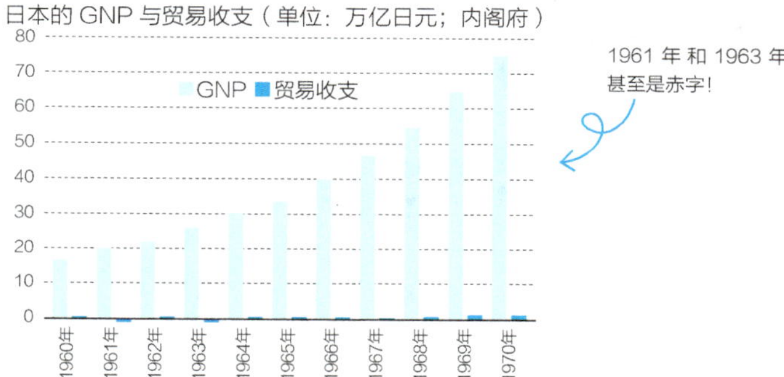

1961 年 和 1963 年甚至是赤字！

2000 年以来，贸易顺差额占 GDP 比重最高点为 1.95%

日本的内需与外需（单位：万亿日元；内阁府）

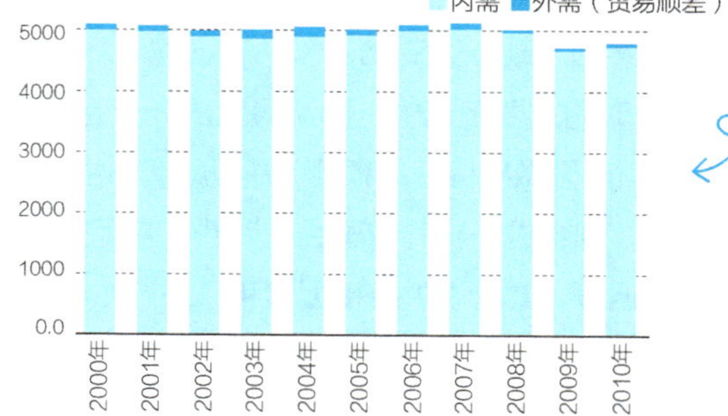

2009 年以来，还出现了虽处于贸易顺差地位，但 GDP 总额却跌至谷底的现象。

日本对出口的依赖度相对低于其他国家

2012年出口/GDP（单位：%；《世界经济素材书》，JETRO）

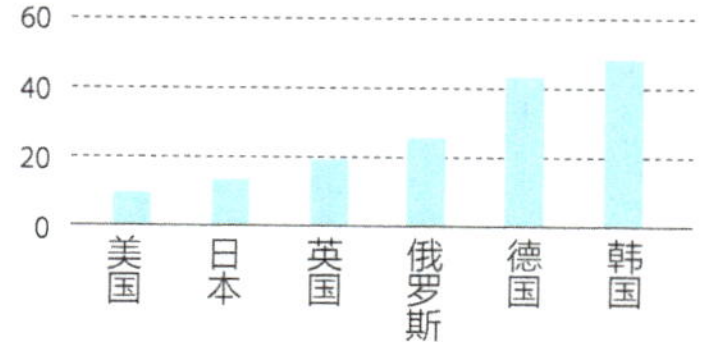

日本的贸易顺差源于日本尽可能地对外投资。

经济萧条时贸易顺差会增加

"经济萧条时贸易顺差反而会增加，因此庞大的贸易顺差额并不能带来经济与生活水平的提升。"（中谷严《痛快！经济学》）

时常可以看到类似"经济景气所以才会出现贸易顺差"这样的观点，或是"日本明明存在巨额的贸易顺差，为什么经济还是这么萧条"这样的疑惑。那么，这到底该如何理解呢？

根据经济状况的变动，三面等价图中的储蓄 S、投资 I、公债（G-T）、贸易顺差（EX-IM）会相应出现以下变化。

在引起经济状况变动的主要因素中，影响最大的一个是 I（投资）。经济景气时，企业会对销售前景做出良好的预测，并因此增加生产方面的投资。生产方面的投资的增加，则会进一步刺激国民的消费，从而形成一个良性循环。此时，若需求逐渐迟缓，或者说供给接近饱和，生产方面的投资就变得多余了。当需求停滞不前，原则上就不再需要生产方面的投资。投资急剧减少，必然会波及国民的消费需求，进而导致经济萧条。实际上，生产方面的投资与 GDP 的变动是一致的。

以储蓄投资恒等式来说明的话，经济景气时民间生产方面的投资活跃，则等式左边会缩小。相应地，等式右边也会随之缩小，即财政赤字（G-T）和贸易顺差（EX-IM）将会减少。由此可以得出"经济景气时贸易顺差反而会减少"这一结论。

反之，经济萧条时，民间的生产方面的投资减少，等式的左边增大。相应地，等式右边公债和贸易顺差的部分也会随之增加。也就是说，"经济萧条时贸易顺差反而会增加"。

投资与经济状况变动

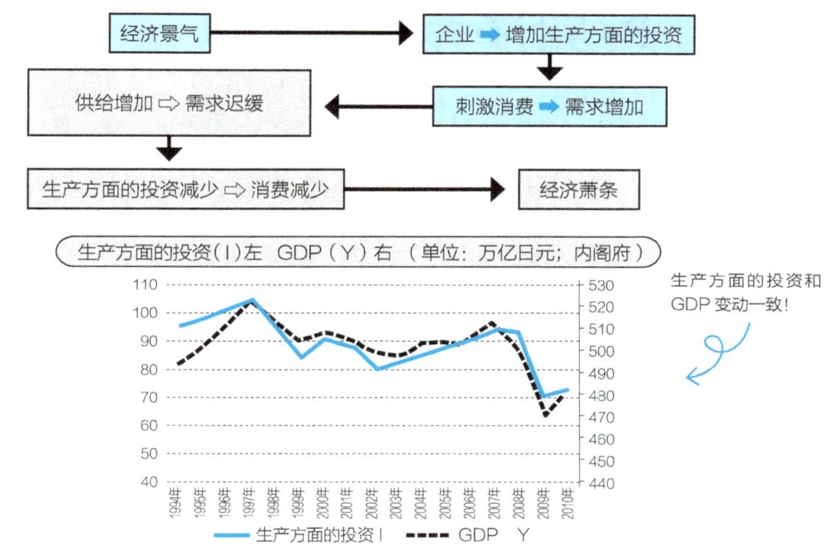

经济萧条时贸易顺差会增加!

储蓄投资恒等式　　（S–I）=（G–T）+（EX–IM）

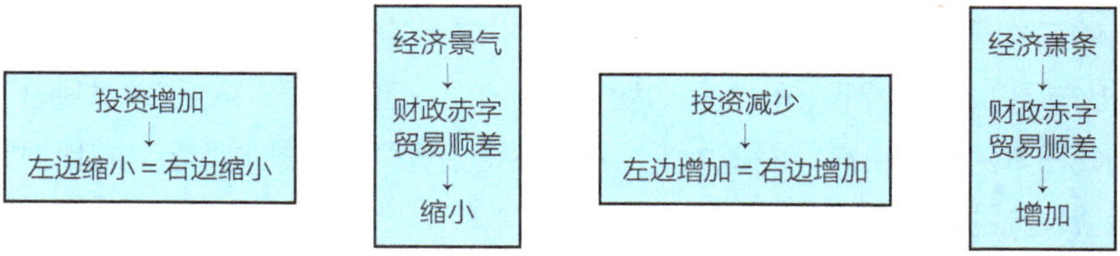

投资增加 ↓ 左边缩小 = 右边缩小	经济景气 ↓ 财政赤字 贸易顺差 ↓ 缩小	投资减少 ↓ 左边增加 = 右边增加	经济萧条 ↓ 财政赤字 贸易顺差 ↓ 增加

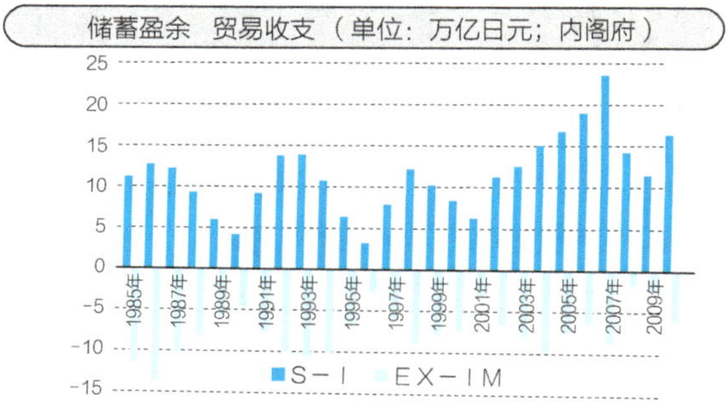

储蓄盈余　贸易收支（单位：万亿日元；内阁府）

■ S－I　■ EX－IM

■储蓄盈余缩小（景气）：泡沫期（1986 年起）、金融危机前（2004 年起）

■储蓄盈余增加（萧条）：亚洲金融危机（1997 年起）

贸易逆差国

由于国民少子高龄化（生产适龄人口减少，退休者增加）带来的消费大于生产的状态，日本必然成为贸易逆差国。

到目前为止，我们的说明都是以贸易顺差时代的日本为背景。如各位所知，日本已经成为了贸易逆差国（且贸易逆差和财政赤字同时并存），并且在 2013 年贸易逆差达到了历史最高值。导致贸易逆差的主要原因是进口的急剧增加（其中一个原因是核电站停止运行后能源费用的增加）。

日本的贸易逆差所揭示的是日本国内储蓄 S 无法负担全部的投资 I，因而需要从国外引进资金，这是从 GDP 的角度来分析。从 GNP 的角度来看，贸易顺差与贸易逆差则可转换为财政赤字与经常项目盈余。然而预测分析称，日本最迟至 21 世纪 20 年代很可能将会出现经常项目赤字。

日本的资本项目赤字（贸易逆差）指的是世界各国持有的日本国债、公司债券、股票以及流向日本的资金增加。也就是说，国外净资产中国外持有的日本国内资产部分的增加额大于日本持有的国外资产增加额（参见第 1.8 节图）。显而易见，虽然国外净资产在减少，但由于日本依然在对外投资，因此日本的国外资产并没有减少（对外投资是国外净资产的本金，打比方来说就是狗的头部和身体，即主要部分）。

但我们也不能就此断言“对外投资（贸易顺差）表示经济增长，国外资金不断流入（贸易逆差）则表示经济衰退”。2009 年虽然为贸易顺差年，但 GDP 总额却小于处于贸易逆差的 2013 年。日本的总消费 =GDP+ 贸易逆差额。由于日本总人口的四分之一是 65 岁以上的高龄人口，他们基本上无法从事生产，因此日本的总消费量是高于国内生产总值（GDP）的。

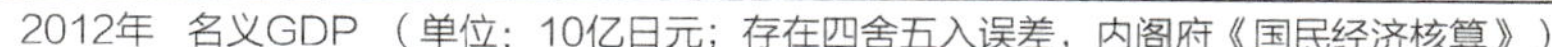

什么是贸易逆差？

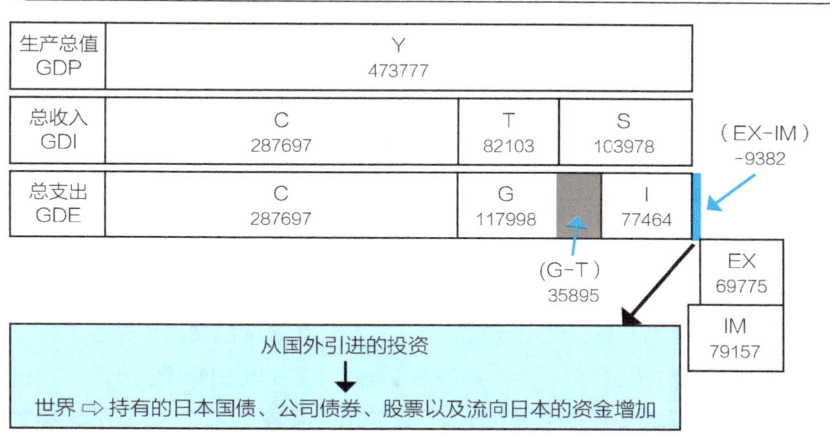

经济发展与贸易顺差还是贸易逆差无关！

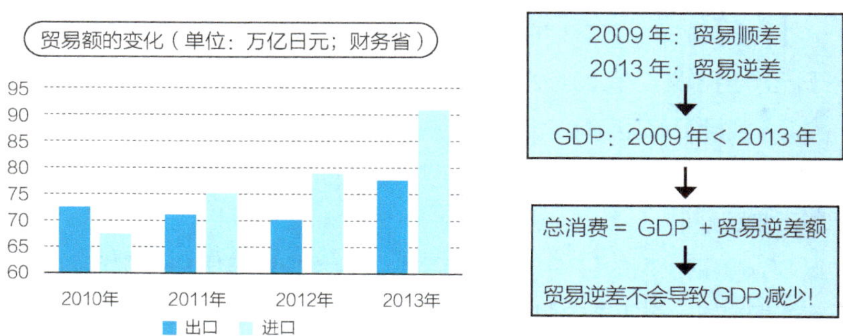

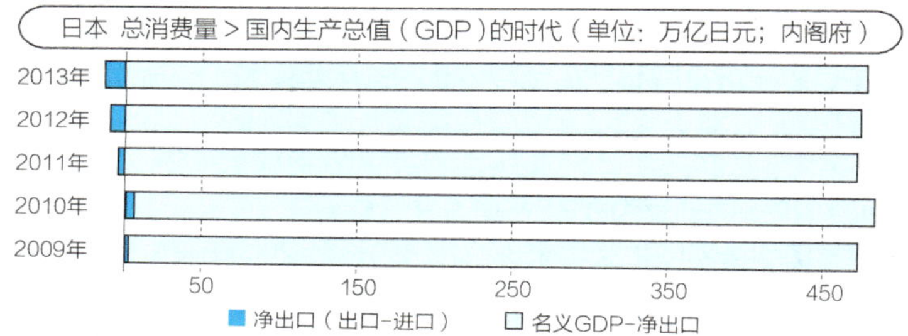

货币升值和货币贬值

如今是金融交易与实物交易的比例为 95：1 的时代。日元升值当然对日本的对外投资有利，但“日元贬值下出口增加”与“日元升值下对外投资增加”这样的因果关系是无法成立的。

如第 1.10 节所说明的，单纯的金融交易额虽然在国际收支平衡表上因借贷相抵而无法体现，但却是实物交易额的 95 倍。外汇汇率取决于金融交易额，而不是实物交易。外汇与贸易（实物交易）之间已然毫无关系了。

“日元升值则出口额减少（其他货币贬值国家的出口额增加）”，“日元贬值则出口额增加（其他货币升值国家的出口额减少）”，这样的因果关系和相关性当然是不存在的（即使存在，其影响也是微乎其微）。

决定汇率的主要指标有三个。

（1）名义汇率。即我们在每天的新闻报道或公告中会看到的，1 美元 = ×× 日元。当名义汇率上升时，说明货币名义贬值。

（2）实际汇率。简单来说，实际汇率是将名义汇率同国内和国外价格水平以及通货膨胀率一起纳入考虑后调整得出的指标。当实际汇率上升时，说明货币实际贬值。

（3）购买力平价（PPP）。购买力平价是根据各国货币购买力计算的汇率指标。以一个简单的例子来说，在日本购买一个汉堡包的价格是 100 日元，在美国则是 1 美元，那么可以说 1 美元的购买力和 100 日元是相同的，即 1 美元 = 100 日元。长期来看，汇率将会趋向于购买力平价。

以（1）名义汇率和（3）购买力平价这两个指标衡量，日元有贬值趋势；以（2）实际汇率指标衡量，日元也倾向于贬值。日本战后的出口额一直处于增长状态，长期来看与汇率其实是没有关系的。

随着全球市场规模不断扩大（全球 GDP 增长至 20 年前的 3.4 倍，参见第 1.1 节），日本的出口额的增加实际上只是全球范围内进出口额大幅增长的一部分。

汇率与出口量无关

日本出口额的增长与汇率的变动其实毫无关系！

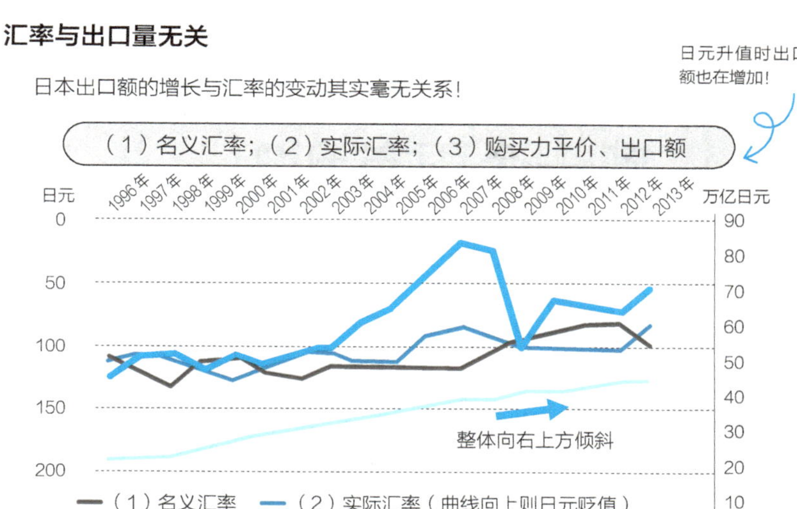

日本出口额的决定因素在于全球 GDP 与全球出口总额

一目了然！日本出口额与全球 GDP 和全球出口总额密切相关

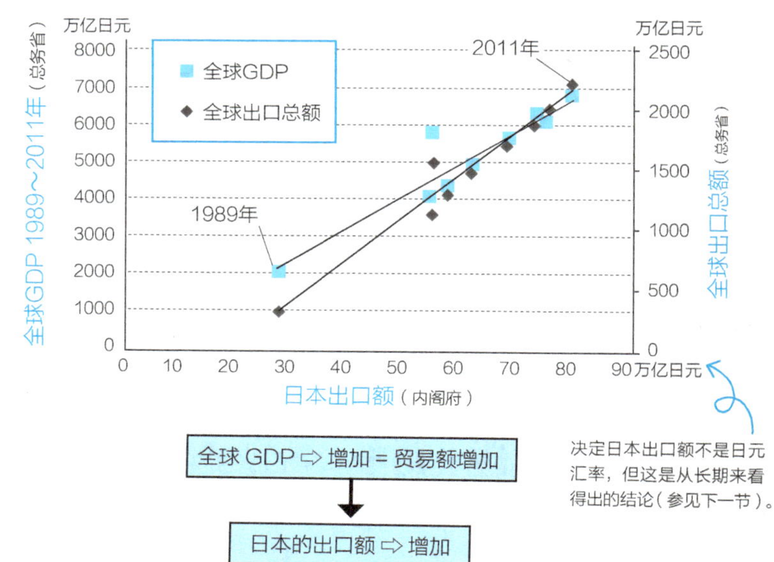

货币升值和货币贬值哪一个更有利？

日本出口额的四成、进口额的两成是以日元结算的。通过操纵汇率来促进出口，采用以邻为壑的手段，事实上是行不通的。

从长期来看，汇率变动与贸易状况并无相关性，但短期内汇率对出口额存在一定的影响。

日本主要用于出口的产品是品牌商品及制成品（如汽车等），而不是矿产、能源等原材料。这些产品出口后在当地的价格，并不会即刻调整以反映汇率的变动。因此，如果短期内日元贬值，即使出口产品数量没有变化，出口额也会显而易见地随日元贬值的幅度而增加。

日本主要进口的是矿产、能源等原材料产品。这些产品与制成品不同，市场价格每天都会有波动，因此一旦日元贬值，即刻就会对进口额产生影响。

此外，考察日经平均股价指数会发现，因日元贬值而获利的企业占大多数，日本的股价会对日元贬值做出正向的反应。根据安倍经济学，2012 年末至 2013 年末，日元贬值 24%，日本股价相应上涨了 65%。但日经平均股价指数反映的并不是平均分布于日本社会全行业的企业数据。

进一步说，日本并非制造大国。现今日本 GDP 的 75% 是由第三产业创造的，而制造业所占比重不会超过 18%。商业和服务业很大程度上都是即产即消的行业，除保险、通信、运输等行业外，几乎无法成为出口产业。

由于会因日元贬值而获利的基本上都是从事制造业的企业（日本的服务业原本就是依赖进口的行业，而日本出口额的 90% 都集中于东证一部上市公司），并且日本已经成为了贸易逆差国，因此从整体来看日本国民将更加偏好日元升值（参见第 1.14 节购买力平价）。

如果日元贬值

出口 = 品牌制成品为主 ⇨ 出口产品数量不变，出口额明显上升

进口 = 原料为主 ⇨ 进口额上升

日经平均股价指数 = 日元贬值而获利的企业占大多数 ⇨ 股价上升

日元升值和日元贬值哪一个更有利？

第三产业（占 GDP 的 75%） ⇨ 非出口产业 ⇨ 不会因日元贬值而获利

集中于东证一部上市公司的少数大型企业（占出口额的 90%） ⇨ 享受日元贬值带来利益

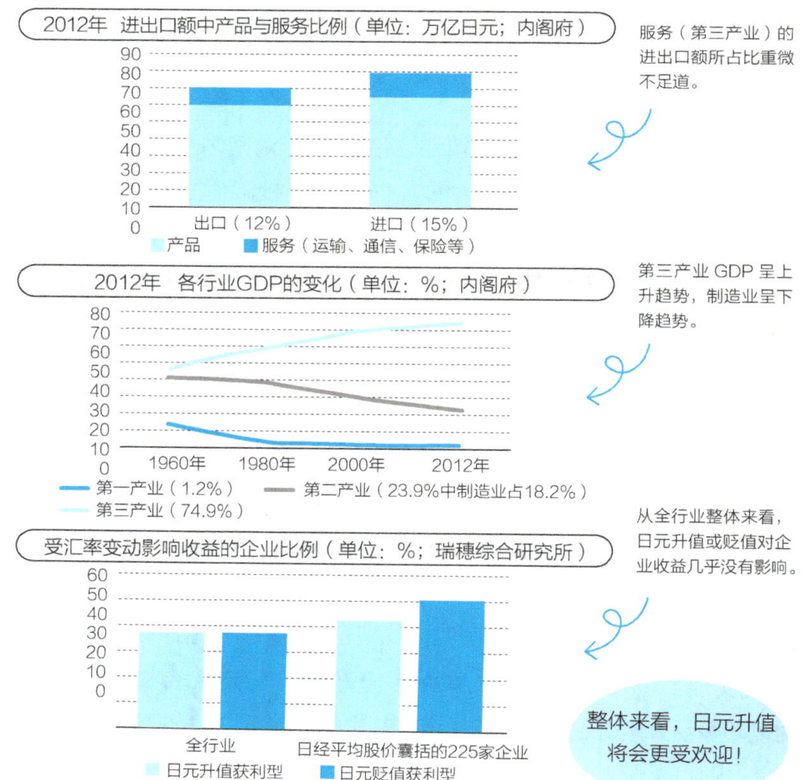

产业空洞化

产业空洞化（零和博弈思维）产生于GDP 没有任何增长、社会整体收入没有提高的时代。20 世纪80 年代的美国就处于这样的状态。

日本企业对外投资的势头正在加速发展。不仅是汽车产业，优衣库、NITORI（日本最大的家居连锁店）等进口企业，乃至便利店、餐厅等商业企业，也在不断加大对外投资。

在此背景下，产业空洞化甚嚣尘上也就不足为奇了。日本企业如果将资本投向国外，意味着国内的就业机会被剥夺。然而现实中这样单纯的零和博弈思维是不成立的。

实际上，日本企业在增加对外投资的同时，对国内的投资也在增加。由于全球 GDP 始终是在不断扩大的，“一方得益必然建立在另一方的损失之上”的零和博弈在这样的现实中并不存在。不论大型企业还是中小企业，越是增加对外投资，能够提供给国内的就业机会也就越多。

此外，贸易逆差（EX-IM）所表示的是从国外引进的投资额大于日本对国外的投资额，因此更加不存在日本的就业机会被剥夺一说了。

为引进更多的国外资金，日本正在加速推动自由贸易协定（FTA）和经济伙伴关系协定（EPA）谈判。日本通过北美自由贸易协定（NAFTA）、欧盟（EU）、东盟自由贸易区（AFTA）分别在墨西哥、英国和泰国投资建设了汽车制造厂，并由此可在这些区域内享受零关税。

2013 年，墨西哥的人均 GDP 较其 1994 年北美自由贸易协定（NAFTA）生效时的翻了一番。同年，泰国的人均 GDP 在东盟自由贸易区建立后的 10 年间实现了双倍增长。自由贸易协定不仅消除了协定区域内的贸易壁垒，同时能够吸引大量协定区域外的投资，并由此推动 GDP 的增长。

国内投资和对外投资共同增长！

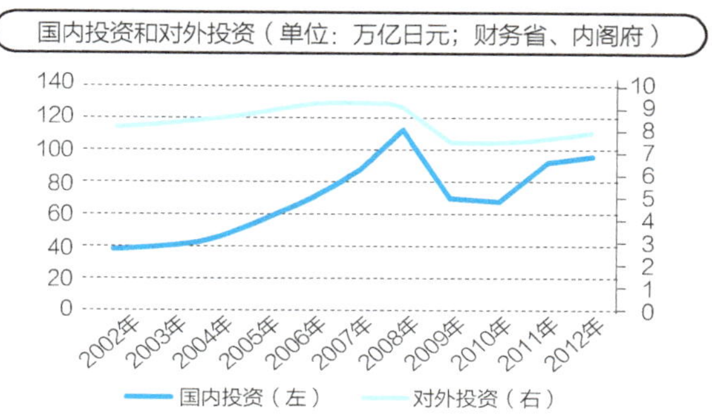

企业增加对外投资的同时，国内投资也会增加！

国内的就业机会没有被剥夺！

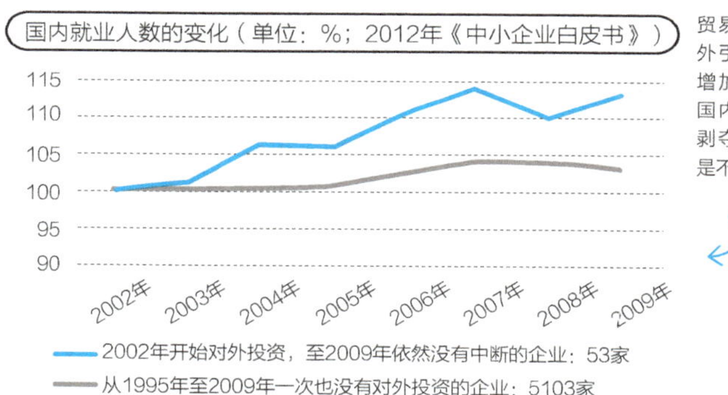

贸易逆差＝从国外引进的投资额增加，因此所谓国内就业机会被剥夺无论如何都是不成立的。

从国外吸引投资的自由贸易协定

墨西哥

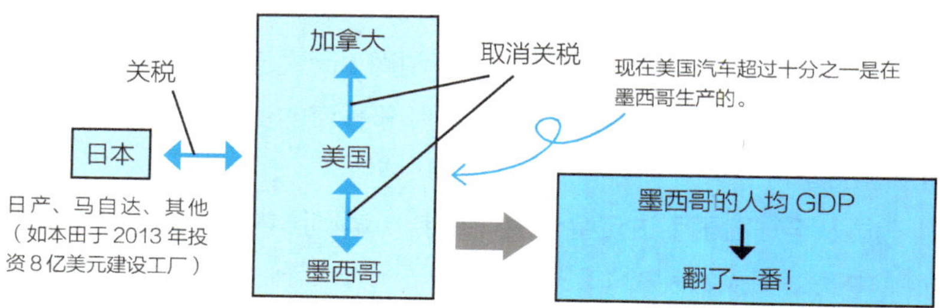

国际贸易中的经常项目收支

2013 年全球日均实物出口额为515 亿美元（数据来源：世界贸易组织）。另外，2013 年4 月全球日均外汇交易额为5.3 万亿美元（数据来源：国际清算银行），是实物出口额的103 倍。

从全球范围看，对外投资额（经常项目盈余）与引进投资额（经常项目赤字）都在不断扩大。然而经过 2008 年金融危机（参见第 3.48 节）之后，国际货币基金组织（IMF）预测 2015 年的经济水平将倒退至 2008 年。2006 年经常项目盈余（赤字）额占全球 GDP 比重的 2.5%，而没有体现在国际收支平衡表上的金融交易额是其 95 倍。

一般来说，国内储蓄 S 大于国内投资 I 的国家（如德国、日本），由于储蓄尚有盈余可以用来进行对外投资，因而成为经常项目盈余国；相对地，国内储蓄 S 小于国内投资 I 的国家，国内储蓄不足而需要从国外引进投资，因此成为经常项目赤字国。美国是全球最大的经常项目赤字国，其赤字额占全球的八成左右。这说明全球多数国家都在将资金投向美国。

如美国或英国这样的金融大国，其实都握有投资的诀窍（参见第 3.47 节）。全球各国将资金投向美国的金融业，美国转而通过国际金融和资本市场将这些资金再度投向世界。实际上，美国扮演的正是全球金融中介和世界银行的角色。

经常项目收支赤字或盈余（金融收支赤字或盈余）说到底不过是经济主体（个人或企业）为了追求附加价值（利润）而进行投资活动所得到的结果。对于金融机构（投资者）来说，无论用于投资的资金来自国内还是国外都无关紧要。

美国从全球各国引进资金（金融赤字 = 美国国内的国外资本增加），并能从中获得莫大的利益（2010 年数据显示，美国 GDP 的 21% 来自金融业）。可见，无论对哪个国家来说，经常项目赤字都预示着利益的产生。

全球的经常项目收支（相当于全球生产总值的 2%~3%）

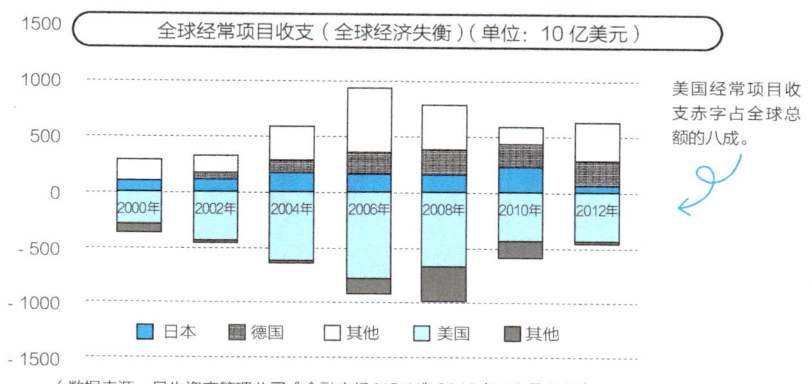

（数据来源：日生资产管理公司《金融市场 NOW》2013 年 12 月 6 日）

美国成为"世界银行"

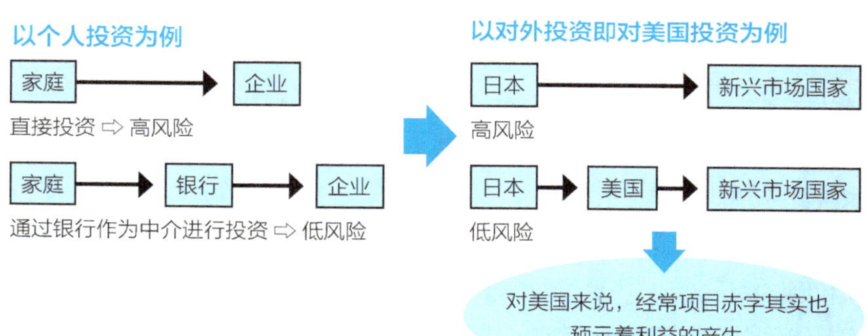

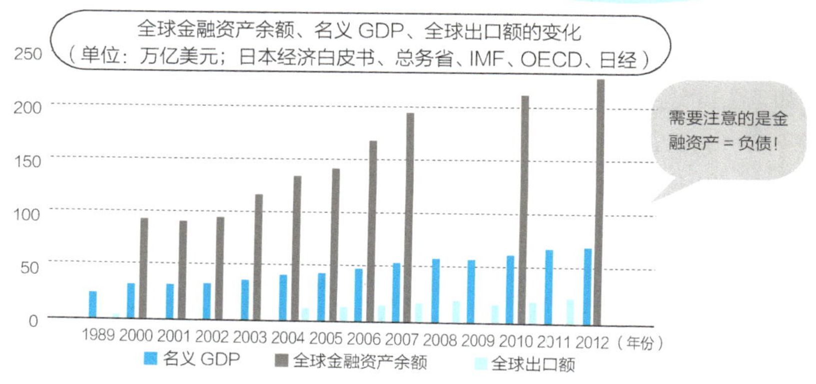

国际金融的三难选择

亚洲金融危机当年不仅横扫亚洲，甚至波及俄罗斯。此后，亚洲各国普遍采用弹性汇率制，迎来了下一轮高速发展。

IM+Y ≡ C+I+G+EX。

对上述基于三面等价原则的国内总支出恒等式中的 EX 与 IM 的看法和核算方式一直都在更新。正因为没有正确理解这种变化，才会产生贸易顺差与贸易逆差的各种误解（如贸易顺差是盈利、贸易逆差是损失等）。

在国际金融领域存在一个“三难选择”，即不可能同时实现①固定汇率制、②资本的完全流动性、③货币政策的独立性这 3 个目标。

第二次世界大战后建立的 IMF-GATT 体制（1 美元 =360 日元的时代）就放弃了这个 3 个目标中的②资本的完全流动性。①固定汇率制的目的是规避货币风险。③货币政策的独立性则是为了实现充分就业（调整经济状况）。这三者不可能同时实现。

举例来说，我们假设某个国家经济萧条，于是通过调节货币政策试图缓和经济状况。这样做会导致利率下降、货币贬值，则国内资本便会向高利率、货币购买力高的国家流动，由此该国货币的汇率必然会随着资金供求的变化而频繁波动，固定汇率制也就无法成立了。在这个例子中，虽然同时实现了②资本的完全流动性和③货币政策的独立性这两个目标，但①固定汇率制却无法实现。现实中当前的日元和美元都处于这种状态。

另一方面，欧元的情况则是同时实现了①固定汇率制和②资本的完全流动性。相应地，欧盟各国无法采取各自独立的货币政策。如果流通的是原本货币德拉克马，希腊完全可能通过货币政策调节来度过金融危机。

什么是“三难选择”？

①固定汇率制　②资本的完全流动性　③货币政策的独立性

这 3 个目标不可能同时实现！

假设在 IMF–GATT 体制下……

②资本的完全流动性 ⇨ ×

IMF

①固定汇率制 ⇨√　　③货币政策的独立性 ⇨√

考察全球各个经济实体……

目标＼经济实体	日本、美国、欧盟非欧元区、英国等	欧元区
①固定汇率制	×	√
②资本的完全流动性	√	√
③货币政策的独立性	√	×

无视“三难选择”原则的结果……

1997 年　亚洲经济危机

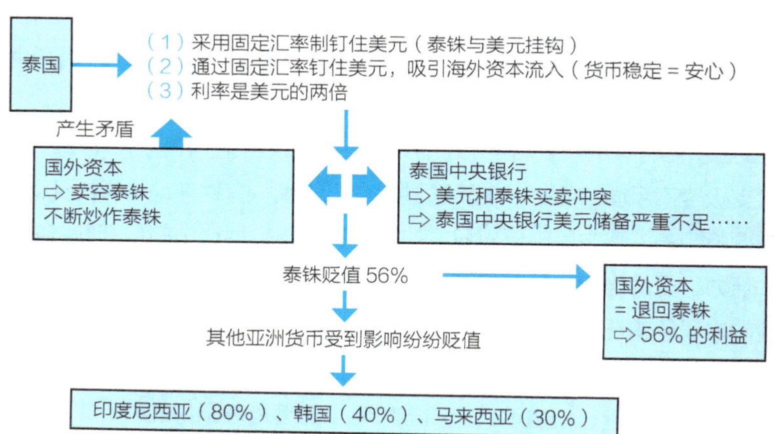

实物交易为主的时代

到了五六十岁，即使时代已经天翻地覆，年轻时学习形成的思维方式也很难改变。“贸易顺差是好事”这样的观点便是其中一例。

如果采取固定汇率制，则势必要放弃资本的完全流动性。关于这一点，我们在第 1.18 节已经解说过了。在汇率固定为 1 美元 =360 日元的时代，日本依靠出口赚取外汇是十分困难的，由于国际收支恶化引发了被称为“国际收支的天井”的限制，经济一度陷入低迷。在这段时期，出口就意味着赚取外汇，贸易顺差则等同于获得外汇盈余。然而，由于 20 世纪 70 年代的美元危机（参见第 3.26 节），日本固定汇率制的时代谢幕了。

自此之后日本便是浮动汇率制的时代，资本可以自由流动，外汇也可以自由买卖了。时代虽然改变了，“出口就意味着赚取外汇”这一固定观念却不是那么容易随之更改的。“贸易顺差是盈利，贸易逆差是亏损”虽说是彻底的误解，却至今仍有流传。20 世纪 70 ~ 90 年代，基于这个错误观念而产生的贸易摩擦在日美之间频频发生。不断有抱怨的声音说，“处于贸易顺差一端的日本从处于贸易逆差的美国抢夺就业机会”“日本依靠贸易顺差单方面不断扩大盈利，美国的损失日益惨重”。

因此，美国希望通过美元贬值来提高出口产品的竞争力，以改善其国际收支极度不平衡的状态。美国通过“广场协议”有秩序地下调美元对日元等主要货币的汇率之后，更对日本的出口调节自主性和出口目标数额施加了巨大压力。虽然当时的日美经济学者依据储蓄投资恒等式（贸易顺差与贸易逆差的本质是单纯的资本流动）对此进行了驳斥，却无法获得大多数人的理解。无论一般民众还是旨在拉拢失业者的政客都更倾向于将出口理解为产品与劳务的对外输出，相应地，进口自然就意味着抢夺国内的就业机会。

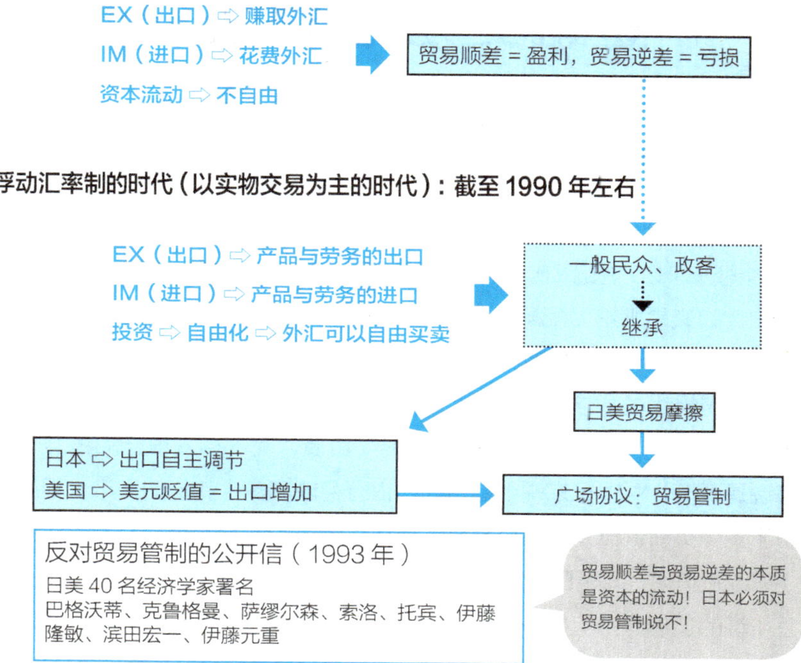

固定汇率制时代发生的事情

国际收支的天井（20 世纪 50 ～ 60 年代）

经济景气→进口增加→美元升值、日元贬值→为了将汇率维持在 1 美元 =360 日元且浮动不超过 ±1%，以买入日元卖出美元的方式调节→金融紧缩、外汇枯竭→进口触底，经济陷入低迷。

携带外汇出境的限制

自 1964 年起，日本国民出境旅游实现自由化，但每人每年仅限一次，且随身携带外汇金额不得超过 500 美元。
自 1966 年起，取消了次数限制，仅规定每次出境随身携带的外汇金额不得超过 500 美元。

金融交易为主的时代

英美两国正疾驰在金融交易为主的时代的前沿。如果我们只将视线停留在实物交易上，就会被经常项目盈余和贸易顺差所迷惑，就无法看清世界经济的本质。

时间进入 20 世纪 90 年代，金融交易逐渐成为主角，以产品与劳务为主体的实物交易则沦为配角。金融交易为主的时代来临了。英美两国自 90 年代以来，不再对经常项目（实物交易）施加限制，转而急速扩大对外资产与负债（增幅超过 6 倍）。

那么，我们该如何看待这里所说的“负债”呢？存入银行的钱对于我们来说是资产，对银行来说则是负债，银行存放了多少我们的资产，相应地就有了多少负债。日元钞票对于日本银行（Bank of Japan，日本的中央银行）来说是负债，同时日本银行也持有与负债等额的资产（国债等）。可见，这里所说的负债，并不是一般意义上的借款，而是投资与融资活动的初始资本。没有这部分负债，银行就无法进行融资。

同样地，英美两国的对外负债也并非欠款，而是以国家为主体对外投资所必需的初始资本。比 GDP 还要高出数倍的资金，正在全球范围内流转。

以此为背景，EX 的含义也发生了 180 度的变化。将 EX 的内容定义为产品与劳务的观念已经陈旧过时，不再适用。EX 的实质是资金，即对外投资额。认为 EX 的内容是产品与劳务交易，可能是受到了经常项目（实物交易）的迷惑，但我们应该将目光投向资本项目，真正的主角是虽然在国际收支平衡表上没有具体体现却是 95 倍于实物交易额的金融交易。正是通过金融交易，英美两国的对外资产与负债才得以不断增加。

20 世纪 90 年代以来，为了使金融交易能够跨越国境顺利进行，日本迅速地将全球通行的资本游戏规则引进国内，所有上市公司都开始使用符合国际标准的会计准则。

金融交易为主的时代 20 世纪 90 年代至今

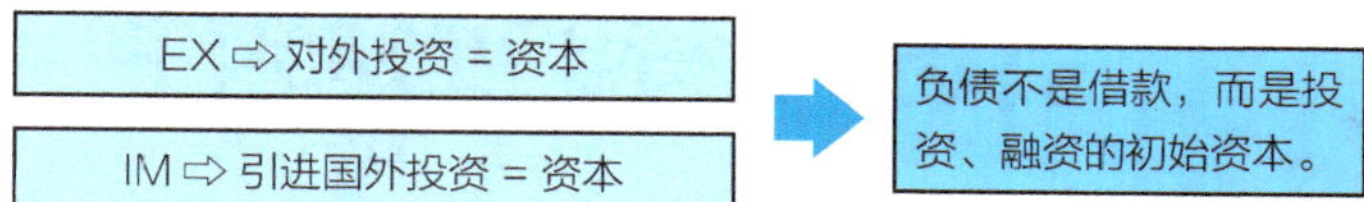

表示资本流动的公式

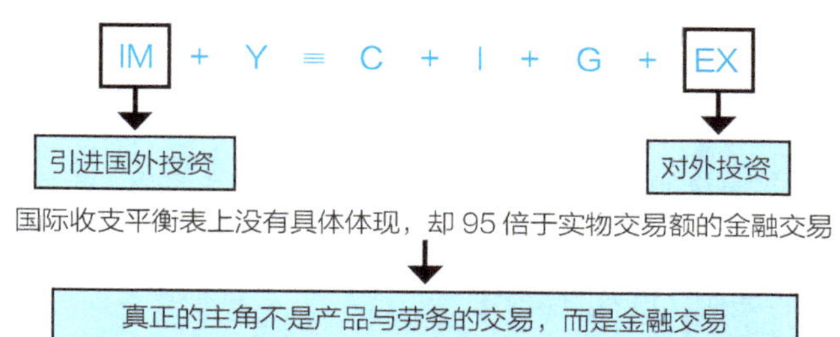

英美两国金融资产的增长非同小可！

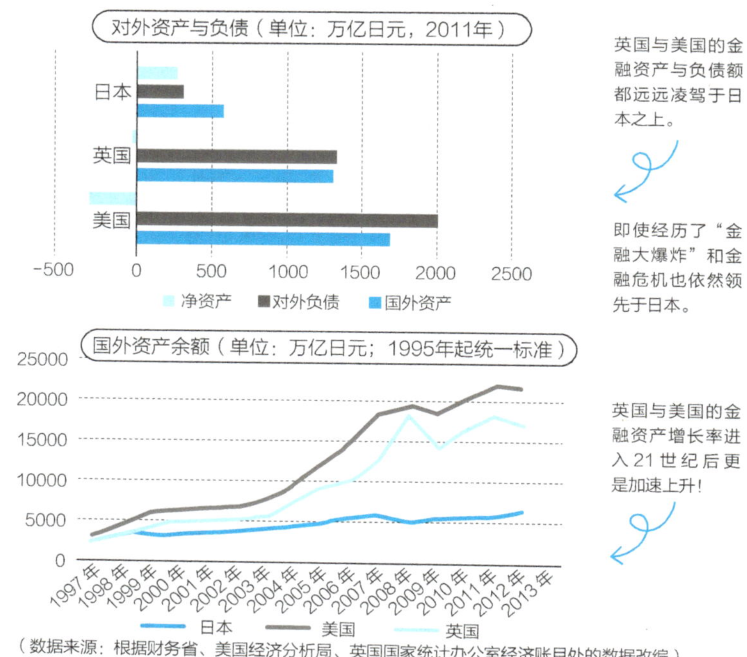

（数据来源：根据财务省、美国经济分析局、英国国家统计办公室经济账目处的数据改编）

引进外资的必要性

日本股票市场交易额的六成左右掌握在国外投资者的手中，他们会直接影响日本股价的波动。日本是否有足够魅力吸引来自外部的投资，将很大程度上决定日本的经济状况。

现今正是金融交易额远超实物交易额的时代，如何吸引国外资本的注意、引进外资 IM 是一个非常值得重视的课题。资本争夺战已经打响，国际交易的秩序发生了根本的变化。

通过前述的内容我们已经了解，国际收支平衡表上的赤字和盈余，与公司的赤字（亏损）、盈余（盈利）或家庭收支中的赤字和盈余是完全不同的概念。比如，2014 年第一季度财报中，JVC 建伍公司披露的最终损益为赤字 70 亿日元，同期先锋公司披露的最终损益为盈余 5 亿日元。企业的盈余与赤字分别用黑字表示盈利、用红字表示亏损，这样我们从一般意义上将盈利理解为好事，赤字亏损理解为不好的。

然而，在国际收支平衡表上，贸易顺差记为 a trade surplus，贸易赤字记为 a trade deficit，分别表示的是过剩与不足的意思。我们不能简单地认定产品与劳务、资本过剩就是好事，不足就是坏事。无论经常项目的盈余与赤字还是资本项目的盈余与赤字，都不能简单地定义为盈利或亏损。认为贸易差额是提高一国经济和国民生活水平的关键所在（即贸易顺差就是好事），是 200 多年前就已经被否定了的重商主义（参见第 3.2 节）的观点。此外，以产品与劳务为主的实物交易领跑世界经济也早已是 20 世纪的事情了。

贸易的实质是一种交换行为，且早已渗入我们日常生活的方方面面（如上班前在便利店购买一杯咖啡）。卖出或买入商品或服务，这就是贸易。既然是交换，那么也就不存在盈利或亏损了，从这个角度来看，应该也能对贸易中的盈余与赤字有更清楚的认识了吧。

为顺应金融交易时代所引进的规则

1993 年开始	GNP → GDP	国民→国内 明确区分开国内投资与国外投资
1993 ~ 2014 年	国际收支平衡表 企业会计国际化	IMF《国际收支手册》第 5 版、 第 6 版引进“金融收支”） 普及 PER（股票的市盈率）、ROE（股权收益率）、PBR（股价净值比）等指标
2000 年开始	会计准则国际化（采用国际财务报告准则等）	目前已有超过 100 个国家引进， 其中日本已有超过 40 家公司正在使用

盈余与赤字面对不同主体有不同的概念

企业	
损益表	
盈余	赤字
盈利	亏损
好事	坏事
黑字（the black）	红字（the red）
先锋公司 + 5 亿日元 （2014年第一季度）	JVC 建伍公司 -70 亿日元 （2014年第一季度）

Our company is in the black.
“我们公司是盈利的。”

贸易	
国际收支平衡表	
盈余	赤字
出口大于进口	进口大于出口
对外投资净增加	引进国外投资的净增加
a trade surplus	a trade deficit
交换的过剩	交换的不足

相加为“0”

如何吸引外资投入是资本时代的竞争所在……

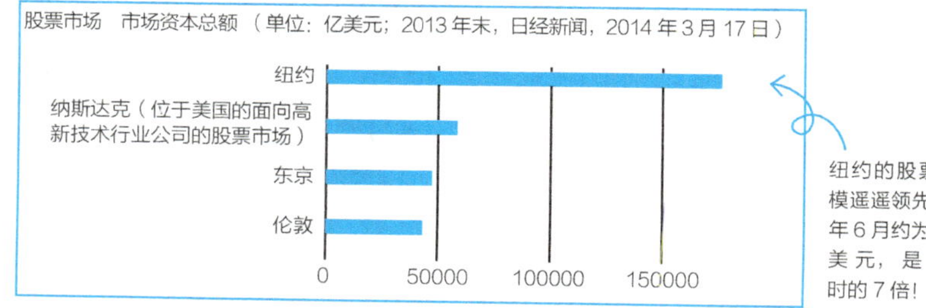

纽约的股票市场规模遥遥领先！2014 年 6 月约为 19 万亿美元，是 1989 年时的 7 倍！

东京证券交易所的股票交易约六成来自国外投资者，这其中 60%~70% 的交易是通过 HFT（High Frequency Trading）系统来完成。HFT 是一种计算机化的、以千分之一秒为单位运行的高频股票交易系统。日本于 2010 年引进该系统后，至 2011 年年中开始，不适应的中小型证券公司接连倒闭。到 2012 年 10 月，半年内日本证券行业协会的会员数量从 285 家减少至 273 家。

赤字和盈余没有意义

对贸易顺差（盈余）与贸易逆差（赤字）产生误解的源头，在于我们对盈余与赤字这两个词语的理解上掺杂了好与坏的价值观判断。我们实在不应再被此迷惑。

无论是贸易（经常项目）盈余还是赤字，抑或是由此带来的资本项目的赤字也好盈余也好，其实与实际的经济状况毫不相干。GDP 不会因为盈余而增长，经济也不会仅仅因为赤字就陷入低迷。

没有任何一个发达国家是以经常项目收支或贸易收支作为经济政策目标的。贸易赤字或盈余是经由生产活动、消费活动及投资活动得到的结果，将其看作是生产、消费及投资的影响因素实在是本末倒置。

美国自 1992 年开始，经常项目就一直处于赤字状态。虽然也有如“美国是特殊的，作为基准货币国只要印刷美元钞票就能填补赤字所以没有问题”这样振振有词的解释，但像英国、澳大利亚及新西兰这些非基准货币国家，其经常项目也已经持续 30 年以上处于赤字状态。然而，澳大利亚和新西兰的人均 GDP 依然高于日本。

2000 ~ 2012 年，美国和英国分别仅有两次 GDP 实际增长率低于日本。而包括“失去的 20 年”在内，日本的经常项目盈余已经保持了 30 多年，但整体经济水平依然落后于英美两国。

对赤字和盈余的关注与讨论，就如同讨论买来的盒饭里饭团的配菜是黑色的海带还是红色的梅干一样毫无意义。重要的是盒饭（GDP）的大小、人均 GDP 的大小以及包裹着配菜的 95 倍的米饭（资本）的动向。

贸易（经常项目）赤字与盈余是生产活动的结果！

美国与澳大利亚经常项目都是赤字……

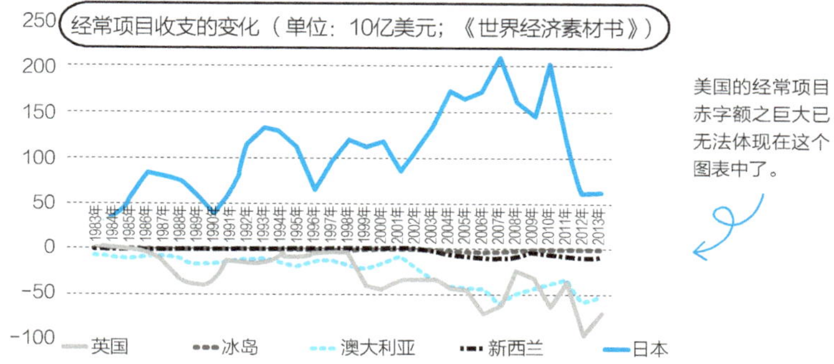

美国的经常项目赤字额之巨大已无法体现在这个图表中了。

再来看看美国、澳大利亚等各国的人均 GDP

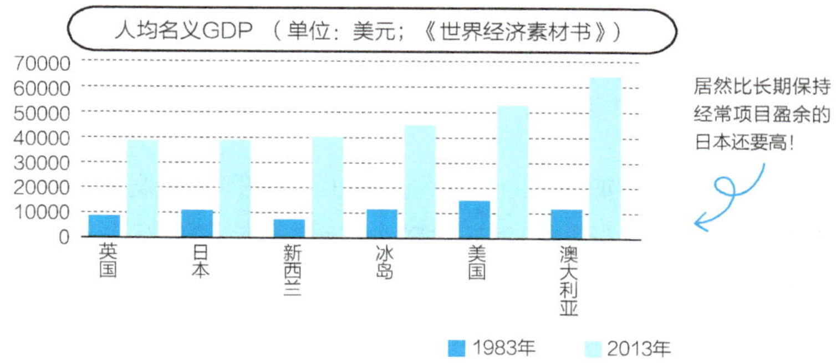

居然比长期保持经常项目盈余的日本还要高！

虽然赤字和盈余毫无意义……

“经济学家的常识”与“一般民众的常识”之间的差异在经济学尤其是国际经济领域十分常见。
在充满误解的国际经济领域中，如今正在被热烈讨论的就是关于日本贸易收支赤字的话题了。
这种“日本沦落为贸易赤字国”的观点，也是经济学家与一般民众常识差异的体现，并且据我估计持这种错误观点的人不在少数。

摘自《贸易赤字国沦落论的误解：围绕国际收支的讨论・基础篇》（日经商务在线 2011 年 6 月 8 日）

小峰隆夫（1947 ～　）
经济学家

进口能源费增加是损失吗？

有时为了使经济学更加贴近生活，人们会从日常生活（微观）的视角出发去解释宏观经济学中的问题。这是流行经济学许多错误论点的根源。

日本自2011年开始成为贸易逆差国。进口额增加的一个重要原因是同年的关东大地震之后，核电站停止运行导致的能源费用大增。以下是日本自2011年起的进口额变化。

2011年度实际增加2.3万亿日元，2012年度预测增加额为3.1万亿日元，2013年度预测增加额为3.8万亿日元（第3次电力供需验证小委员会）。

围绕着进口额增加的部分，国民议论纷纷，各种观点层出不穷："能源进口导致大亏损""因废核追加的燃料费带给日本经济的沉重打击""毫无用处且影响恶劣的巨额成本流出""核电站重启后这部分资金将会重新流回国内，有作为财政资源活用的可能"。将这些观点归纳之后便会发现，它们的中心思想是一致的，即"日本正在遭受损失"。这正是对"EX表示对外投资额，IM表示从国外引进的投资额"一无所知的流行经济学所持的观点（请参考下页的贸易顺差与贸易逆差示意图）。

而事实上，导致日本资本与贸易收支赤字的是大量涌入日本国内的国外投资，而日本并未对外支付过哪怕1日元。因此正确的理解应当是"贸易逆差的部分是由国外资产负担的"，而不是"因长期废核导致日本的国家财富流失"。

综上所述，贸易逆差所表示的是日本的总消费高于国内生产总值（GDP），国家财富连1日元都没有对外流失。"出口就是赚取外汇，进口就是花费外汇"这样的观点早就过时了。

认为“能源进口导致大亏损”就大错特错了！

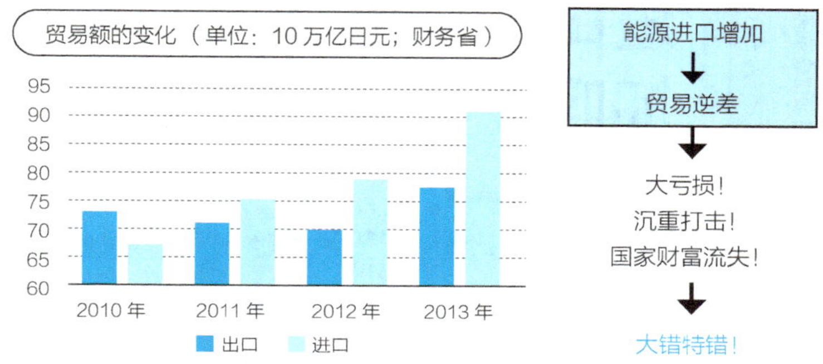

贸易逆差 = 日本引进的国外投资

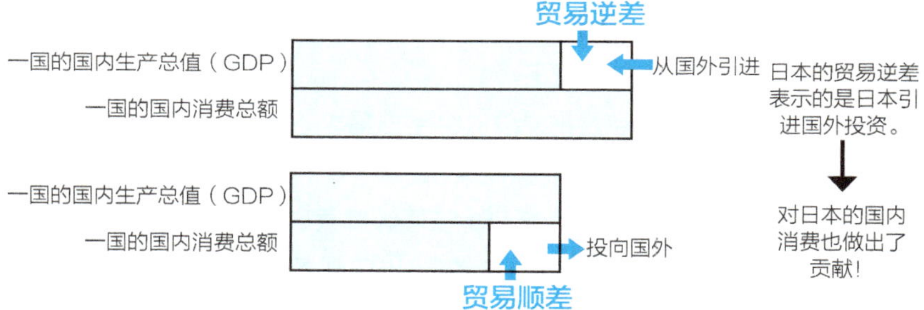

日本连哪怕 1 日元都没有支出过！

假设……

月	出口（金融盈余）额	进口（金融赤字）额
1 月	+ 10 日元	-20 日元
⋮	⋮	⋮
12 月	+ 10 日元	-20 日元
1 年合计	+ 120 日元	-240 日元

1 年合计　贸易逆差 -120 日元 = 金融赤字 -120 日元

贸易逆差部分的支出，日本其实连 1 日元都没有负担。

进口减少会使 GDP 增加吗？

贸易（交换）的主要目的在于进口（消费）。从事出口（生产）最终也是为了进口。如果交换活动频繁活跃，GDP（总收入与总支出）也会增加。

日本成为贸易逆差国后，“只要减少进口，GDP 就会增加”这样的流言渐渐甚嚣尘上。

诸如此类，流言背后的观点是：“出口是在增加 GDP，相反进口时由于要向进口对象支付款项，因此要从 GDP 里扣除。进口大于出口的差额将最终影响 GDP，使 GDP 大幅下降。”

这一流行经济学观点是将“总供给 = 总需求”、“国际收支平衡表的贸易收支（出口 - 进口）”以及“国内生产总值（GDP）”三个不同概念混淆的产物，参见第 1.4 节的 GDP 的三面等价原则与下页（1）。

进口是购入国外生产的产品与劳务，出口则是国外购入由日本生产的产品与劳务。这样的话，可以将进口与出口表示为“进口 = 国外生产”“出口 = 国外消费”，参见下页（2）。

由于 GDP 是国内生产总值，因此在核算 GDP 时必须将国外生产的部分扣除掉，参见下页（3）。

由下页（3）我们可以看到从出口额中扣除进口额之后的部分才会被计入 GDP，因此“只要减少进口，GDP 就会增加”是错误的。然而需要注意的是，这里我们推导出的是日本国内流通总量（总供给）中国内生产总值（GDP）的部分，与国际收支平衡表上的“出口 - 进口”是不同的。核算 GDP 时扣除的进口额，事实上是从国内总需求中减去的。如下页（4）所示，只要最为重要的 Y 不增长，即使 EX-IM 大幅增加，我们也无法切身体会到经济水平和生活水平的提高。

下页（3）′和（4）是表示支出法核算 GDP 的等式，不体现因果关系。

GDP 是这样核算的

(1) 总供给 = 总需求
　　总供给（GDP+ 进口）= 总消费（消费 + 投资 + 政府支出 + 出口）

↓

(2) GDP+ 国外生产 = 消费 + 投资 + 政府支出 + 国外消费

↓

(3) GDP = 消费 + 投资 + 政府支出 +（国外消费 EX- 国外生产 IM)
(3)' GDP = C +I+G+（EX-IM）

(4) 伊邪那美景气（2002 年 2 月 ~ 2007 年 10 月的 69 个月期间）　（单位：10 亿日元；内阁府）

	总供给	
	IM	Y（GDP）
2002 年	49471	499147
2007 年	82363	512975

=

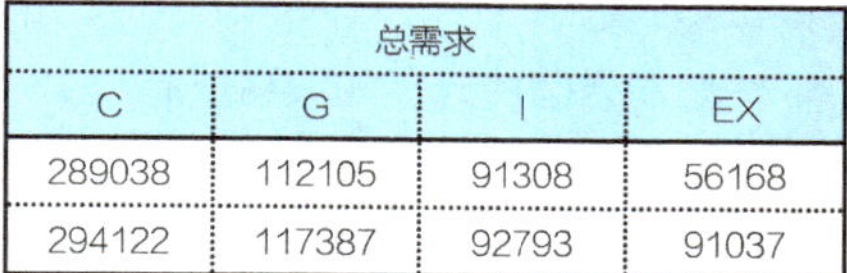

总需求			
C	G	I	EX
289038	112105	91308	56168
294122	117387	92793	91037

等式左边 = 右边，因而是理所当然的

- 左边的 IM 数值减少 = 右边某一项或某几项的数值减少
- 左边的 IM 数值增加 = 右边某一项或某几项的数值增加

“进口减少 =GDP 增加”是不成立的！

（4）期间，相对于 IM 66%、EX 62% 的增幅（5 年间），Y 只增长了 2.7%（年均增长 0.54%）。

全球的出口额增加 = 全球的进口额增加

出口与进口之间的相关性（相关系数 0.87）……

日本的出口额与进口额（单位：万亿日元；1994 ~ 2013 年，内阁府）

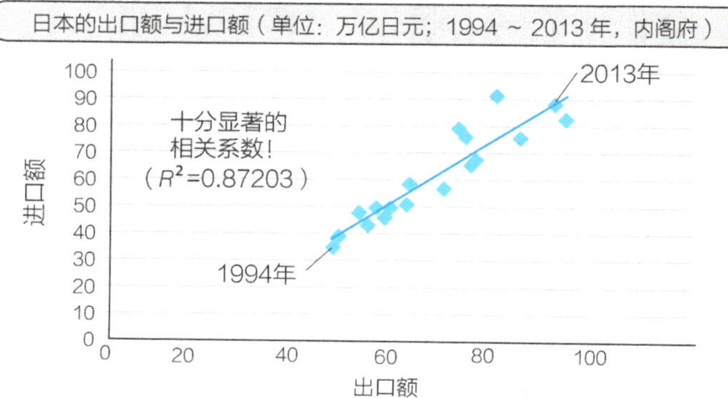

全球的出口额 = 全球的进口额。假设日本的出口额持续净增加，则一定也有别的国家的进口额是在持续净增加的。在现实中，日本和全球的出口额与进口额不可能同时增加。

专栏 1

税收制度 1

日本消费税税率上涨的背后，是以每年 1 万亿 ~1.5 万亿日元的规模增加的社会保险费用。下面我们来了解一下日本的税收制度。

1. 在增收消费税之前，缩减政府年度支出的呼声十分高涨。如果将国家和地方议员（2013 年末 24866 人）的年度支出缩减 30%（薪水或人数），可节省 702 亿日元。如果将所有公务员（2012 年度 291.9 万人）的年度支出缩减 20%，则可节省 5.4 万亿日元。然而无论缩减范围大小，成效只能体现在实行缩减的年份，治标不治本。连年持续缩减支出更是不现实。

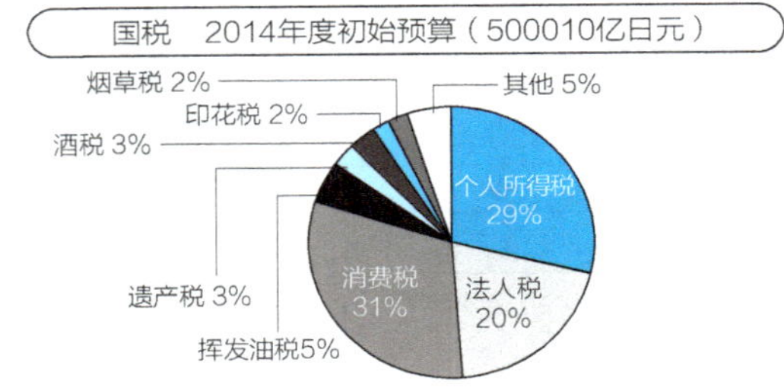

2. 由上图所示的 2014 年度税收预算构成可以看出，个人所得税、法人税与消费税是国家税收的核心部分，其他种类的税收占总额的比重不超过 1/5。

（1）遗产税于 2013 年 1 月调整了基础扣除额之后，预计可增收 2200 亿日元。但纳税人数仅停留在全国人口的 6%。

（2）收入所得超过 1000 万日元的纳税人仅占全国人口的 9.8%，却负担了 76% 的个人所得税额。下一年度个人所得税最高一级税率将提高至 45%，但由此带来的税收收入增加预计不会超过 600 亿日元。

（3）法人税的课税对象是企业的利润所得，因此占总数七成的赤字企业是不缴纳法人税的（2012 年）。而赤字企业中的九成共 157 万家都是资本额在 1000 万日元以下的家族企业。在 2014 年日本的税制下，法人税率低于个人所得税率。法人税税收主要由大型企业负担。

第2章 国债与经济的未来走向

你的储蓄从另一个角度看是他人的借款，多维度分析才是经济学的正统学习方式！

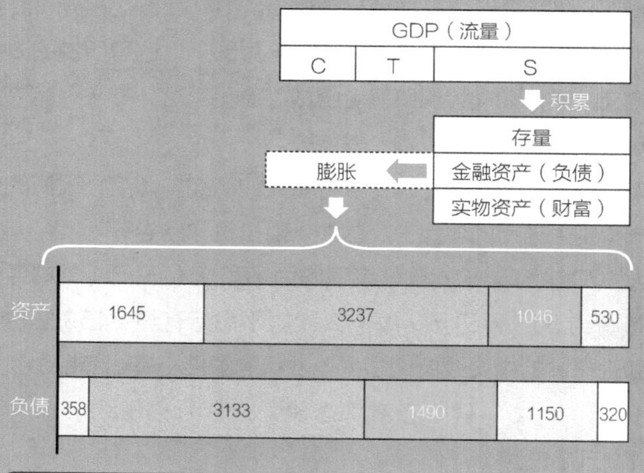

金融资产与金融负债6450万亿日元明细（单位：万亿日元；日本银行2013年12月快报）

□家庭 □金融机构 □企业及其他 □政府 □国外净资产

1. 金融资产 = 金融负债，仅存在于账簿上的债权债务证明书。
2. 金融资产（债券、养老金、保险、银行融资等）是经由流量（GDP）所获得的“优先特权”。
3. 金融负债可被视作债务人信用的无形资产（即债务不履行→债权消失）。
4. “既持有国债（债务证明）又持有全球第一的对外资产（债权证明）”这种议论本身毫无意义。

国债1

什么是“国家借款”？

我们时常会看到“国家借款超过了1000万亿日元”“日本要破产了”这样的言论。那么，这里所说的国家借款到底是什么呢？让我们来一探究竟。

我们所说的“国家借款”，依据不同的角度和具体情况有种种不同的含义。

（1）从“国民的金融资产与金融负债（约6450万亿日元）”角度，政府的借款（负债）是1150万亿日元（见下页图）。这里所说的政府由中央政府、地方公共实体和社会保障基金组成（参见第2.2节），其借款包括国债、其他政府债券以及金融机构的借款等。

（2）从“国债（985万亿日元）持有人的明细”角度，政府的借款包括短期国库券（购入外币的资金）、国债、财投机构债券等。

（3）从“2014年末日本国债余额约为780万亿日元（据财务省，日本国民人均持有约615万日元，每4人家庭平均持有约2459万日元）”角度，借款即为日本的中央政府（国家）发行的国债，具体包括①建设国债（260万亿日元）、②特例（赤字）国债（509万亿日元）以及③震灾复兴国债（11万亿日元）。

①建设国债是将筹措的资金用于道路、水利、港口、机场等建设项目的国债。由于这些基础设施建设发挥效用可以惠及3代人，因此建设国债的偿还期限是60年。②特例（赤字）国债是将筹措的资金用于补足国家财政赤字的国债。这种国债其实是有违财政法规定的，专门制定了特别法案后才得以发行，因此赤字国债又被称为特例国债。

一般情况下说到“国债（国家借款）”，不会这么详细地区分是①②③中的哪一种，因此本书一律统称为“国债”。此外，三面等价图中的S储蓄→（G-T）公债，表示的是①建设国债。每年由S储蓄积累流向（G-T）公债的金额，就成为了1150万亿日元的“国家借款”。

3 种“借款”的内容明细

（1）国民的金融资产与金融负债 ⇨ 约 6450 万亿日元

金融资产与金融负债约6450万亿日元　明细
（单位：万亿日元；日本银行2013年12月快报）

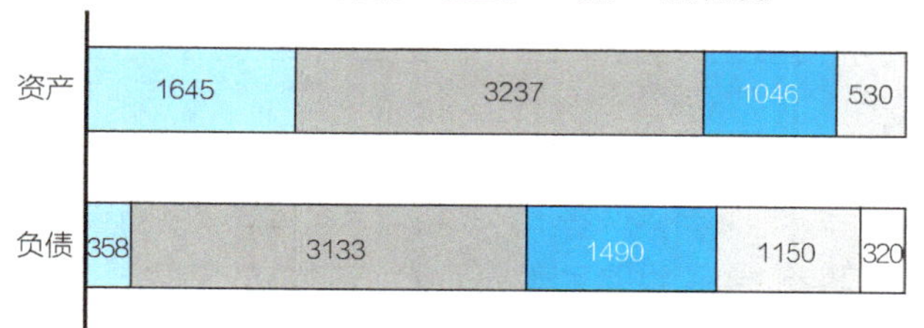

政府的负债约为 1150 万亿日元！

国外的债务 = 日本的债权，因此从日本的角度来看这部分即为日本的国外净资产。

（2）持有国债而形成的负债 ⇨ 约 985 万亿日元

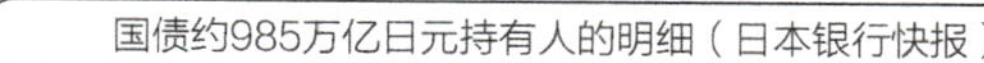

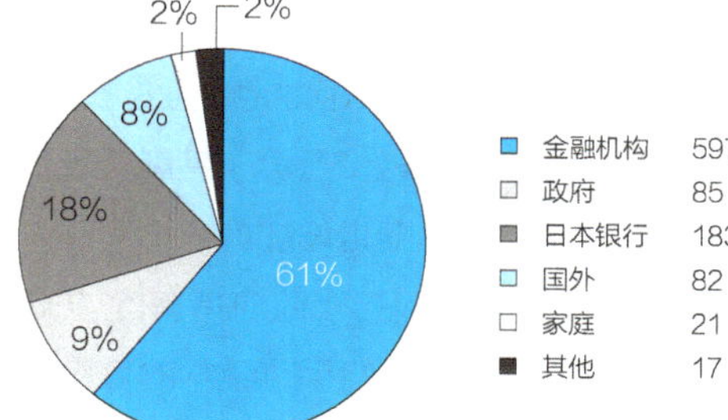

金融机构持有国债 597 万亿日元，占据最大比重。政府持有国债 85 万亿日元。

（3）2014 年末国债余额 ⇨ 约 780 万亿日元

建设国债的偿还期限为 60 年。

11
260
509

国债2

政府借款 = 国民财产(1)

既然是借款，就一定存在借出的一方。向政府借出资金的是日本国民（国民个体或民间企业）。

当政府的消费高于其收入时，就必须借款，即通过发行国债来筹措资金。而借款的来源出自 S，即储蓄。换言之，我们每一个国民个体或每一家民间企业，凡是持有储蓄者，都通过购买国债而成为了政府的债权方。对于政府来说的借款，站在国民的角度则是国民财产。

日本的金融资产与金融负债总额约为 6540 万亿日元。其中家庭的金融资产约为 1645 万亿日元，此外政府的负债（包括国债、地方债、其他政府借款等）为 1150 万亿日元。

企业的负债包括公司债券、股票及其他借款。当家庭将资金用于股票投资或购入公司债券时，家庭的资产就增加了，相对地企业的负债也增加了。政府借款来源于家庭与企业，而正是由于金融资产等于金融负债、有借必有贷，政府借款越是增加，国民财产也就越是随之增加。

另外，政府的 530 万亿日元资产中也包括了政府持有的 100 万亿日元国债和短期国库券等（参见第 2.31 节）。我们平时缴纳的养老保险，其实政府也作为社会保障基金在使用着。虽然听上去难以置信，但实际上政府负债是等于政府资产的。

关于这里所说的金融资产与金融负债的具体内容，参见第 2.26 节至第 2.28 节。

从 2014 年度预算来看政府借款

2014年度　国债收入占国家预算（958823亿日元）的比重（单位：亿日元；财务省）

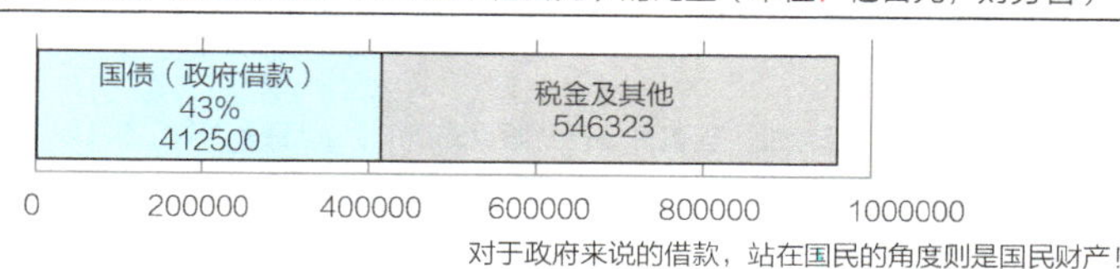

用三面等价图来分析资产与负债

2012 年　名义 GDP（单位：10 亿日元；存在四舍五入误差，内阁府《国民经济核算》）

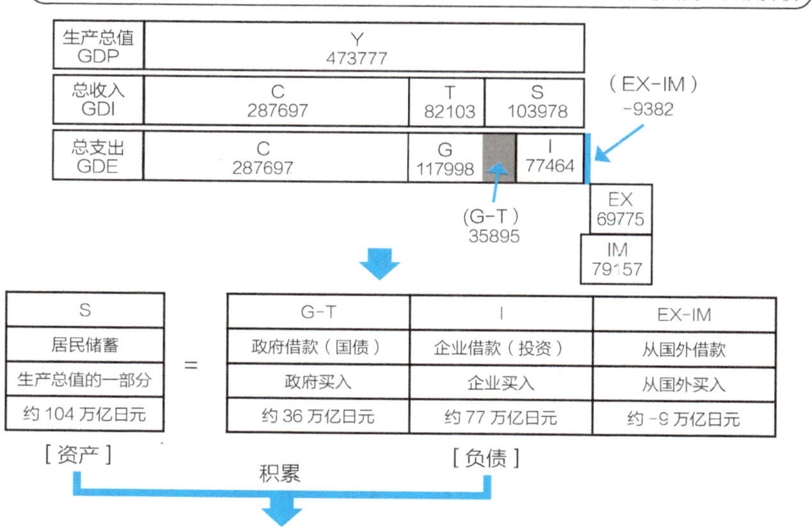

金融资产与金融负债约6450万亿日元　明细（单位：万亿日元；日本银行2013年12月快报）

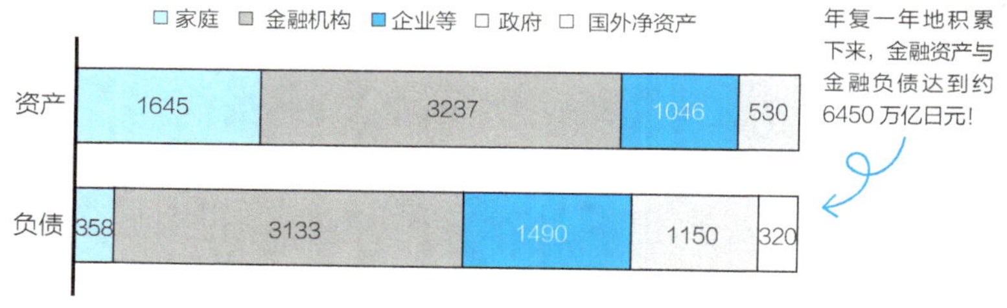

国债3

政府借款＝国民财产(2)

严格地说，国债并不是“国家的借款”，而是“政府的借款”。政府的借款来源于国民，因此政府借款= 国民财产。

现实中会购买国债的国民个体是非常少的（如下页饼图所示，仅占2%），大多数情况下购买国债的是银行、邮政储蓄银行、人寿保险公司等。我们的存款与社会保险基金被转而用于购买政府发行的国债，于是间接地国民个体也就成了国债购买方。

国债从字面上看是“国家的借款”，但严格来说应当是“政府的借款”，贷款给政府的则是我们这些国民。对此财务省官方是这样解说的：以一个月收入40万日元的家庭为例，国民人均持有约615万日元政府借款的情况下，一个4人家庭持有的政府借款约为2459万日元。实际上，这种说法完全无视了会计准则（我们不会将一个企业名下的土地、建筑物、店铺及车辆等资产换算为国民人均持有额），正确的说法是“国民人均财产约为565.8万日元（扣除占比为8%的国外资产）”。“当前的国债余额需要未来17年收入总额才能抵销”，也就是说“当前持有的债权（财产）相当于未来17年收入的总额”。“遗留给下一代人的巨大负担”同时也意味着“遗留给下一代人的巨额财产”。

进一步说，对于“发行国债是让子孙们背负上借款”这种说法，诚然当前持有的国债，其偿还将发生在子孙后代身上，但同样地，得到本金偿还且收取利息收入的也是子孙后代。

国民持有的资产

家庭金融资产　（单位：万亿日元；日本银行）
2003年末
2013年末
0
500
1000
1500
2000
国民人均持有的政府借款约为 615 万日元
国民人均持有约 565.8 万日元的财产！
家庭金融资产 1645 万亿日元　明细
（2013 年末日本银行《资金循环统计》）
存款
债券
投资信托
股票投资
保险及退休金
其他
874
79
155
439
69
30
国债余额等于未来 17 年收入总额
持有的债权（财产）相当于未来 17 年收入总额！
分别投放入金融机构
国民
存款、分期付款等
银行
邮政储蓄银行
人寿保险公司
其他
遗留给下一代人的巨大负担
遗留给下一代人的巨额财产！
其结果是
985万亿日元国债持有人的明细（日本银行快报）
购买国债的个体
2%
2%
8%
18%
61%
9%
金融机构　597（单位：万亿日元）
政府　85
日本银行　183
国外　82
家庭（即个体）　21
其他　17

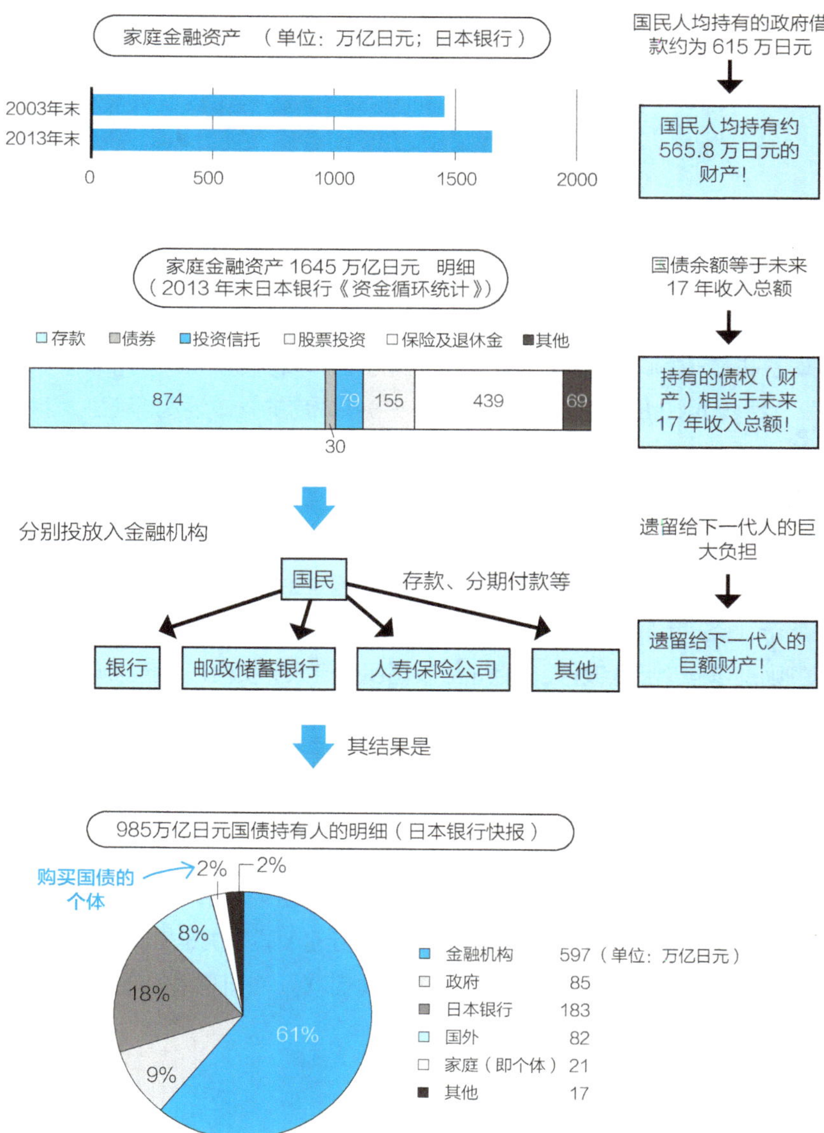

国债4

政府借款＝国民财产(3)

国民通过购买股票、公司债券等方式向企业投资；企业运用这些资金进行生产活动；国家则运用通过国债筹措的资金，进行基础设施（道路、水利等）建设。

由日本的政府债务余额占 GDP 的比重来看，可以说“日本政府的财务状况和经济水平正在急速恶化”（财务省网页），然而从资产的角度看，这同时意味着日本政府的资产持有状况达到了世界高水平。

让我们用企业资产负债表的思路来考察政府的财政情况。企业筹措资金的方式之一是向银行贷款，此外还有发行股票及公司债券等方式。企业将筹措到的资金投放入工厂、机器、店铺、车辆、广告，由此产出产品与服务。我们的储蓄 S 就这样在企业的借款与资本金中流转。

资产负债表（balance sheet）所体现的是企业的资产与负债。如下页图所示，资产负债表中②部分包含了企业的资本金，也就是股票，①部分表示的则是包含企业从银行、其他企业及国民处借入的负债。企业的所谓借款，比其资产高出约 60%，然而并没有人因此指责企业的经营方式。这是因为向企业投资（购买股票）或提供贷款（购买公司债券）的是我们每一个国民（以及资金余裕的其他企业），经由这些投资我们可以获得股票分红、债券利息等收入。

购买国债与向企业投资或提供贷款的本质是相同的。我们不妨视政府为一国体量最大的企业，正如公司债券对发行的公司来说是借款，对持有的国民来说是财产一样，国债对于政府来说是借款，对于国民来说则是财产。

如何看待日本的政府债务余额

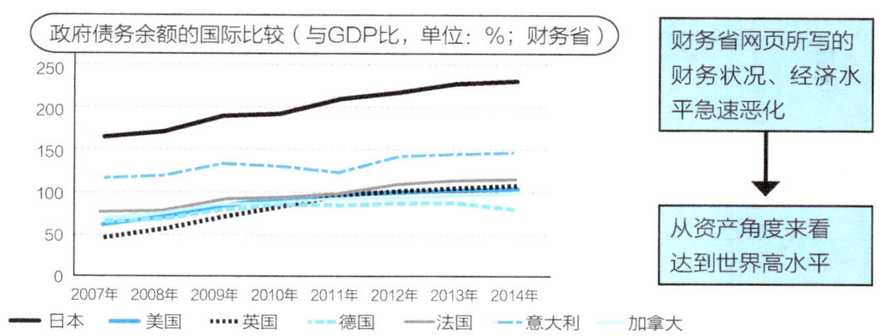

无论向企业投资还是购买国债本质是相同的！

向企业投资……

• 企业的资产负债表（balance sheet）

资产 土地、建筑、店铺及手头资金等	① 负债（借款、公司债券等） ② 净资产（资本金、股票等）
资产合计　　=	负债合计

负债比例
20 世纪 70 年代：
日本企业总体　80%
大企业　80.1%（1979 年）
21 世纪第一个十年：
日本企业总体　66.85%（2008 年）
大企业　55.7%（2009 年）

↓

① 负债 ⇨ 从银行、其他企业及国民处借入

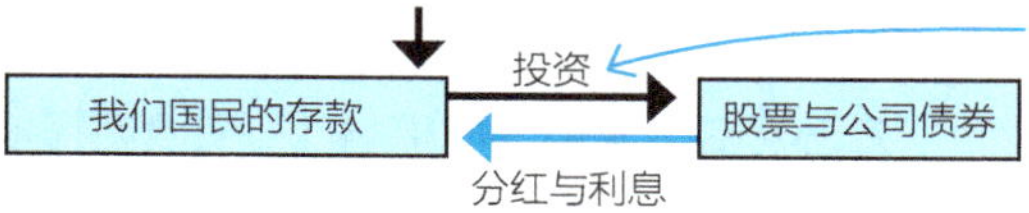

↓

我们国民的存款 —投资→ 股票与公司债券
股票与公司债券 —分红与利息→ 我们国民的存款

也存在间接通过银行、基金、保险公司及投资信托公司等投资的情况。

购买国债……

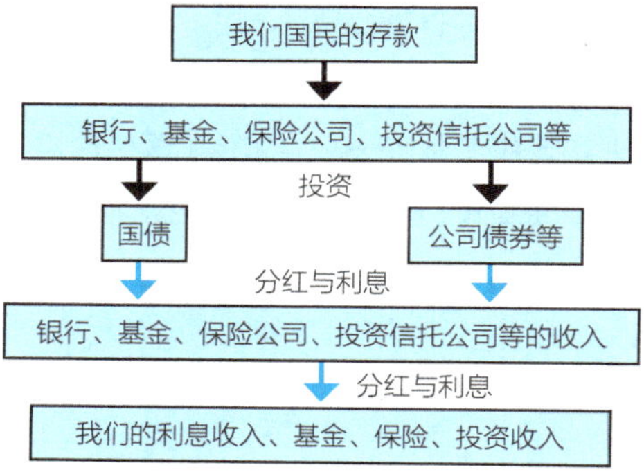

我们国民的存款
↓
银行、基金、保险公司、投资信托公司等
↓ 投资 ↓
国债　　公司债券等
↓ 分红与利息 ↓
银行、基金、保险公司、投资信托公司等的收入
↓ 分红与利息
我们的利息收入、基金、保险、投资收入

国债5

国债是长期利率的标准

国债价格与其利率成反比关系。有信用的借方能够以较低的利率筹措到资金，日本的国债利率一直处于较低的水平。

笔者曾看到过如“由于国债暴跌、长期利率高升，经济进入高速通货膨胀导致连国债利息都无法支付”这样的论调。那么我们就来探讨一下国债与利率的关系吧。

国债是长期利率（10 年期）的代表性指标。与其他类债券相比，国债的信用度最高、利率最低，因此国债被看作是长期利率的标准。其他类债券的利率高于国债的部分被称作溢价（premium）或利差（spread）。住房贷款利率以及企业长期贷款利率也会受到国债利率的影响，随之同向变动。

国债首次发行之后，每天都会在证券市场上被交易（参见第 2.6 节）。在交易中就会出现“国债价格上升 = 利率降低、国债价格下跌 = 利率上升”这样的现象。

下面我们来看一个例子。假设发行了一种面值 100 万日元、利率为 10% 的国债，1 年后将连本带利返还 110 万日元。我们要考察的是以怎样的价格购买这个 1 年后返还 110 万日元的金融商品（债券）。如果购买的人数多，债券的价格会被抬升。假设以 105 万日元的价格购入，到期返还的利息即为 5 万日元，则实际利率是 5÷105=4.76%（国债价格上升 = 利率降低）。反之，如果购买人数很少，债券价格就会被压低。假设以 90 万日元的价格购入，则实际利率为 20÷90=22%（国债价格下跌 = 利率上升）。日本的国债价格是全球最高的，相对地其利率也就非常低。

国债是长期利率（10 年期）的代表性指标

10年国债利率和长期利率（以瑞穗银行贷款利率为例，单位：%；每年6月10日前后，日本银行等）

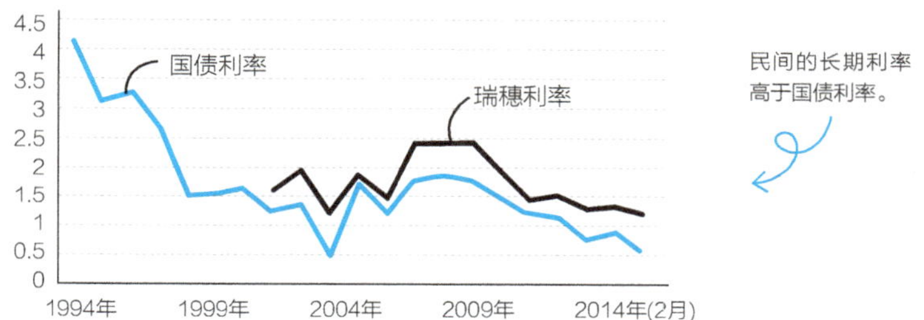

购买国债的两种情况

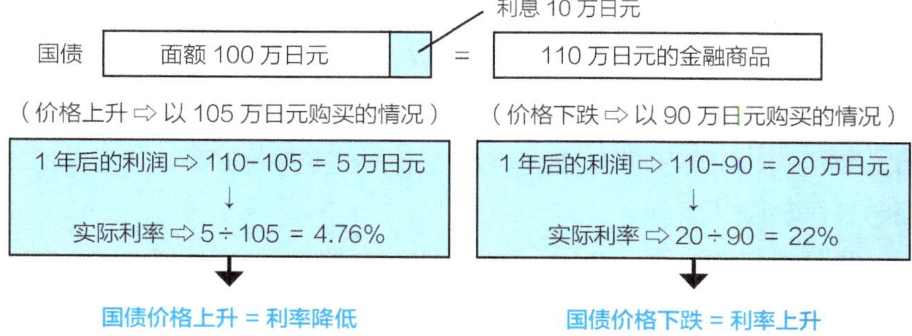

高价格低利率的日本国债

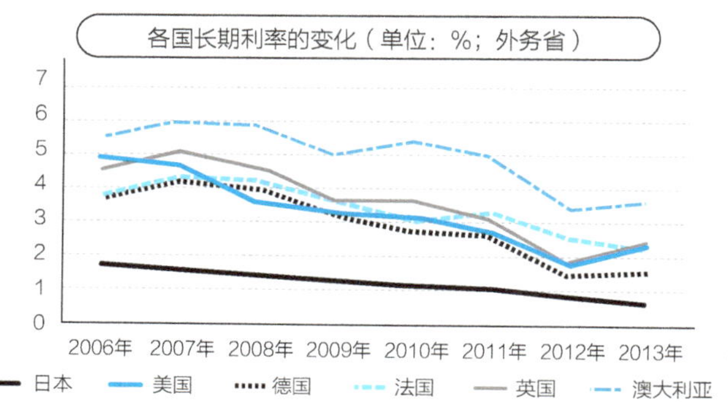

国债 6

国债发行

政府所发行的国债，包括用于还旧债而发的新债即借换债在内，一年共计约170 万亿日元。这些国债能够顺利地消化掉，因此市场认为这方面不存在问题。

在日本，国债可以进行拍卖交易。一年中会发行 100 次国债，其价值达到数千亿日元到 2 万亿日元。

被财务省称为初级市场交易商（primary dealer）、获得参加国债拍卖许可的有 23 家银行和大型的证券公司，财务省向这些机构公布拍卖信息。比如，发布诸如“发行 10 年期票面利率为 1% 的国债共 2 万亿日元”等这样的信息。这些交易商根据所获得的信息情况，考虑利率和市场动向，最终决定投标价格（对他们而言最好的购买价格）。最后由开出价格最高的交易商中标。

随后，交易商又将所购买的国债卖给机构投资者（如银行、保险公司、证券公司等金融机构）。

国债有三种类型，即①新发行国债、②借换债（借新债换旧债）、③财政投资债，其发行总额一年大约为 170 万亿日元。其中，①新发行国债的发行额约为 40 万亿日元，②借换债发行额在 2013 年度超过 112 万亿日元，是发行额最多的一种国债类型，③财政投资债为 11 万亿日元。

10 年期国债共计 60 亿日元的情况下，假设 10 年后本息得以偿还，但是偿还额是票面价值的 1/6，相当于 10 亿日元，而剩下的 5/6 则是通过借新债还旧债实现的。实际上，要经过 60 年才能真正偿还完 60 亿日元的债务，即“60 年偿还规则”。如道路、港湾、机场等基础设施，要经过 60 年建设，到第三代人才能交付使用，这是以恩泽惠及后代的思维方式为基础的基础设施建设。

国债交易结构

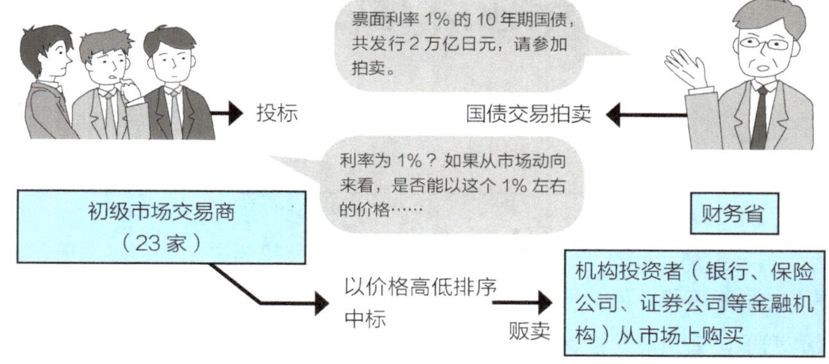

远超过新发行国债的国债发行总额

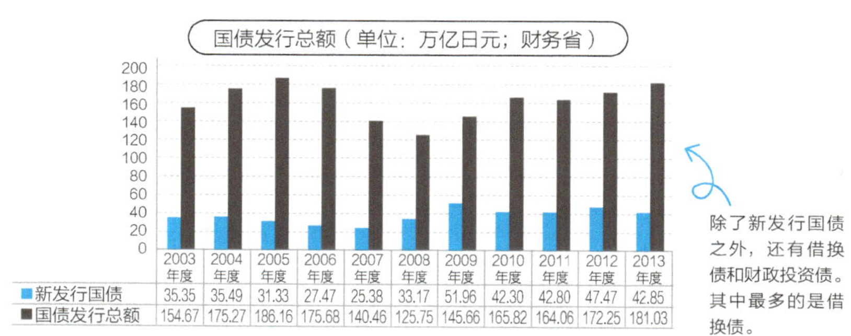

	2003年度	2004年度	2005年度	2006年度	2007年度	2008年度	2009年度	2010年度	2011年度	2012年度	2013年度
■新发行国债	35.35	35.49	31.33	27.47	25.38	33.17	51.96	42.30	42.80	47.47	42.85
■国债发行总额	154.67	175.27	186.16	175.68	140.46	125.75	145.66	165.82	164.06	172.25	181.03

60 年偿还规则

发行 10 年期国债 60 亿日元的情况

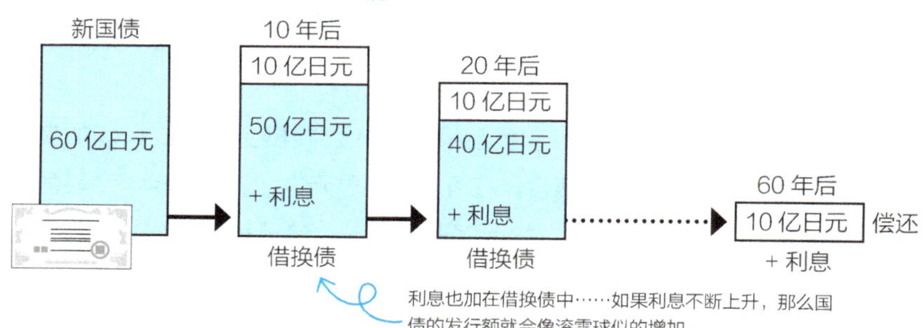

经济泡沫破灭后的萧条

日本的经济情况，如①经济萧条（GDP 增长乏力）、②通货紧缩、③资金筹集方式的转变等，是影响国债正常偿付的因素。

不论每年是否发行 170 万亿日元的国债，就趋势来说，日本国债价格提高，利率下降。而其原因则在于：①经济泡沫破灭后的萧条（GDP 下降或微增）、②通货紧缩、③企业资金筹集方式的变化。由于投资减少、无法从银行获得贷款，迫使企业不得不将融资方式由从存款者手中获得资金，转向购买国债。

首先，在①经济泡沫破灭后，企业被设备（物）、人员（人）和债务（财）过剩问题所困扰。因此企业投资减少，以优先偿还债务为主。在日本“失去的二十年”中，即 20 世纪 90 年代和 21 世纪第一个十年，企业投资显著减少。投资的减少对于 GDP 的降低有非常直接的影响（参见第 1.12 节的图表）。

经济泡沫破灭后的十年，是处理不良债权的十年。为了应对无法收回贷款和企业倒闭的问题，金融机构不得不取出呆账准备金以应对危机。另外，如果呆账越来越多，金融机构就会通过赤字决算将资本金收回。但是，对于金融机构来说，有将资本金比例保持在一定数量以上的所谓资本充足率规制(BIS 规制)，因此资本金的减少会直接影响到金融机构的融资规模。经济泡沫破灭后，银行在融资上出现了谨慎贷款和强行收回贷款的现象，这是执行 BIS 规制的结果。

因此，日本政府只好通过向金融机构投入公共资金的方式，增加其资本金。日本对金融机构的投资合计在 40 万亿日元以上。2008 年金融危机时期，美联储也因同样的理由，接受了资金投入（参见第 3.48 节）。

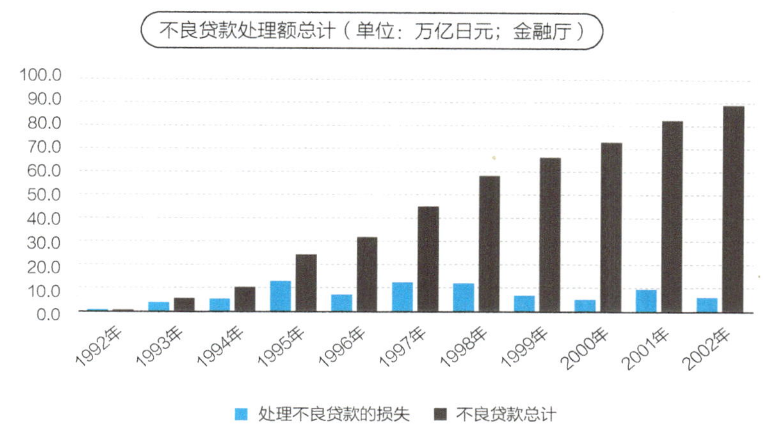

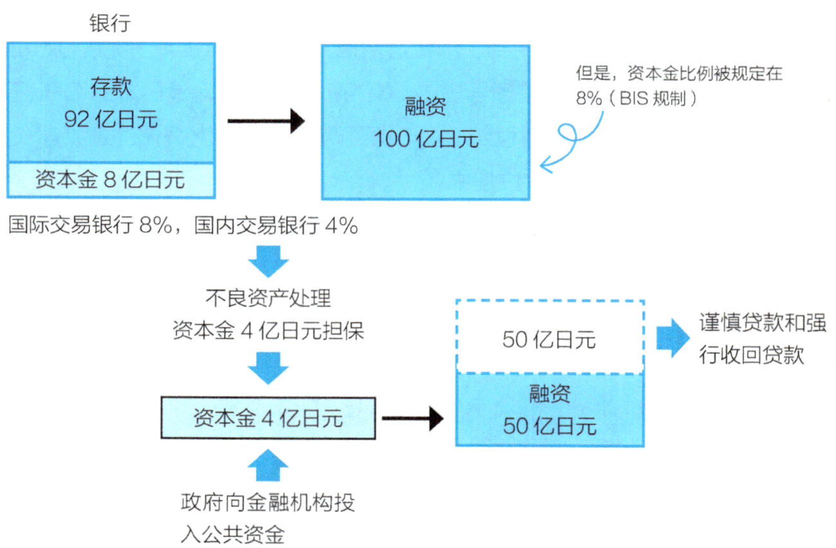

比如，日本理索纳银行 2003 年 3 月的资本金比例为 3.78%，政府投入的国家公共资金的数额达到 1.96 万亿日元（累计约 3 万亿日元）。

通货紧缩

根据费雪方程式（参见第3.40 节），实际利率= 名义利率– 预期通货膨胀率。通货紧缩意味着实际利率很高。

第 2.7 节所说的②通货紧缩，会导致企业从增加债务、增加投资，转变为偿还债务，减少投资，这是企业的理性行为所产生的结果。1997 年末开始，私有企业部门的名义净债务余额在 3 年间减少了 1% 以上，金额约为 50 万亿日元。

根据 IMF 和内阁府的定义，通货紧缩指的是 2 年以上的持续性物价下跌。而作为衡量的指标，则是用到了消费价格指数（CPI）和 GDP 平减指数（由名义 GDP 和实际 GDP 的差额导出）。1999 年后，不论是日本的 CPI 还是 GDP 平减指数，都比 20 世纪 90 年代更明显地呈现出缓慢的通货紧缩趋势（2001 年度《经济财政白皮书》）。

由于物价呈现下落 2% 的通货紧缩状态，即使名义利率为 0，实际利率也有 2%。反之，名义债务（借款）要负担的不仅是名义利率，还有实际利率。比如，如果银行的名义利率为 2%，那么在物价下降 2% 的情况下，实际利率就变为 4%。因此，在通货紧缩的情况下，企业就会选择持有现金，以偿付实际利率的上涨。

实际利率一旦上涨，那么企业与其选择从银行融资进行投资，不如赶紧偿还债务，并且尽可能多地持有存款。

根据三面等价图，储蓄 S 的资金供给者包括家庭和企业，作为向未来借钱的企业，在 1998 年以后，转变为贷款者，而且其贷出的金额在近年来比家庭还要多。为了偿还债务，企业成了增加手持现金数量的经济行为人。

通货紧缩（参见第 1.3 节）

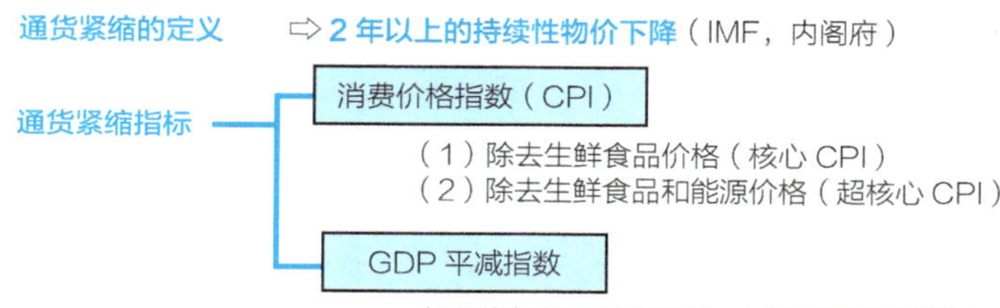

企业的理性行动

归还债务

	通货紧缩	通货膨胀
存款	√	×
债务（借款）	×	√
投资（购买土地和建筑物）	×	√

日本呈现缓和的通货紧缩的状态 → CPI ⇨ 1999 年之后　GDP 平减指数 ⇨ 20 世纪 90 年代后期　2013 年度《经济财政白皮书》

储蓄S和资金的借贷（单位：万亿日元；日本银行）

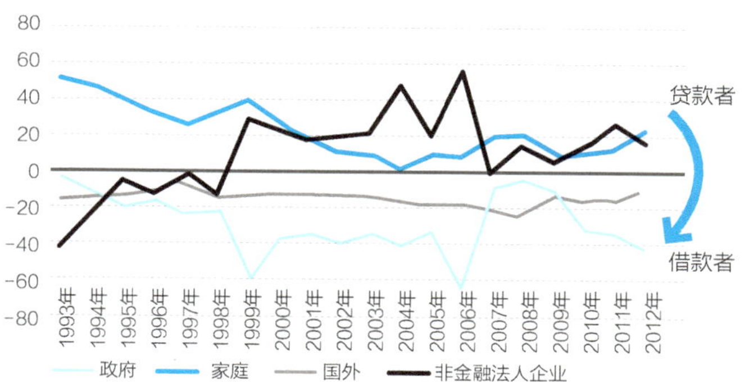

资金筹集方式的变化

金融机构之所以购买国债是有其理由的。由于通货紧缩（也意味着现金的价值增加了）和超额储蓄，金融机构的投资行为发生了变化。

近年来，日本的资金筹集方式即第 2.7 节列出的③，逐渐从以大企业为中心的间接融资，转变为直接融资。

间接融资是金融机构介入资金借贷的方式。一旦企业倒闭，那么其损失就全部由金融机构承担，资金的提供者（存款者）并不承担风险。

直接融资是资金的提供者通过购买股票和企业所发行的公司债券，向企业等贷款者直接提供资金。作为资金融通中介的是证券公司之类的机构。如果企业倒闭，其股票和纸没有什么区别，也无法再偿还资金，即使如此，证券公司也不承担损失。

以上所说的，①经济泡沫破灭后的萧条（GDP 下降或微增），②通货紧缩，③企业资金筹集方式的变化，直接导致了银行融资规模的下降。银行的存贷比（即贷款除以存款），每年都在下降，存款与贷款之间的差额已经超过了 170 万亿日元。作为银行来说，没有贷出的款项就以购买国债的方式解决。银行的国债持有额，在 2012 年末达到 162 万亿日元。其中，还存在不得不将存款中的 70% 购买国债的地方银行。

日本的国债价格很高，其利率可以说是世界最低的水平之一。处在萧条和通货紧缩中的企业，自身也控制投资，成为资金剩余的主体（超额储蓄），更多地持有资金。正因为资金持有过多，才产生了国债价格过高和利率过低的问题。

资金持有过多的讨论，可以参考“流动性陷阱”（第 3.43 节和第 3.44 节）。

从间接融资到直接融资

间接融资

资金提供者　　　　　　　　　　　　　资金需求者

直接融资

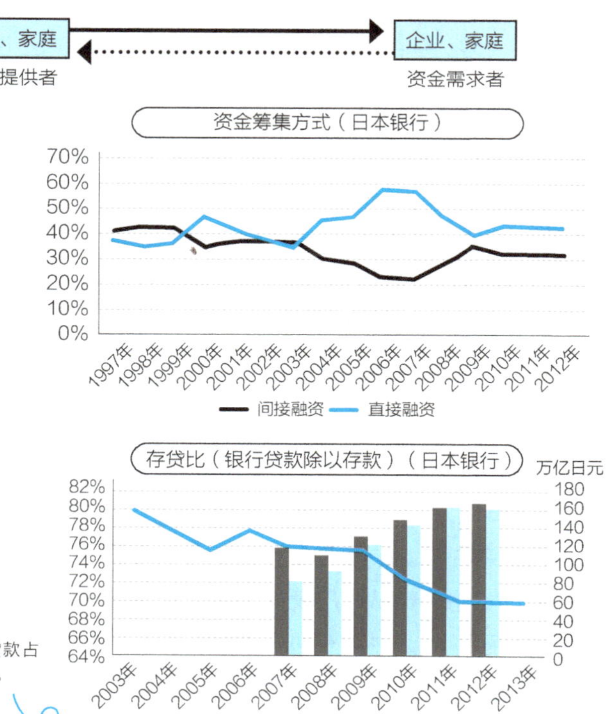

存贷比是贷款占存款的比重。

国债持有额明细

	日本国内的银行	日本银行
2012 年 12 月	156 万亿日元	115 万亿日元
2013 年 12 月	135 万亿日元（-13%）	183 万亿日元

（日本银行快报）

2013 年，根据安倍经济学的货币政策，日本银行的国债持有额逐渐增加。

市场规模（1）

国债是金融产品的一种，更准确地说，是债券的一种，国债是重要的金融产品。

如果认为“国债是国民财产”，就可以看到国债的不同侧面。国债作为一种金融产品，是全球金融市场最主要的产品之一。毫无疑问，国债为投资者提供了巨额收益。

20 世纪 70 年代，固定汇率的布雷顿森林体系结束（参见第 3.26 节）后，金融交易逐渐自由化，作为对金融机构需求的一种回应，产生了增加国债发行的结果。也就是说，国债作为政府借款，不仅是为了应对公共事业和社会保障的财源不足的问题而存在的金融产品，也是为金融机构和投资者追求利益而提供的一个金融产品。

毫无疑问，在各种各样的金融产品中，国债是最安全的产品。国家与私人公司的不同在于，国家不会倒闭，如果像 2008 年金融危机这样的事发生的话，国家会还本付息。国债的低风险（low risk），产生了实际的收益。2012 年，日本的金融机构从政府获得的利息收益大约是 15.7 万亿日元，其中就包括从国债买卖市场中所获得的收益。

在金融自由化的时代（参见第 3.47 节），国债作为一张王牌，为国内外金融参与者提供了一个新的金融产品。

虽然全球股票市场规模非常大，但是其规模与国债市场是无法比拟的，因为体量差距太大。

国债是超级安全的金融产品！

非常重要的一个优点

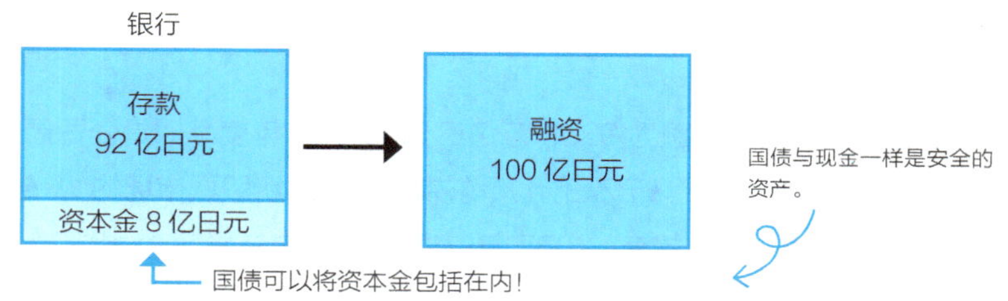

国债市场的规模比股票市场要大得多！

2013年末股票市场时价总额（单位：10亿美元；日本经济新闻，2014年3月17日）

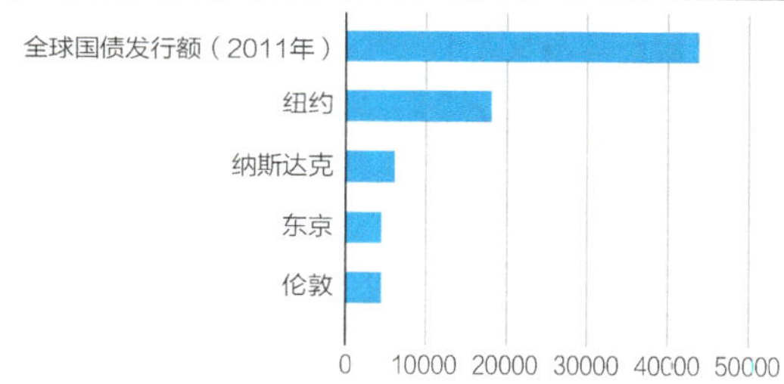

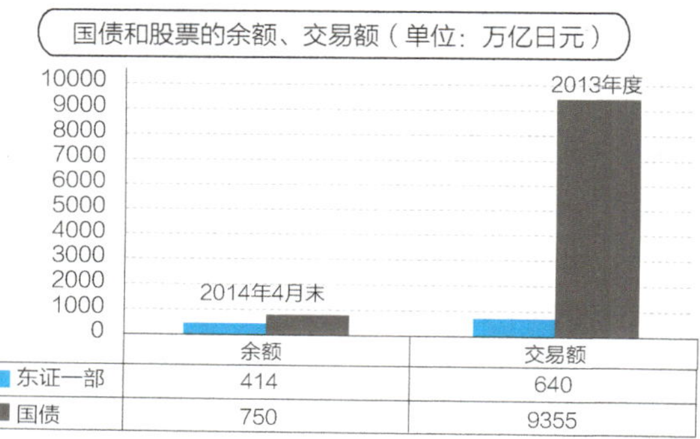

	余额	交易额
东证一部	414	640
国债	750	9355

（出处：东京证券、日本证券业协会）

市场规模（2）

日本的国债市场是一个由专家为专家创造的专门市场，它的规模巨大到甚至可以避免诸如“外国投资者以日本国债暴跌为目标进行卖空”造成的影响。

日本的国债市场交易额为 9355 万亿日元（2013 年度），是公司债券市场的 280 倍（为 33.4253 万亿日元）、东京证券交易所股票市场的 15 倍。在 2008 年金融危机爆发之前，2007 年度国债市场的交易额为 12322 万亿日元，如果加上期货交易（2806 万亿日元），其总额超过了 15000 万亿日元。而且，作为一个专门市场，国债市场不论在质上还是量上，都是股票市场所不能及的。

国债交易额中的一半，是由债券经销商完成的，特别是银行经销商，他们在一天中，进行数十次的债券交易。在日本的三家大型银行的业务收益中，有 30% 来自债券市场（2013 年 3 月的决算）。

20 世纪 70 年代之后，银行、证券公司、投资公司、保险公司等国内外的投资者纷纷登场，国债市场获得了很大的商业机会。

制造业，比如汽车和电器等，如果不开辟金融事业的话，就会难以生存，这并不是一句玩笑话。汽车制造业的主要三家企业，其金融事业的收益的上涨甚至超过了实体营业收益的上涨。总的来说，近年来，大多数汽车制造业的金融事业收益都超过了实体营业收益。2013 年度，汽车制造业的实体销售额上涨，由于安倍经济学的贬值政策起效，其上涨达到历史最高点（丰田）。2012 年度，金融事业收益占各汽车公司总体利润的比重为丰田 86%、本田 73%、日产 26%，这是汽车公司前所未有的状况。

索尼也一样，它不再仅仅是电器公司，而且还是保险公司。

提供给金融机构商业机会的国债市场

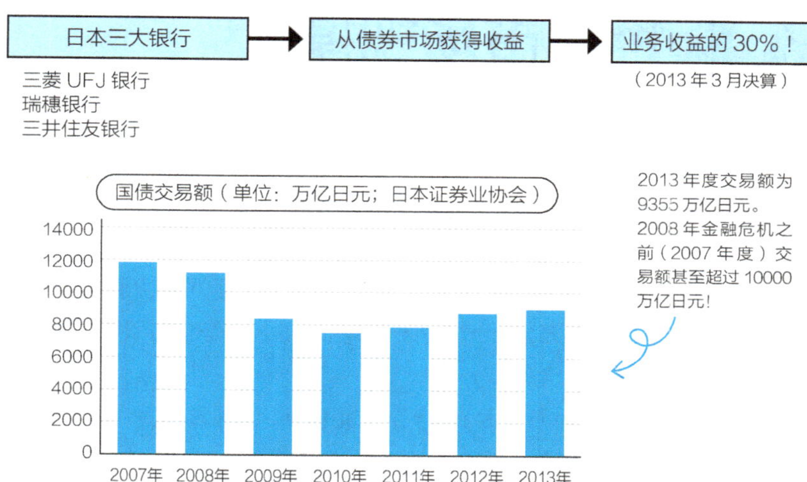

进军金融事业的汽车制造业

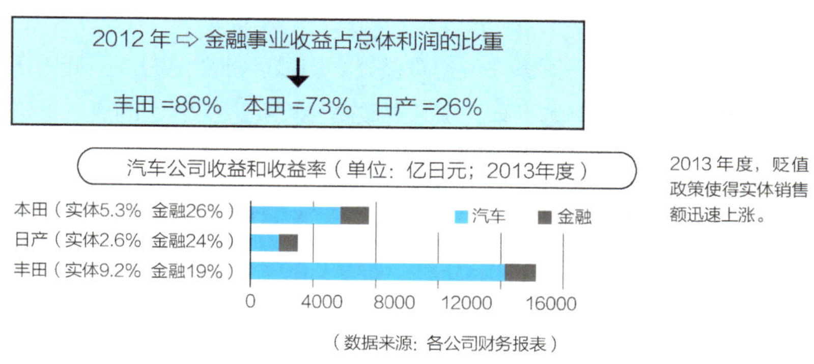

索尼公司现在是保险公司！

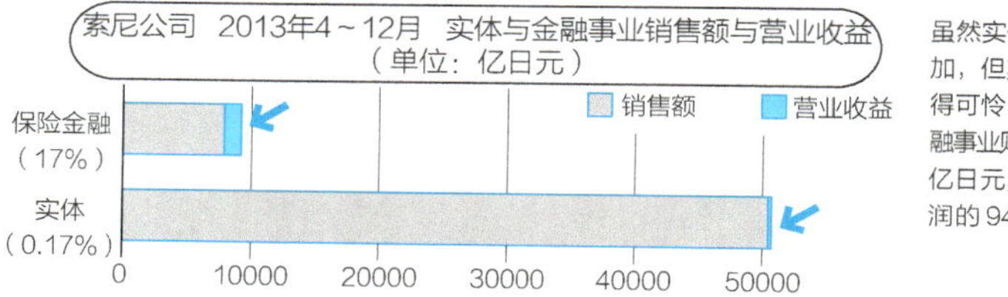

虽然实体销售额增加，但其利润却少得可怜。而保险金融事业则达到 1414 亿日元，占总体利润的 94%！

世界市场规模

进入21世纪后，金融资产的增长率超过了GDP的增长率，出现了钱生钱的状态。

全球金融市场也是类似的，全球国债发行额在18年间增加了4倍。其中，日本国债和美国国债在全球占最大份额。同时，国债的发行也为全球的投资者提供了新的商业机会。

投资公司摩根士丹利（日本）提到，1988～2011年全球国债市场的平均收益率如下：英国国债收益率8.89%，美国国债收益率7.35%，日本国债收益率4%（Flash Report，2012年7月）。

因此，不论是对于国内金融机构，还是对于国外金融机构，国债市场都是一个不可或缺的市场。

国债的发行，对于国家来说也有益处。随着巨额资金流入国债市场，国债的发行意味着利率的下降，那么财政资金就可以在很低的成本下进行筹集。

各国的财政和金融部门，如果不考虑国债市场动向的话，甚至无法制定其政策。因为不论是需要编制预算的财政部门，还是作为债权人的金融机构，都不能无视投资者的意向。

也就是说，国债一方面是政府的借款，另一方面是国民的财产，因此通过国债市场构成了一个相互合作的“命运共同体”。国债市场规模太大难以撼动，“too big to fail”，对于金融机构和国家来说也是同理。

虽然各个部门可以从国债市场中获得收益，但是反之，万一出现债务危机，其损失也会马上转移到国内持有者即家庭的身上。

为全球的投资者提供了新的商业机会的国债市场

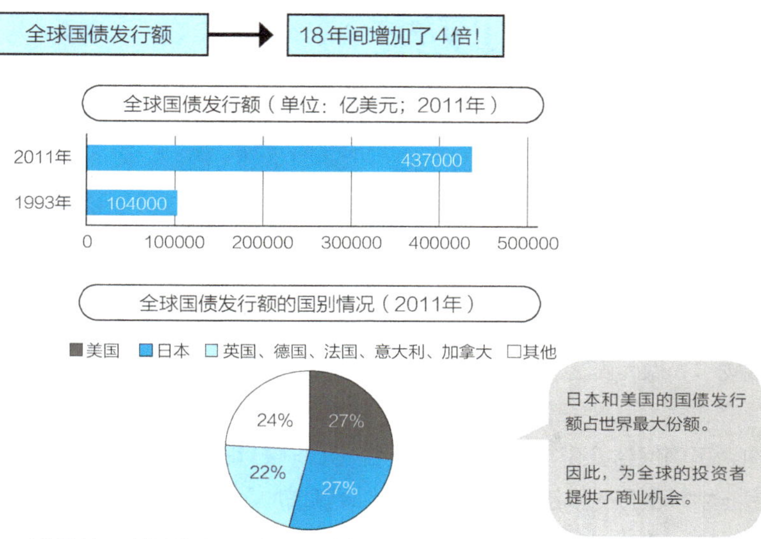

（数据来源：摩根士丹利 2012 年 7 月报告）

规模越来越大的金融市场

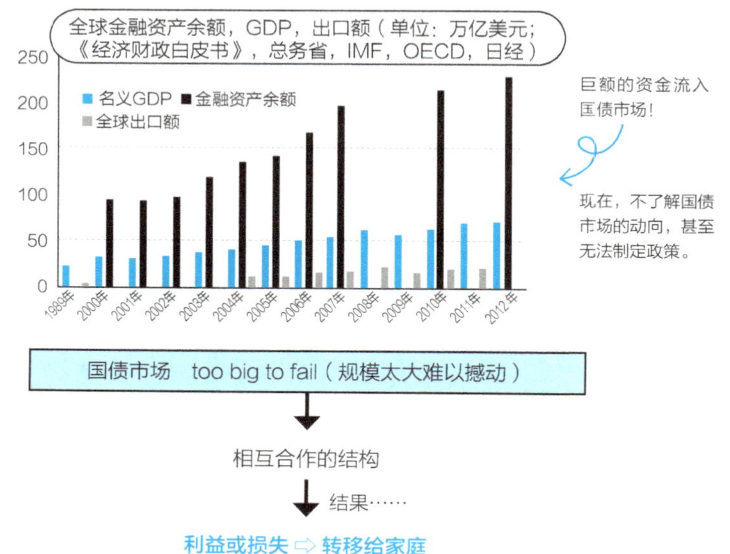

货币政策

国家的权力之一就是发行货币。日本银行有稳定日元价值的使命。

日本银行货币政策的目的是通过稳定物价，保持国民经济健全发展，并以此为目标发行并调节货币（《日本银行法》第1、2条摘录）。所谓的稳定物价，换而言之就是保证通货价值的稳定。

各国银行需要在企业和个人等存款者需要的时候，归还其资金，金融机构为了确保结算正常进行（A银行的窗口→B银行的窗口汇款＝一国中央银行中A银行的余额减少→B银行的余额增加），也需要缴纳部分存款（一国中央银行的活期存款）给一国中央银行。银行在向其他金融机构借款，弥补资金不足的时候，所采取的借款利率就是无担保隔夜拆借利率（以一天为期限交易）。一国中央银行调节货币存量，以控制利率。

如果金融市场的利率下降，那么金融机构就可以通过低利率调节资金供给，也可以向企业借贷并降低利率。不论是企业职员的收入和开展工作所必要的资金，还是建设工厂和店铺所必要的资金，一旦可以迅速地借到这些资金，就能刺激经济发展，同时物价上涨的压力也会变大。

反之，如果利率上升，企业不容易借到这些资金，那么经济发展就会放缓，物价会逐渐下降。金融市场之间相互联系，因此银行不只是通过利率进行借贷，还通过向企业直接提供资金而影响公司债券的利率。

这种利率调控的手段，就是公开市场操作（open market operations）。

中央银行的金融政策

目的	稳定物价，促进经济增长，增加劳动雇佣等
中期目标	调控长期利率
操作目标	调控短期利率和准备金
手段	公开市场操作

长期利率 = 偿还期 1 年以上的资产和负债的利率
短期利率 = 偿还期不足 1 年的资产和负债的利率

无担保隔夜拆借利率（⇨ 短期利率）的控制

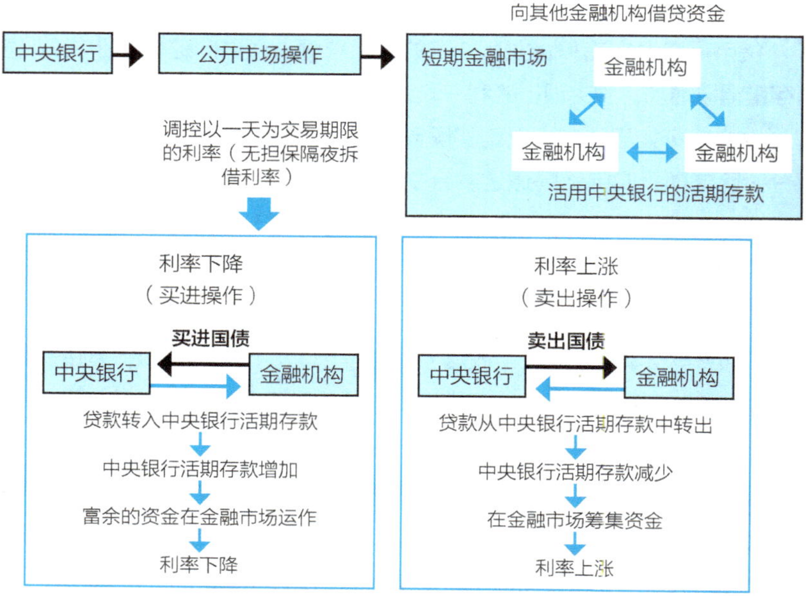

中央银行 → 公开市场操作 → 短期金融市场

向其他金融机构借贷资金

短期金融市场：金融机构 ↔ 金融机构 ↔ 金融机构
活用中央银行的活期存款

调控以一天为交易期限的利率（无担保隔夜拆借利率）

利率下降（买进操作）

买进国债：中央银行 ← 金融机构

贷款转入中央银行活期存款
↓
中央银行活期存款增加
↓
富余的资金在金融市场运作
↓
利率下降

利率上涨（卖出操作）

卖出国债：中央银行 → 金融机构

贷款从中央银行活期存款中转出
↓
中央银行活期存款减少
↓
在金融市场筹集资金
↓
利率上涨

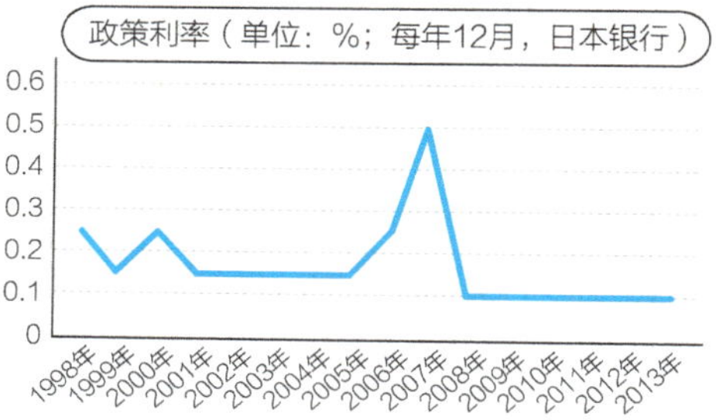

政策利率（单位：%；每年12月，日本银行）

纵轴：0　0.1　0.2　0.3　0.4　0.5　0.6
横轴：1998年　1999年　2000年　2001年　2002年　2003年　2004年　2005年　2006年　2007年　2008年　2009年　2010年　2011年　2012年　2013年

实际上是零利率政策。

国债是货币价格本身

中央银行将国债作为一种资产购入从而为市场供给货币。也就是说，国债是支撑通货的锚，也可以说就是通货本身。

中央银行以稳定物价为目标，调节基础货币。基础货币是市场中货币流通的前提，也就是中央银行所有活期存款的总额。

货币存量是家庭和企业所持有的货币总额。通过向这些企业贷款，货币存量得以增加。中央银行的利率政策对货币存量也有影响。

中央银行如果从市场上购买国债，那么国债就成为中央银行资产的一部分。而这部分实际上是通过发行货币实现的。也就是说，中央银行可以通过改变持有国债（资产）数量从而达到调节货币存量的目的。反之，在现行的管理通货制度下，如果中央银行不持有国债（资产），那么就无法发行货币。

1947 年日本制定的《财政法》（第 5 条），严禁日本银行直接接收新发行的国债。但是，一旦在市场上可以顺畅地进行国债交易之后，日本银行就可施行当今世界各国中央银行共通的货币供应方式。

通过资产负债表（balance sheet），就能明白我们所使用的货币信用实际上来自国债。以前的 1 美元钞票、1 英镑钞票是由黄金提供信用，同理，现在为 1 万元日元钞票提供信用的是国债，国债实际上替代了黄金的作用。

也就是说国债就是货币本身，也就是货币的价值。

市场上的货币存量由日本银行的国债数量决定

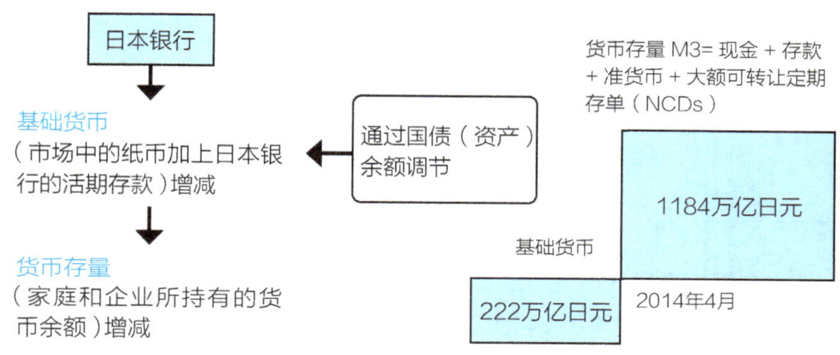

国债支撑着货币的信用

日本银行	资产负债表	（单位：万亿日元；2009 年末）	
国债 贷款 其他资产	67.4 29.2 16.8	76.5 33.7	发行银行债券 其他负债
		110.2	负债合计
		3.2	净资产 （资本金和准备金）
		3.2	净资产合计
资产合计	113.4	113.4	负债与净资产合计

2014 年国债增加了 3 倍多！

日本银行	资产负债表	（单位：万亿日元；2014 年 5 月）	
国债 贷款 其他资产	208.2 24.9 16.6	85.4 128.9 32.7	发行银行债券 支票活期存款 其他负债
		247.0	负债合计
		2.7	净资产 （资本金和准备金）
		2.7	净资产合计
资产合计	249.7	249.7	负债与净资产合计

如果国债余额高，就不能发行货币。

国债与黄金起着同样的作用。

	货币制度	中央银行的资产（货币的担保）
第一次世界大战之前	金本位制	黄金
第二次世界大战后	布雷顿森林体系固定汇率制	1 美元 =360 日元 1 盎司黄金 =31.10 克黄金 =35 美元
第二次世界大战后	管理通货制	国债

国债价格暴跌?

国债价格下降，意味着货币价值下降，会引起债务危机，随之而来的是日元贬值和通货膨胀。为了防止危机的发生，中央银行需稳定货币价值。

中央银行通过在市场上购买国债，作为货币发行的保证，此时，所谓的“财政破产”（就算是发行国债，但是由于没有买者，也不得不提高利率的情况）是怎么一回事呢?

令人担忧的“国债价格暴跌（国债信用暴跌）”，也就意味着1万日元钞票的价值暴跌。由于“国债就是货币本身”，国债的价值下降了，要保证作为政府债务的货币价值也越来越难。

由于国债价格下降=货币价值下降，因此国债暴跌的时候，货币贬值和通货膨胀就随之而来。在极端情况下，货币价值不断下降，产生了高速通货膨胀。虽然国债必须按面额偿还本息，但是可以通过通货膨胀（即降低货币价值）抵销其价值。

“一个国家不论发行多少国债都不会破产，从结果来看确实如此。在现代货币管理制度下，一个国家不论发行多少国债，都不会以此为理由而破产”（岩村充《货币经济学》）。从理论上来说，日本也不可能破产。

通货膨胀使得借款和存款的真实价值都减少了，因此中央银行的使命是稳定货币价值。不论是极端的通货膨胀，还是极端的通货紧缩，都会使我们持有的资产价值遭受大的损失。国债就是货币本身，也就是货币的信用。

国债价格暴跌是何原因

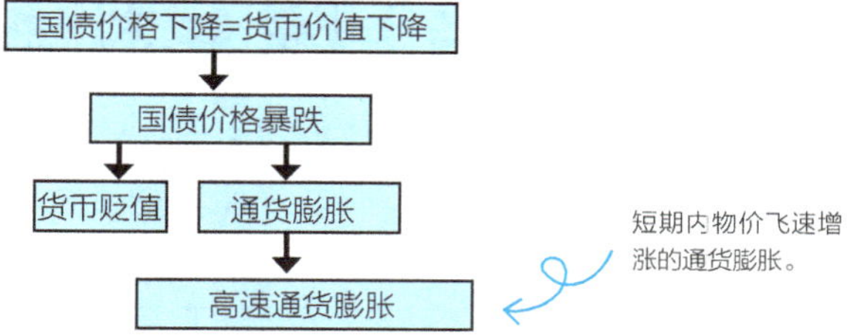

史无前例的高速通货膨胀案例……

国家	德国	日本	津巴布韦
发生年份	1923 年前后	1946 年前后	2000 年前后
当时发行的货币	10 万亿马克纸币		100 万亿津巴布韦币
通货膨胀状况	面包 250 马克 →3990 亿马克	乌冬面 0.18 日元 → 10 日元	面包 2000 亿元
背景	战时国债偿还 货币加印 鲁尔工业区被占领	战时国债与军人补贴的支付 大量的归国者 制造业的 1/5、船舶业的 4/5、一国财富的 1/4 损失	土地的强制征收 干旱 130 万倍货币存量

日本政府 → 存款封锁（1946年2月16日）
禁止旧货币流通（1946年3月3日）

由于有存款取出的限制（在大学毕业生初次就职的收入为540日元的年代，家庭一个月只能取出300日元），存款不能全部取出，原来的现金资产、国债和现在被称为邮政储蓄的资产，不过是如字面意义那样的废纸而已。

由于高速通货膨胀，纸币大幅贬值……

国债价格下降＝利率上升

如果经常项目赤字，那么国债就很难被消化。而要解决经常项目赤字的问题，需要依赖于从国外筹集资本。

国债价格下降＝利率上升，这种可能性是存在的。现在消化国债的前提，就是超额储蓄（参见第2.9节）。如果这个前提被破坏的话，那么储蓄也会受到影响（2010年度《经济财政白皮书》）。

现在，由于超额储蓄，出现了货币盈余的情况，利率水平下降。但是，在日本的超额储蓄中（包括企业储蓄和家庭储蓄），家庭储蓄却减少了。

老人需要依靠存款进行消费，因此随着老龄化的趋势，存款率低下，并且将持续下降，到2020年左右，家庭储蓄率可能会降到零以下。

现在，日本的贸易赤字为10.8642万亿日元（2013年度），经常项目盈余7899亿日元。根据GNI（GNP）的规模，IS恒等式盈余，因此到21世纪20年代，预期经常项目会赤字。

IS恒等式的左右必然相等，因此日本的经常项目赤字的数额，等于国外资金流入的数额。因此，如果一个国家现期储蓄大于投资（超额储蓄），并由此产生对外投资，那么在未来储蓄就会小于投资（储蓄不足），出现国外资金回流。

此时利率是否会上升成为了一个悬念。如果现在出现超额储蓄，且将来财政赤字不变的话，那么投资不足的部分就从国外资产补充。如果国内储蓄不足，需要从国外筹集资本，那么利率就会上升。即利率上升意味着国债价格下降。

20 世纪 20 年代，日本的国债能被消化完吗？

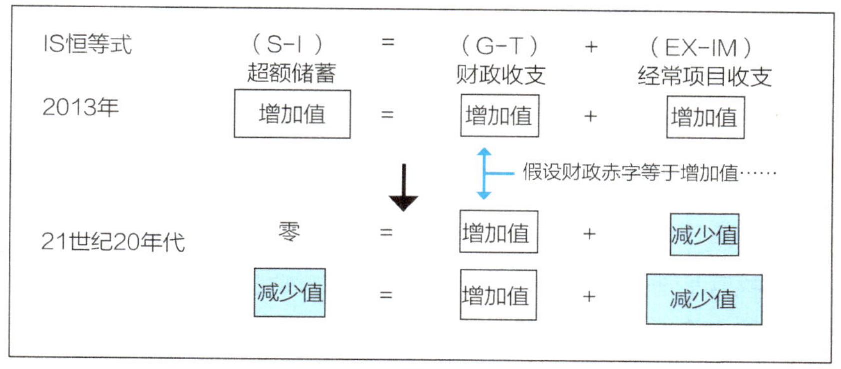

（家庭储蓄率不断减少！）

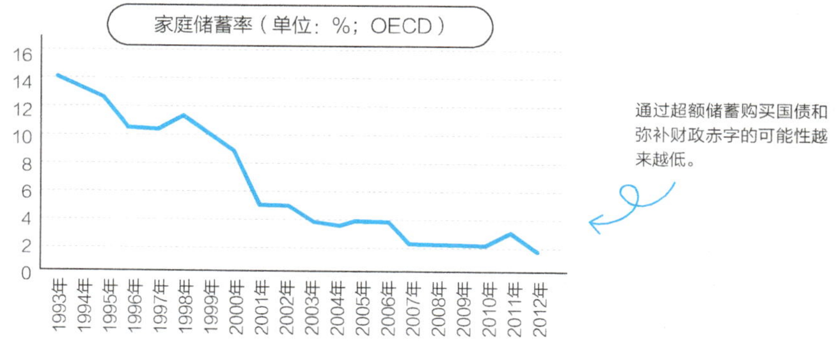

（大幅增加收入的希望没有了！）

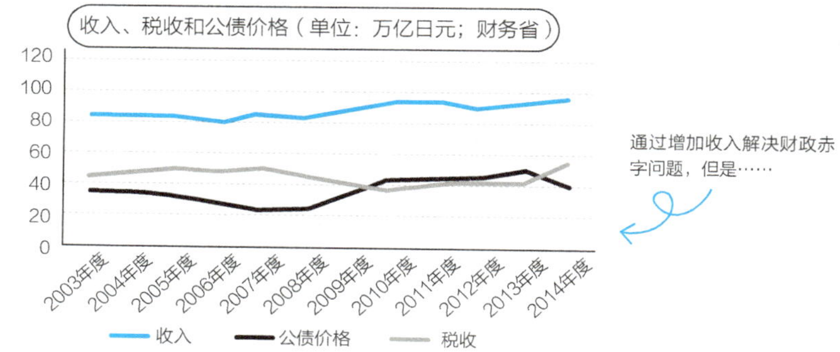

增税1

通货膨胀税

通货膨胀是指金融资产的价格下降（反之，则是实物资产价格的增加）。因为金融资产等于金融负债，那么通货膨胀就可以用于减少负债。

将来需要担心的是，由于储蓄率低，IS 恒等式的左边（S-I）为零，甚至是负数，那么（G-T）的部分就迫切需要资金。因此，导致新发行的国债利率上涨，同时，已经发行的国债利息支出也增加了，国债余额越来越高（日本银行《财政持续的可能性与长期利率的动向》）。

要解决这个问题，最好是增加税收。而其实现有两个方式，其一是通过通货膨胀税自动压缩债务余额，其二是下一节要详细解说的通过增税直接提高现在的税收。

通货膨胀是商品价格的上涨，或者说是货币价值的下降。由于通货膨胀与实际增税有同样的效果，因此其别名也叫作“通货膨胀税”。

作为安倍经济学的一个关键因素，政府与日本银行的共同声明是以“物价上涨 2%”为目标。这是非常不可思议的，因为这意味着每年都增税 2%。

如果每年通货膨胀 2% 的话，100 万日元的存款和借款（名义值），在 10 年后只剩下了 82 万日元（实际值）。如果通货膨胀率为 7.2% 的话，10 年后存款和借款的实际值只剩下了一半。这样，通货膨胀就相当于对存款等资产课税。一旦进入高速通货膨胀，政府借款（国债）就被抵销了，大家的存款也就同样平白无故地消失了。

通货膨胀就是这种“不能被立刻意识到”的增税方式。因此，对于国家和当政者来说，是一个非常有魅力的增税方式。

因为通货膨胀货币价值下降

通货膨胀和增税是一样的！

通货膨胀率为 2% 的情况

	1年后	2年后	3年后	…	第10年
100日元物品的价格	102日元	104.04日元	106.1日元		121.9日元
100万日元存款的价值	98万日元	96.1万日元	94.2万日元		82.03万日元

通货膨胀率 10 年持续为 7.2% 的情况

	小轿车	存款	国债
现在	100万日元	100万日元	800万亿日元
将来	200万日元	面额100万日元（名义） 只能支付小轿车首付（实际）	面额800万亿日元（名义） 缩减了一半（实际）

与对存款等资产课税同样的结果！

持续增加的国债余额……

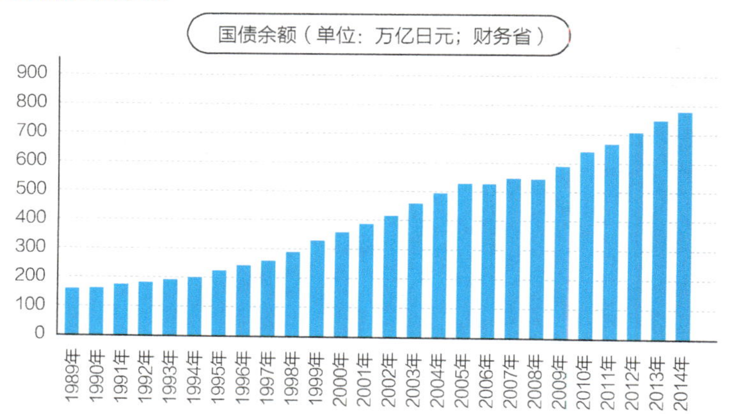

增税2

税收上涨

不论在什么时代，增税都是让人讨厌的。增税提案经常成为政客下台的原因。因此，当政者通常尽可能推迟增税。

根据日本政府 2014 年度的预算案，预计发行 41.3 万亿日元的国债，其中 23.3 万亿日元用于偿还旧债。国债一边发行，一边偿还，但是国债的收入和支出差为零是不可能发生的，到 2020 年就会出现资金不足的问题。然而即使资金不足，国债利率也不可能上升。（G-T）这部分就是财政赤字，如果这部分为零，那么提高税收是有益的。

1% 的消费税税率，相当于大致 2 万亿～ 2.5 万亿日元的税收。消费税税率上升的话，市场上购买国债的资金就会不足，因此债券利率会下降。

2014 年的日本消费税税率为 8%，这个数据与其他国家相比是在什么水平呢?

“国债的市场价格没有暴跌，是因为市场参与方一致认为：只要消费税税率等奉行国际标准，税收便能得到保证。”通过下页图表可以对此有更清晰的认识。

1993 年之后，欧盟也决定将进口环节增值税（相当于日本的消费税）税率的标准定在 15% 以上。

国家的财政通过发行国债获得收入，以此偿还国债的本息，也就是通过税收使得财政收入和财政支出达到平衡状态，即“基础财政收支（primary balance）为零”。而为了达到这个目标，就需要增加税收。

现状是国债大量发行

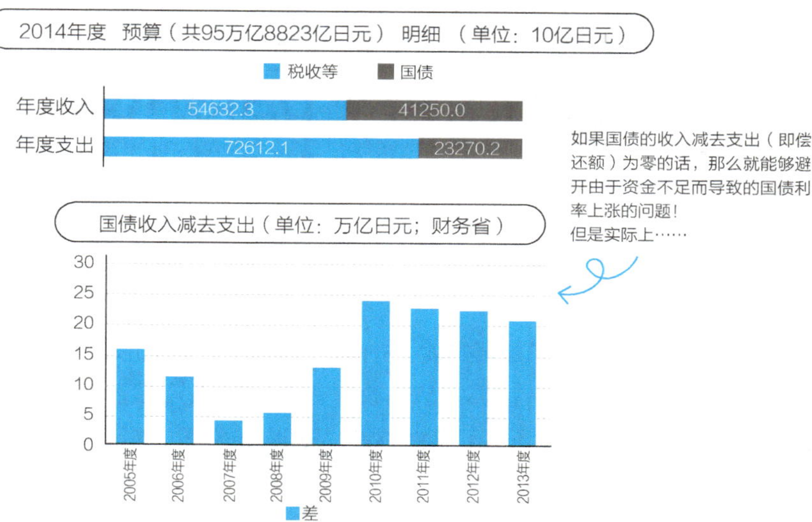

为什么虽然财政赤字，但是日本国债仍然低利率

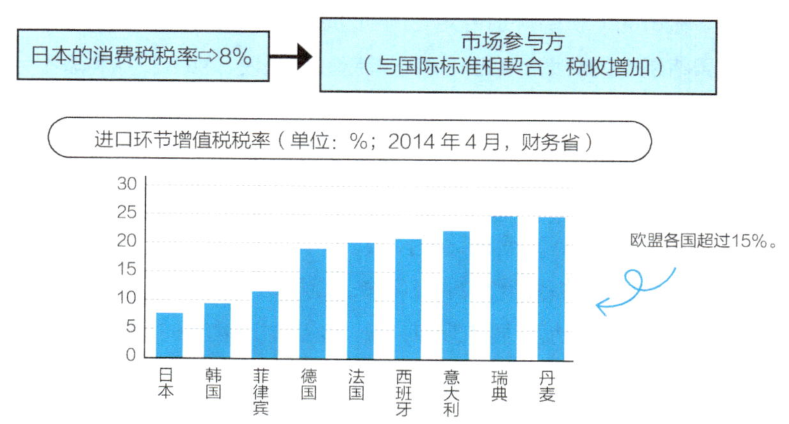

增税的目的

基础财政收支为零，将在下一节解释

基础财政收支平衡（primary balance）

一个国家根据其经济规模决定国债规模，国债规模大小以其信用度为目标。这就是基础财政收支被重视的原因。

基本上来说，国家总是要持续下去的，那么借新债还旧债的行为就总是存在的。在这种情况下，税收收入占政府借款余额的比重是否稳定，或者说政府借款是否有持续偿还的可能性，是一切问题的关键。这是债务学的思考方式。如果政府债务余额占名义 GDP 的比重是稳定的，那么一般来说就不会有问题。

如果分母（名义 GDP）与分子（国债余额）同比增加，那么国债是可以维持的。分母的增长率就是名义 GDP 的增长率，分子则是国债余额的增长率，如果将所有的新增的 GDP 用于借新债还旧债，那么长期利率不会发生变化。

但是，这是以旧债为研究对象，基础财政收支赤字意味着每年新增的国债数额增加，也就是只有分子的数量增加。在日本，由于新增国债数额的增加，国债余额与名义 GDP 的比率持续上升。

要最低限度地维持基础财政收支平衡，就要保证国债余额与 GDP 的比率不会再增加。从可持续发展的观点来看，基础财政收支的平衡也很重要。根据 2014 年度的预算，日本基础财政收支赤字为 18 万亿日元，相当于征收 8% ~ 9% 的消费税。

另外，如果经济增长率超过利率，那么国债余额 / 名义 GDP 就会降低（但是这种情况很难发生，就日本来说，只有在泡沫经济时期的几年可以达到）。总而言之，基础财政收支盈余对于经济来说非常重要。

防止国债价格下降和利率上升

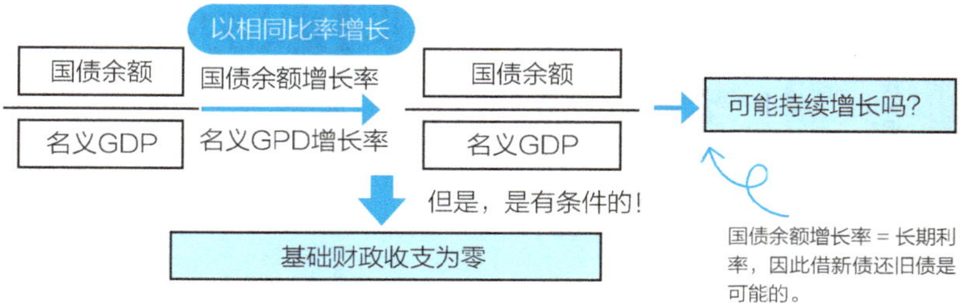

以相同比率增长
国债余额
名义GDP
国债余额增长率
名义GPD增长率
国债余额
名义GDP
可能持续增长吗?
但是，是有条件的！
基础财政收支为零
国债余额增长率 = 长期利率，因此借新债还旧债是可能的。

日本的现状是什么?

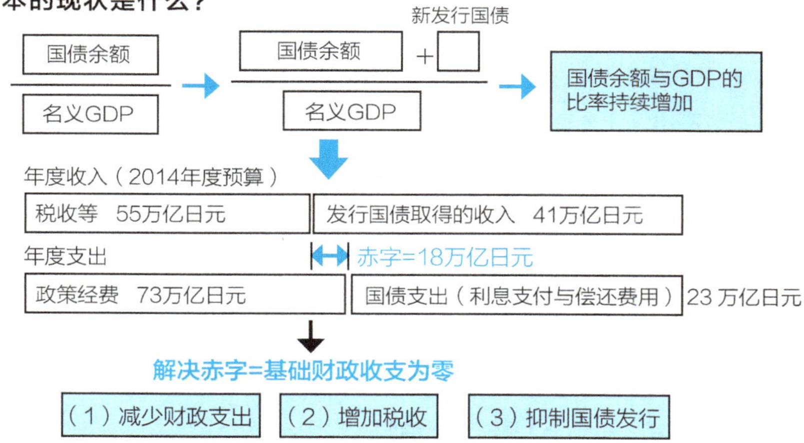

国债余额
名义GDP
新发行国债
国债余额
+
名义GDP
国债余额与GDP的比率持续增加
年度收入（2014年度预算）
税收等　55万亿日元
发行国债取得的收入　41万亿日元
年度支出
赤字=18万亿日元
政策经费　73万亿日元
国债支出（利息支付与偿还费用）23 万亿日元
解决赤字=基础财政收支为零
（1）减少财政支出
（2）增加税收
（3）抑制国债发行

发达国家的国债余额 / 名义 GDP

国债余额的国际比较（占GDP的比重，单位：%；财务省）
250
200
150
100
50
0
2007年 2008年 2009年 2010年 2011年 2012年 2013年 2014年
日本的国债余额/名义GDP取得了压倒性胜利。
日本
美国
英国
德国
法国
意大利
加拿大

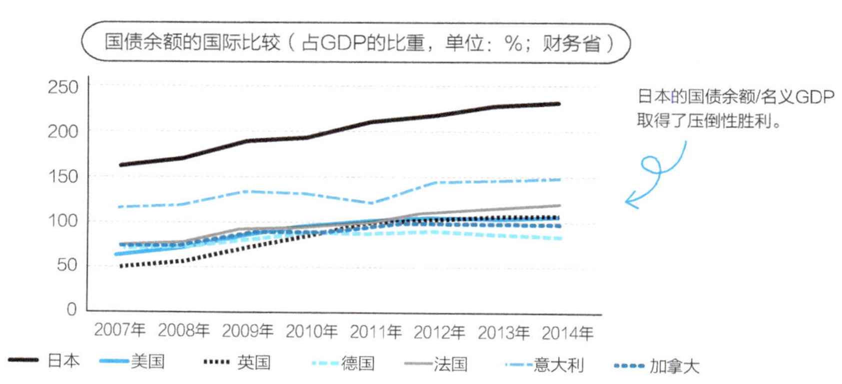

即使增税，财政赤字依然会增加

伴随着人口老龄化，日本的社会保障支出持续上涨，其增长率已经出现了超过消费税税率的趋势。

到 2014 年 4 月，日本的消费税税率为 8%。但是，即使有一定程度的上涨，也不足以完全解决基础财政收支的问题。

其原因在于，虽然每年的社会保障支出都大幅增加，但是与此同时，政府的预算也在以 1 万亿～ 1.5 万亿日元的速度自然增加。

不论是否是老龄化社会，养老、医疗和看护支出都会自然增加。到现在，社会保障支出已经达到 100 万亿日元，其中 60 万亿日元是保险费收入（如养老保险、医疗保险和看护保险），其余的 40 万亿日元则通过税收补充（国家税收提供 30 万亿日元，地方税收提供 10 万亿日元）。比如，基础养老金中的一半来源于税收。虽然说是税收，其中半数以上其实是来自公债。因此，为了支持社会保障支出，税金和公债不得不逐年增加。

如果每年社会保障支出按 1 万亿～ 1.5 万亿日元的速度自然增长，那么十年后就会达到 10 万亿～ 15 万亿日元，相当于消费税税率为 6% ～ 7%。然而，即使消费税上涨到 10%，因为社会保障支出不变，为了达到健全财政的目的，保守估计税率也必须增加到 15%（《国际货币基金组织 2013 年年报》），一些学者甚至认为应该增加到 30%（野口悠纪雄）。

因此，以削减支出和扩大收入为目的的“社会保障和税收的一体化改革”，是当今日本无法逃避的课题。

逐渐膨胀的社会保障支出

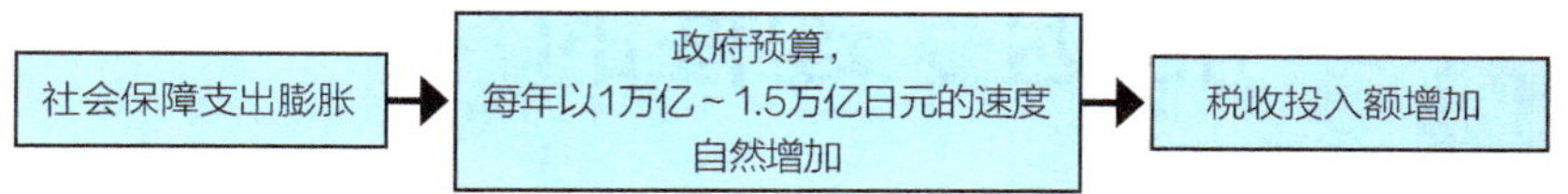

社会保障支出膨胀
政府预算，
每年以1万亿～1.5万亿日元的速度
自然增加
税收投入额增加

养老金

2014年的保险费收入
50%
50%
税收、国债
+
取出基金（约5万亿日元）
2014年的养老金
理想的情况是，2014年的保险费收入占支出的比重维持在100%……
但是，实际的情况是只能维持一半。

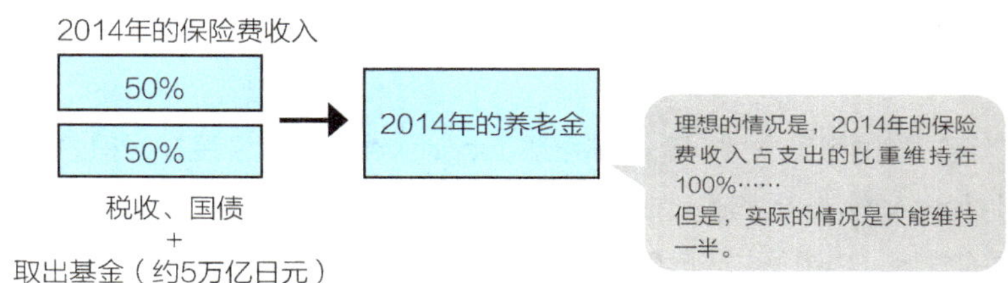

持续增长的公债负担

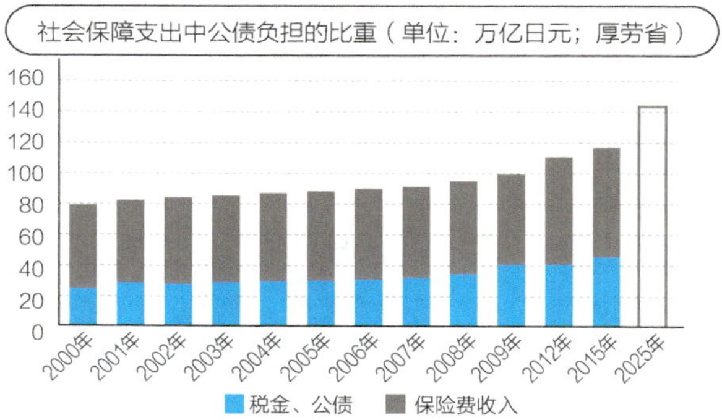

社会保障支出中公债负担的比重（单位：万亿日元；厚劳省）
160
140
120
100
80
60
40
20
0
2000年
2001年
2002年
2003年
2004年
2005年
2006年
2007年
2008年
2009年
2012年
2015年
2025年
税金、公债
保险费收入

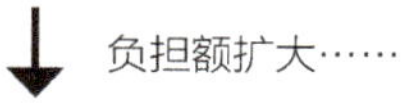

负担额扩大……

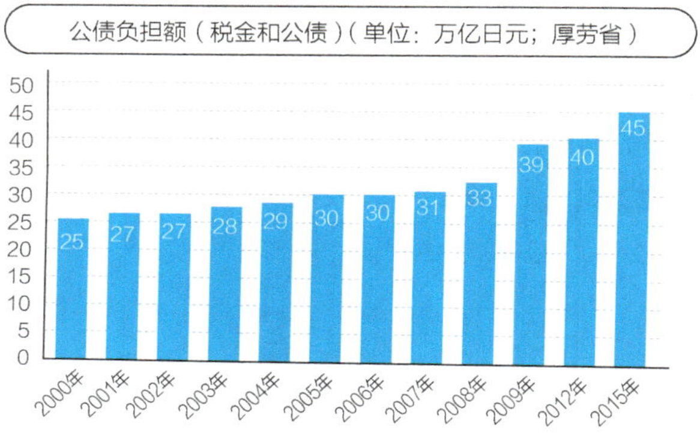

公债负担额（税金和公债）（单位：万亿日元；厚劳省）
50
45
40
35
30
25
20
15
10
5
0
25
27
27
28
29
30
30
31
33
39
40
45
2000年
2001年
2002年
2003年
2004年
2005年
2006年
2007年
2008年
2009年
2012年
2015年

IMF报告认为，消费税税率有必要增加到15%。

一些学者甚至认为消费税税率有必要增加到30%。

推迟是理性的

为了应对一些超长期的问题（如通货膨胀和社会保障支出），可以采取增税的方式，也可以采取发行国债的方式。但是，其权衡取舍并不是一件简单的事。

经济学的思维方式，是分析诱因（incentive），或者说是在对得失（merit and demerit）分析的基础上，尽量使结果向“得”的方向移动。对于财政问题的分析，也是同样的道理。

现在，假设要进行基础设施建设（比如增设羽田机场的跑道），其利益将惠及三代人。如果只用国债建设，那么当代人不会被增税，却可以享受好处。

反之，如果不发行国债，而是通过增税建设，那么当代人将要负担税率的增加，而后代人则只享受建成的好处。如果考虑人的利己心和理性行为，那么就能明白当代人的选择。

如果经济学不再考虑利己心，而是通过互相协作实现总体利益最大化，那么就出现了博弈论（参见第 3.52 节）的思维方式。博弈论（也称对策论）的这种思维方式，在环境问题、资源问题和裁军问题上得到了广泛的应用。

但是，博弈论的分析也并不是完美的，此时的博弈参与人是当代人，也就是限定在已经出生的人，而还未出生的后代则没有发言权。这样的话，对于当代人来说，在其出生后的 20 年甚至 30 年间，他们更多考虑的是自己的得失问题，问题又回到了原点。

因此，超越一代人的超长时期的财政问题，是现有经济学和博弈论所不能解决的难题。正因为如此，一般来说，推迟是理性的（30 年前的未来世代 = 现在的我们，那么今后的 30 年也同理）。

现有经济学，考虑利己心和理性行为

可以使用 60 年以上的基础设置建设以及社会保障体系等

财政来源	仅靠发行国债	仅靠增税
当代人⇨	零负担（得）	增税负担100（失）%
未来世代⇨	增税负担100（失）%	零负担（得）

建成的基础设施和社会保障体系，可以惠及三代人。

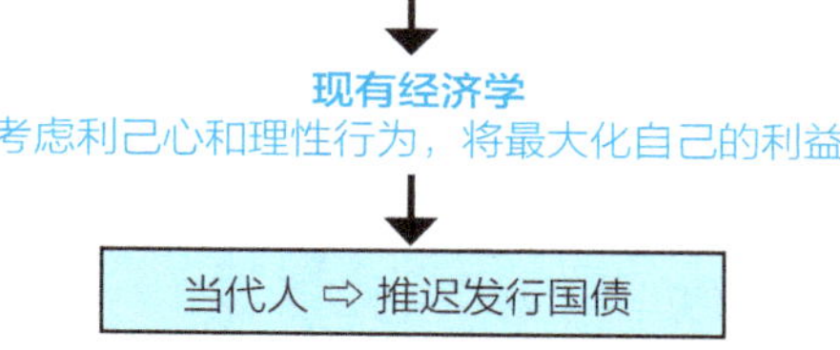

博弈论，考虑相互合作

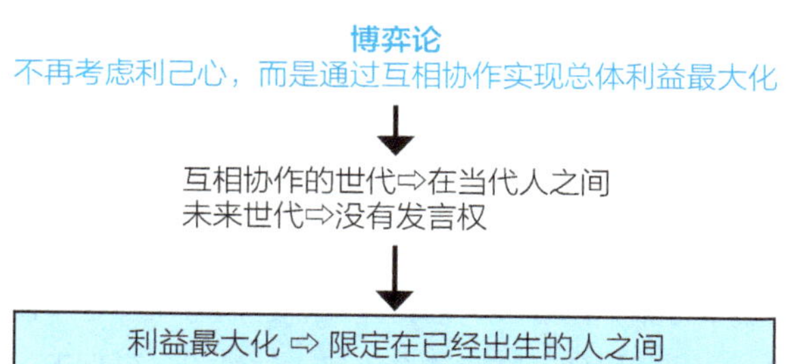

超越一代人的超长时期

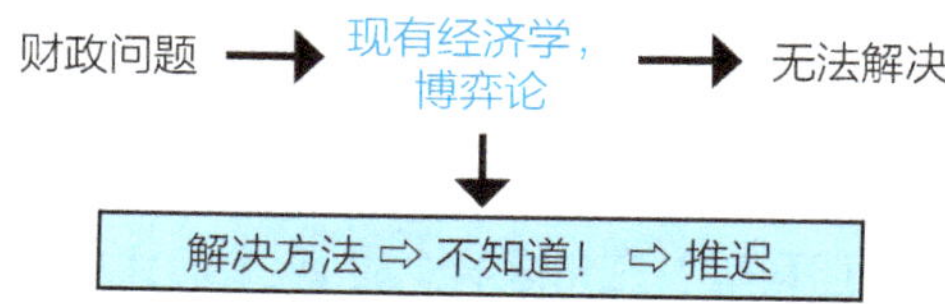

负担 1

国债不是把负担转嫁给未来

如果发行国债（G−T）增加，那么市场的利率就会上升，进而抑制了私人投资（I）。这就是经济学中所说的挤出效应。

如果把国债发行的范围只限于国内，即由国民持有，那么负担就不可能直接转嫁给未来（参见三面等价图）。

在国债（G−T）发行时，储蓄 S 是最原始的资金，也就是资金从投资 I 转向购买国债（G−T）。

反之，如果不发行国债（G−T），那么为了解决税收 T 负担，储蓄 S 就被用于支付税收 T 了。也就是说，发行国债（财政赤字）与否，是对储蓄 S 还是税收 T、私人投资 I 还是政府投资（G−T）进行选择。也就是说，这是当年 GDP 的再分配问题，而不仅是把将来的钱拿来在今天使用的问题。

国债是把负担转嫁给未来，“反复 1000 次肯定会有失误”（保罗・萨缪尔森）。为了应对战争，不论是在战时发行国债，还是筹集资金，使用的都是现在的弹药（资金），未来的弹药（资金）是无法被投入到现下的战争中的。同理，我们使用的是现在的 GDP，而未来的 GDP 原则上也是无法在现下使用的。

也就是说，即使发行国债，日本全体所使用的资源量也不会增加（这里指的仅限一国国民持有国债的情况，如果是在经常项目赤字的情况下，可以通过吸收国外资金来增加一国的 GNP 和 GDP）。

为了偿还国债（实际上是负担利率），在未来某个时点，政府会增加税收。在将来某个时点增税，意味着未来总有一个时点储蓄 S 会被转化为税收 T，也就会涉及未来若干代的收入再分配问题（国债 = 资产 = 负债）。

用今天的资金弥补负担

三面等价图

2012 年　名义 GDP（单位：10 亿日元；存在四舍五入的误差，内阁府《国民经济核算》）

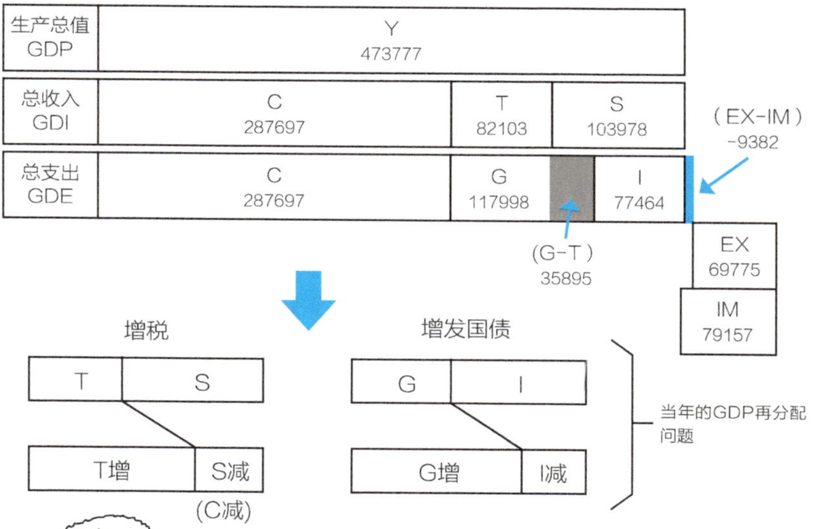

生产总值 GDP
Y 473777
总收入 GDI
C 287697
T 82103
S 103978
（EX-IM）-9382
总支出 GDE
C 287697
G 117998
I 77464
(G-T) 35895
EX 69775
IM 79157
增税
T　S
T增　S减
(C减)
增发国债
G　I
G增　I减
当年的GDP再分配问题

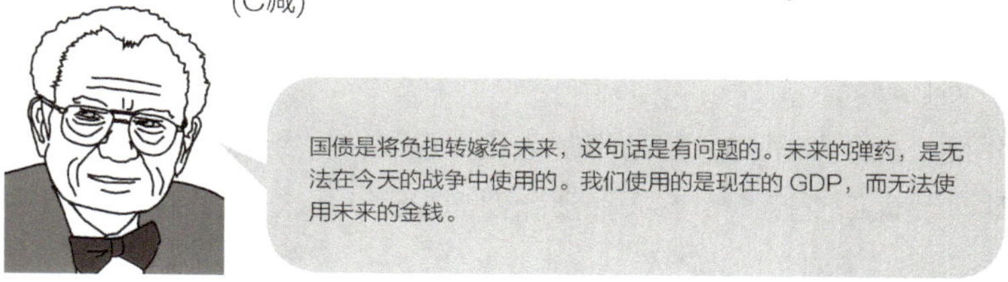

国债是将负担转嫁给未来，这句话是有问题的。未来的弹药，是无法在今天的战争中使用的。我们使用的是现在的 GDP，而无法使用未来的金钱。

保罗 · 萨缪尔森
（美国人，1915 ~ 2009）

未来的增税，只能在将来使用

未来的增税 ⇨ 将来的收入再分配问题

未来的 GDP

C　T　S
T增 → C和S减
G增 → I减

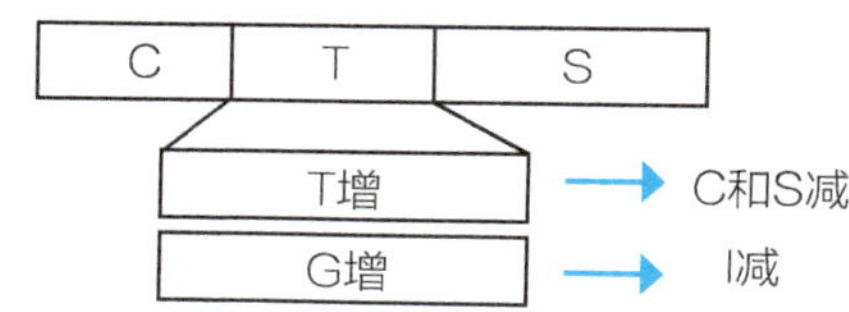

负担2

国债是把负担转嫁给未来世代

现行的社会保障体系，是以高速成长期的经济增长为前提所设定的模型。未来，随着时代的变迁，这个制度有修正的必要。

但是，如果看到不同的世代之间的情况，看不到国债是在过去和将来不同代人之间进行再分配，那么就会产生分配不均的问题。这就需要社会保障体系，而日本的养老金制度在这方面做得非常好。

日本的养老金制度不是采取积累的方式（即一个人在年轻的时候购买保险，到年老的时候取出来使用，也就是说资金在同一个世代转移），而是采取课税的方式（即在某一时点的年轻人负担这一时点老人的养老金）。

在9.7个劳动年龄人口支持1个老人的时代（比如1970年），这个制度不会有任何问题，甚至还有保险金的剩余，到现在其积累的价值已经达到100万亿日元左右。

然而，由于少子化，劳动年龄人口不断减少，到2012年，变成2.8个劳动年龄人口支持1个老人，预计到2025年，这一比例将继续降到2个劳动年龄人口支持1个老人。

现在，60岁以上的老人已然全身而退，而50岁左右的人在年轻时负担的金额比自己年老获得的金额要多得多。也就是说，国债将负担转嫁给了年轻人。

现在，获益的那一代人沉默了，而负担的那一代人则继续将负担转嫁给今后的年轻人，这是每个人最好的、利己的和理性的选择。

问题是，这不只是老人和年轻人之间的收益和损失问题，而是我们的经济社会制度出现了制度疲劳问题，从而失去了可持续性（加藤久和《世代间格差》）。

导致分配不均的养老金制度

支持老人的年轻人数量越来越少的时代

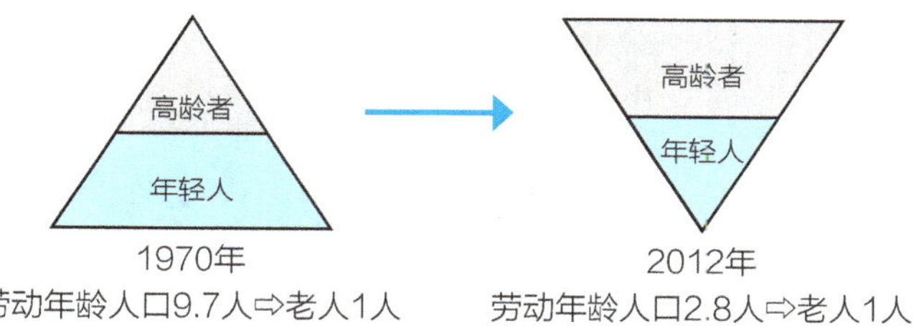

60 岁以下的人，完全“赤字”

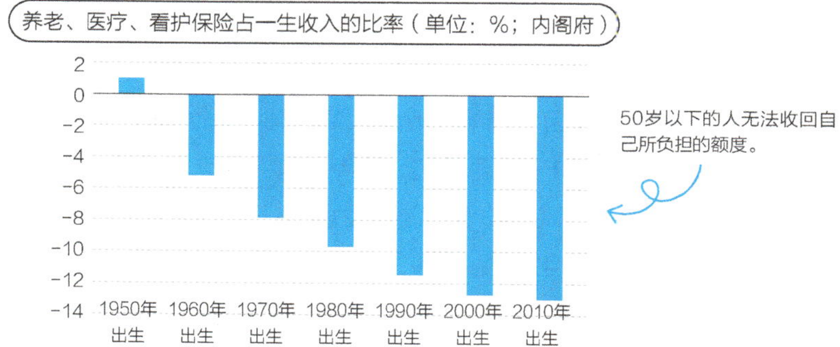

50岁以下的人无法收回自己所负担的额度。

日本显著的代际不均问题

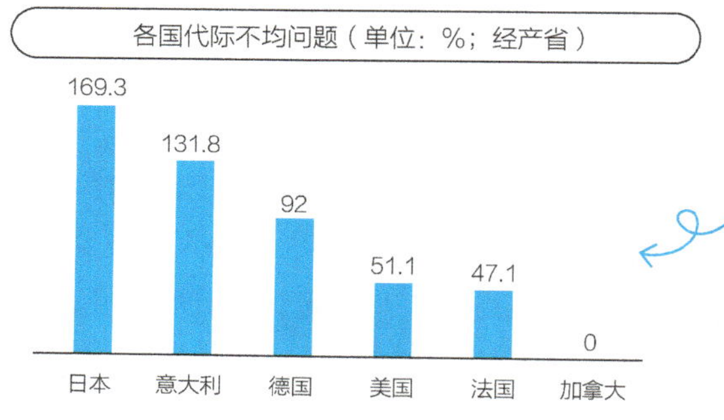

日本的代际不均（译者注：代际不均百分比说明由当期财政政策所带来的代际不均程度的大小，假设当年新生儿的代际账户值为q，那么在合理的净税支付增值速度g下，下一年的新生儿人均所应承担的由当期财政政策造成的合理负担应为q（1-g），假设此年新生儿的代际账户值为q′，那么定义p={[q′/q(1+g)]-1}×100%为代际不均百分比）是美国的3倍以上！

未来财政破产？

财政破产会在什么时候、以怎样的形式发生呢？实际上，并没有人能回答这个问题。虽然历史上的案例非常丰富，但是即使把这些经验集中起来分析，也不能形成任何理论。

那么，就日本来说，财政破产（国债目标未完成）发生过吗？

从结论来说，并没有发生。国债 = 政府借款 = 国民资产，借款的增加会有问题吗？这个问题实际上就是在问，随着资产的增加其价值是否会下降。

所谓的财政破产，不同的学者有不同的定义。至于其在什么时候会以何种方式发生，并没有谁可以回答清楚。

另外，国债余额占 GDP 的比重是多少才能被称为破产，这个问题也没有明确的指标。卡门・莱因哈特（Carmen M. Reinhart）和肯尼斯・罗格夫（Kenneth S. Rogoff）在合著的《这次不一样》中认为，如果政府债务占 GDP 的比重达到 90% 以上，那么就认为经济开始低速增长。在这里，他们只是在说一对单纯的相关关系，可能并不存在因果关系。

2013 年诺贝尔经济学奖得主罗伯特・希勒（Robert J. Shiller）认为，国债余额与 GDP 的比例不是一个恰当的概念。在经济学中，存量（国债余额）和流量（GDP）应该区别分析（滨田宏一），这是经济学非常基本的常识。

“国家的借款规模如此巨大”这一论断，让人非常在意。但是遗憾的是，现在的宏观经济学并不能很好地回答这个问题（西孝《宏观经济学讲义介绍》）。

从结果来看，国债是基于货币本身和货币信用发行的，因此购买者对货币发行的信任程度决定了国债价格的高低。2060 年，处于人口减少和老龄化状态的日本，国债余额预计将超过 10000 万亿日元。那个时候的日本，是可以安心地进行投资的国家吗？

破产是怎样一种状态呢?

一个例子

> ○在债券市场中，不论是谁都不愿持有政府债券（国债）的状态
> ○无法偿还的超高利率的国债在市场上难以消化
>
> 井堀利宏《财政赤字的正确思考方式》，东洋经济新报社

日本的财政破产会在什么时候、以怎样的形式发生呢?

名义GDP增长率3%、实际GDP增长率2%情况下的债务余额（单位：万亿日元；2014年4月28日，财政制度审议会）

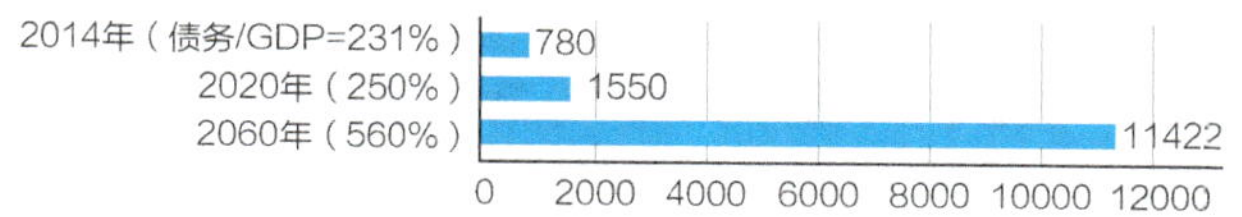

现在来看，并没有明确的答案……

因为对国债的需求并不是无限的，那么国债发行的余额一定会有一个上限。如果达到这个上限的话，就必须通过通货膨胀来解决财政的支付问题。

清水克俊《国债危机和金融市场》（日本经济新闻出版社）

世界末日什么时候到来呢？这是未来十年在发行国债的时候所要面临的难题，需要非常认真地对待。

野口悠纪雄《即使消费税增加也无法再建财政》（钻石社）

财政破产的概率，是通过数年后国债余额与 GDP 的比例超过 250% 确定的。

小黑一正《增长的障碍与财政破产的概率》，
“日本评论社经济研讨会”，2010 年 10 月、11 月号

甚至出现完全相反的观点

日本国债余额与 GDP 的比例即使达到 250%，也不会出现问题。

保罗·克鲁格曼

财务省的看法（官网）

（1）外国的评级公司意见书摘要（2002 年）
日本和美国等发达国家没有考虑发行国债的拖欠问题。

（2）问题：如果日本财政破产，那么国债会怎样呢（2012 年）
回答：国债作为政府的一个责任，必须偿还，请安心。

小政府和大政府

虽然大政府和小政府是不同的，但是经济学家承认，政府不论大小都有其重要作用。“市场原教旨主义”并不是经济学的用语。

将借款全部偿还的国家是不存在的。所有国家的 GDP 都在逐年上涨，因此国债余额也逐年增加（参见第 2.19 节图）。借款是不会全部清偿的。实际上，如果要彻底解决拖欠（不履行债务）问题，就需要在减少国债发行的前提下实现经济增长，这样在 30 年后，国债余额占 GDP 的比重就会逐渐缩小。但是，几乎所有国家都是借新债还旧债，因此如何实现借新债还旧债则非常重要。

另外，主张让政府和财政尽可能小的“小政府理论”虽然存在，但是财政规模小的政府是不存在的。存在的仅仅是尽可能有效率的政府。

围绕着提高国债余额上限的问题，美国的共和党和民主党每年都像例行公事般发生争执（2013 年甚至有些政府部门的工作受此影响而不得不终止），即使如此，美国的财政支出占 GDP 的比重仍然在增大。

另外，国民负担率（社会保障加上税收与国民收入的比率）的大小与 GDP 增长率不相关。“小政府的效率更高，可以充分利用有限资源促进经济增长”，这种说法并不正确。实际上，即使是在人均 GDP 很高的北欧模式国家中，国民负担率高的大政府也是存在的。

在日本，生存权是宪法赋予公民的基本权利。在美国，美联储的使命除了稳定物价以外，还有最大限度地实现就业。“市场原教旨主义”之类的主张，在这个世上根本不存在。

财政规模小的政府并不存在

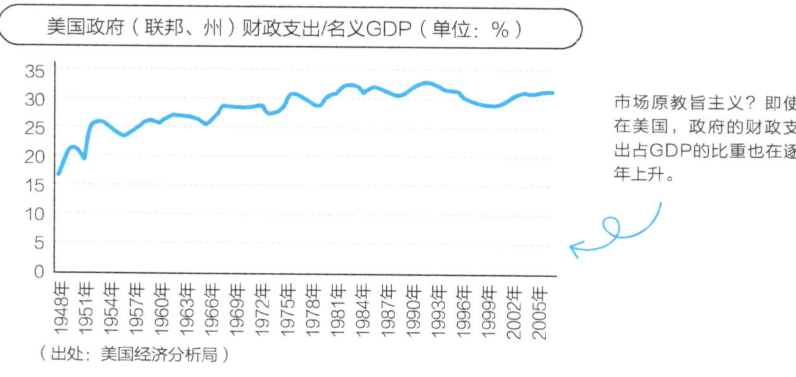

（出处：美国经济分析局）

市场原教旨主义？即使在美国，政府的财政支出占GDP的比重也在逐年上升。

国民负担率和 GDP 增长率之间没有关系

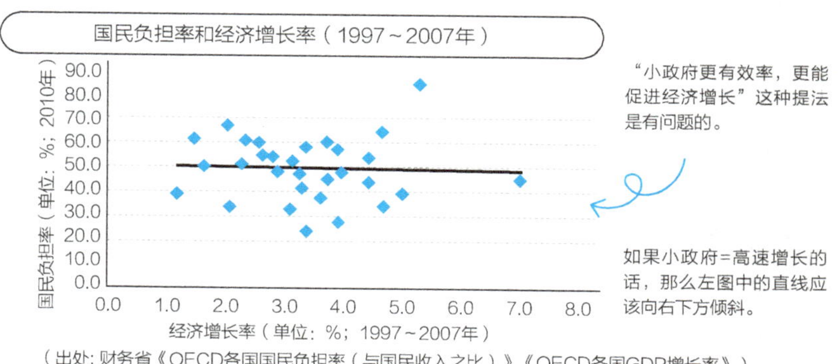

（出处: 财务省《OECD各国国民负担率（与国民收入之比）》《OECD各国GDP增长率》）

"小政府更有效率，更能促进经济增长"这种提法是有问题的。

如果小政府=高速增长的话，那么左图中的直线应该向右下方倾斜。

北欧模式国家⇨存在大政府同时国家人均GDP高的例子

我们国家的政府债务不具有可持续性，但是这并不是说我们国家的财政不会履行债务。

财政体制改革的目标，不是减少财政赤字，而应该是使财政支出更加有效。

（井堀利宏《日本的财政赤字》，岩波书店）

井堀利宏
（1952～　）
经济学家

金融资产和金融负债（1）

金融资产是在计算上存在的资产，世人通常会有这样的误解，认为金融资产仅仅是债务者的信用。

将流量的一部分储存起来形成的存量，包括金融资产和实物资产（财富）两部分（前者为 6450 万亿日元，后者为 3000 万亿日元）。作为金融资产（其实也就是金融负债）的这 6450 万亿日元，并不是真正的资产，而是在金融机构账簿上存在的虚拟资产。实际上在日本国内，哪里都不存在这笔钱。由于是虚拟资产，金融资产与基础设施、住宅、土地、国外净资产这些实物资产（财富）完全不同。

Y=C+S，Y=C+I，因此 S=I，也就是储蓄等于投资。所谓的储蓄 S 是没有被消费掉的生产资料，这些生产资料将作为未来 GDP 生产的重要资料。S → I+（G-T）+（EX-IM），因此储蓄被用于私人投资、政府投资和国外投资，转化成土地、工厂、道路、电线杆、公寓和国外店铺等，这些都是一国的财富。因此，储蓄 S 就被转化成了实物资产。从实物层面来看，有效地利用资金，是在为将来储备生产资料。

那么，金融资产到底是什么呢？实际上，是债权余额（将资金贷出去）和债务余额（将资金借进来），换而言之，也就是债权证明和债务证明。债权增加，也就意味着债务增加。

现在金融资产（负债）越来越多，在 20 世纪 70 年代的高速经济增长期，实物资产（财富）和金融资产（负债）的比例为 1 ：1，而在当前金融交易为主的时代（参见第 3.47 节），这一比例大约为 1 ：2。

金融资产是

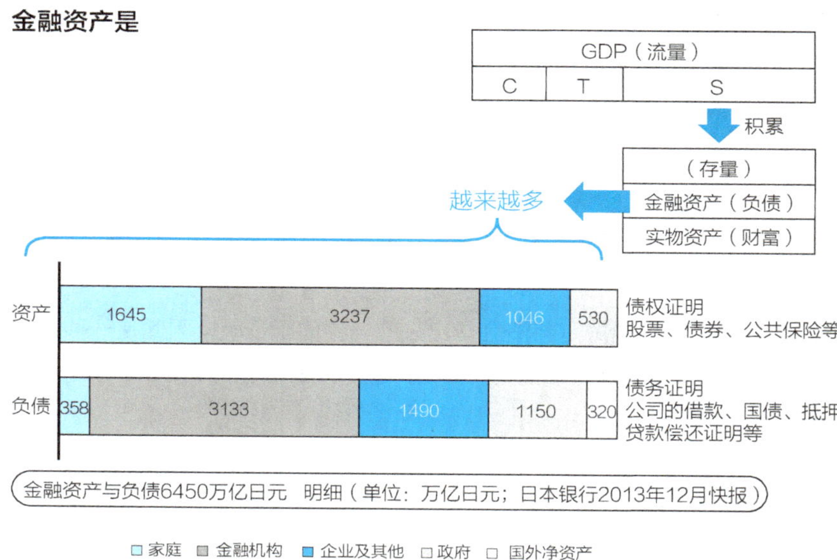

金融资产与负债6450万亿日元　明细（单位：万亿日元；日本银行2013年12月快报）

□ 家庭　■ 金融机构　■ 企业及其他　□ 政府　□ 国外净资产

存量（金融资产、实物资产，及其比例）

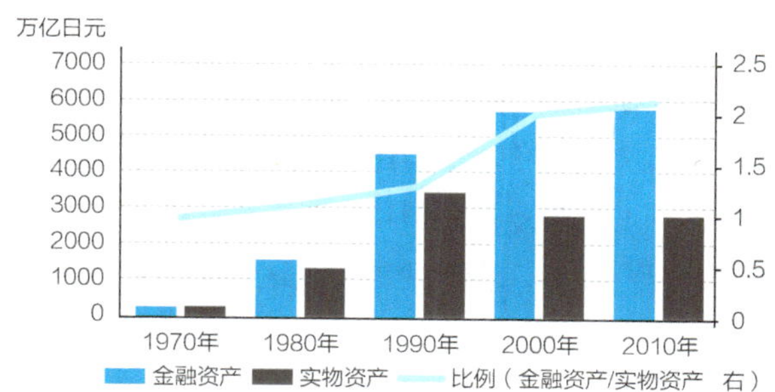

没有包含在国民财富内

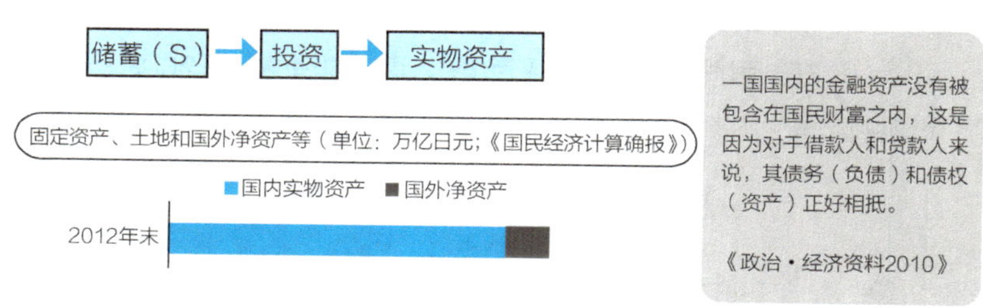

一国国内的金融资产没有被包含在国民财富之内，这是因为对于借款人和贷款人来说，其债务（负债）和债权（资产）正好相抵。

《政治·经济资料2010》

金融资产和金融负债（2）

资产= 负债，金融资产是将为将来所需预存的款项事先支付出去。因此，在其中有一种信用关系，如果这笔资金在未来收不回来，那么金融资产就消失了。

金融资产可以看成是将资金贷出去的一种债权证明，因此是一种预先使用资金的特权。金融负债则是一种债务证明，表示收入中首先必须用于偿还借款的部分。

比如，家庭积累的养老金和公共医疗保险都是债权。另外，金融机构又向家庭和企业贷款，比如抵押贷款、汽车贷款和活期存款等。金融机构此时作为债权所有人，以流量的方式从家庭和企业的还款中直接获得资金。

那么，资金哪里去了呢？资金不仅是实体经济中产生的流量，比如每年的 GDP 和生产活动。如果将资金借贷出去，那么原来以流量形式存在的借款额，就变成了以存量形式存在的债权（债务）额。

如果企业和家庭无法偿还借款，那么这笔借款就变成了不良贷款。即使是以土地和汽车等实物作为借款的担保，在泡沫经济时代，由于土地价格大幅下降，也会出现不良贷款。不良贷款会催生更多的不良贷款，由此日本出现的“失去的二十年”，这二十年就是和不良贷款（也就是消失的金融债权）作战的二十年。

但是，其结果不仅没有较好地处理不良贷款问题，而且由于企业破产以及债务关系消失，贷款者的债权也消失了，贷款者也不得不申请破产。被泡沫经济摧毁的企业依然让人记忆犹新。

可以说是在一瞬间，金融资产和金融负债就都消失了（2008 年金融危机就是这种情况）。

不良贷款是什么

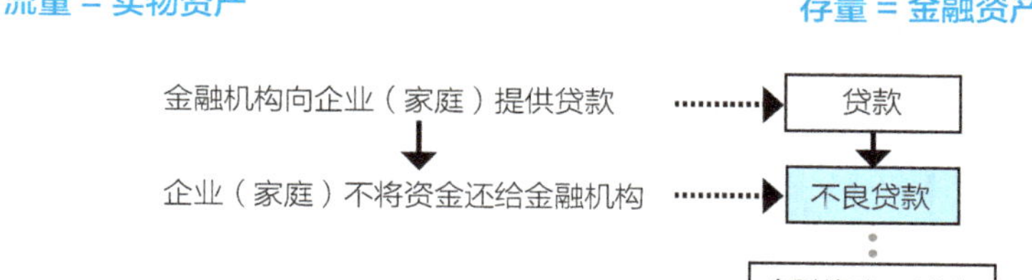

经济泡沫破灭和金融危机

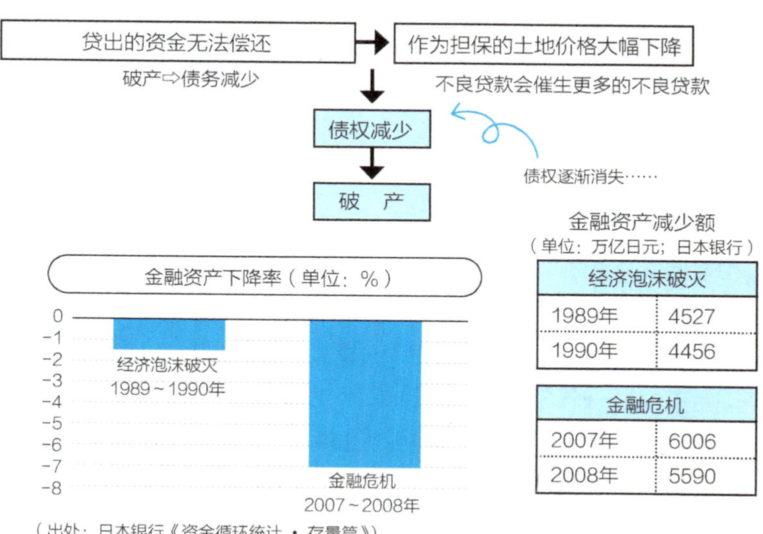

金融资产减少额
（单位：万亿日元；日本银行）

经济泡沫破灭	
1989年	4527
1990年	4456

金融危机	
2007年	6006
2008年	5590

由于土地和建筑物价格下降，国民的财富（实物资产）也下降了

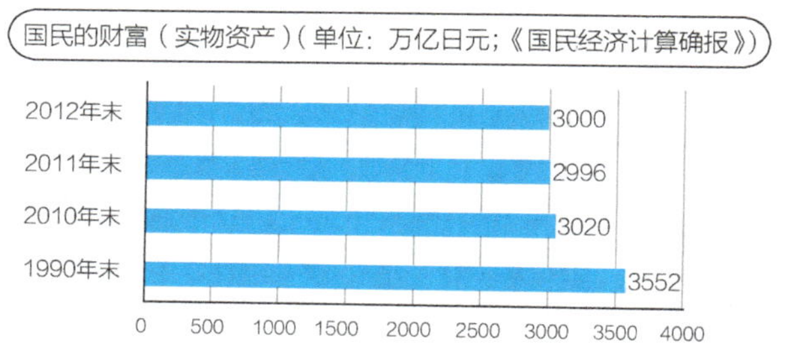

金融资产和金融负债（3）

金融资产的增加，是银行向企业和家庭贷款从而进行信用创造的过程。现金存量的增加，实际上意味着民间对资金的需求增加。

如果只是依靠家庭进行储蓄，金融资产并不会增加。银行向企业和家庭贷款，才会使得金融资产增加。而通过借贷行为增加金融资产，这一过程也被称为“信用创造”。

银行的工作，简而言之就是将保险柜的钱尽最大可能花光。如果将收到的 100 日元存款就这么放在保险柜中，那么银行是无法支付利息的（家庭存款 = 银行债务）。因此，银行会将这笔钱进行投资，或者贷给企业，或者购买贷款和股票。

一方面，真的将保险柜中的钱全部花光也是不现实的。因为家庭随时可能会通过 ATM 机取钱，企业也会通过票据和支票的形式支付款项。银行为了应付这些需要而留存的现金，被称为存款准备金。

现金不仅是一个流量。作为基础货币的货币，发行的现金只有 85.4 万亿日元。但是，现金存量（通过向企业贷款而产生的信用创造）却不只有 1184 万亿日元，甚至达到 6450 万亿日元。而这笔 6450 万亿日元的现金，只是账簿上的债权债务证明书（借据）而已。

另一方面，号称是 1600 万亿日元的家庭资产（平均每个家庭有 3000 万日元的资产），也不仅是以存款的形式存在的，各种各样的私人保险、公共保险以及流回到消费领域的资金等都被包括在内。

另外，在计算家庭资产时，个体业主（个人或家庭经营的企业）也被包括在内。如果不考虑个体业主的话，家庭金融资产总额大约是 700 万亿日元左右，其中除去 200 万亿日元家庭负债（抵押贷款等），真正的家庭金融资产为 500 万亿日元，也就是说平均每个家庭不到 1000 万日元。

信用创造

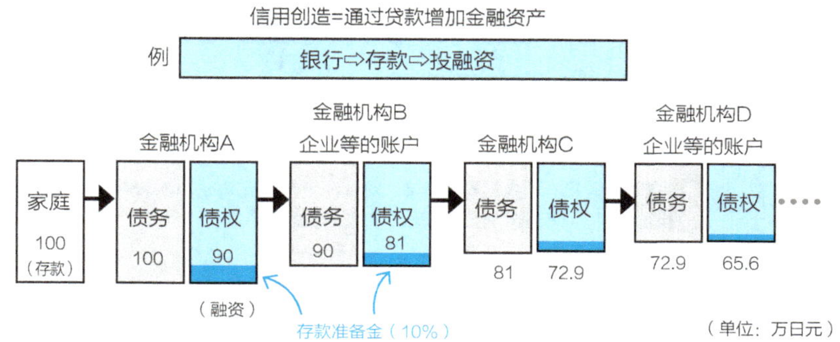

融资条件

银行将除存款准备金（包括法定准备金和超额准备金）之外的部分用于融资。

根据上述案例⇨　法定准备金率假定为10%（实际为0.05%～1.3%），由此创造出的信用为100万日元÷10%=1000万日元，即是全部银行的存款额。

账簿上的金额及与之相关的数据……

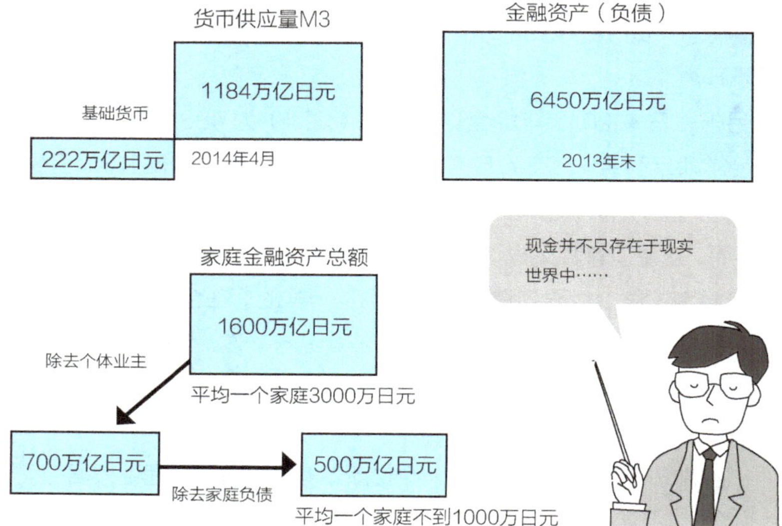

由于经常项目盈余所以不会破产？

2002 年，日本国债的等级下降，对于评测机构所说的“日本是最大的经常项目盈余国、债权国和外汇储备国”，财务省并不认同。

经常项目盈余指的是外需和其他内需的盈余，因此“如果经常项目盈余的话就不会破产”，其实就是在说“相对于国内资产，持有国外资产更好”。“贸易盈余和经常项目盈余非常重要”，因此产生了“国外资产优于国内资产”和“国外资产很重要”这样的说法。而这就是日本国债拖欠率低的原因。

经常项目盈余就是指拥有的国外资产，因此对于日本来说，日元资产小于美元和欧元资产是一种好的现象，但是对于欧美也是同理，美元和欧元资产小于日元资产是好现象。也就是说，对于日本来说，与其持有日元资产，不如持有国外资产更好，而对于外国来说，则是持有日元资产更好，因此产生了矛盾。

另外，日本 2012 年的全球总收入（GNI）为 488.8219 万亿日元，其中经常项目盈余 4.8237 万亿日元，约占 1%（2013 年经常项目盈余为 3.3061 万亿日元）。也就是说，在 500 日元的收入中，有 5 日元是国外资产。然而，这是没有意义的，所谓资产不过是国外的负债，也就是借据而已。

如果考虑整个世界经济的情况，也是一样的。在全球总收入中，经常项目盈余额（其实也就是赤字额）大约占 2% ~ 3%。全球经济每年的增长率平均是 3.5%，也就是说，如果前一年经常项目收支不均衡，其所产生的经常项目盈余（赤字）不会超过当年所有国家的内需值。

“经常项目盈余是好的”，这个论断本身是没有任何理论根据的。

盈余和赤字

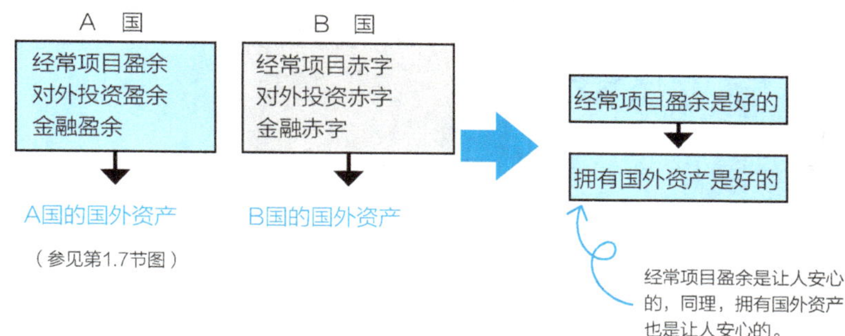

“经常项目盈余是好的”论断

	不好的东西	好的东西
日本	日元资产	美元资产、欧元资产
欧盟	欧元资产	日元资产、美元资产
美国	美元资产	欧元资产、日元资产
新兴国家（印度、巴西等）	卢比资产、雷亚尔资产等	日元资产、欧元资产、美元资产

对于具体国家来说是相反的，但是其共同点是相对于本国资产，国外资产即不由本国国民所负担而由外国国民负担的负债更好。但是，事实上并不是。

过于小的经常项目盈余额

全球经济的经常项目盈余额（赤字额）

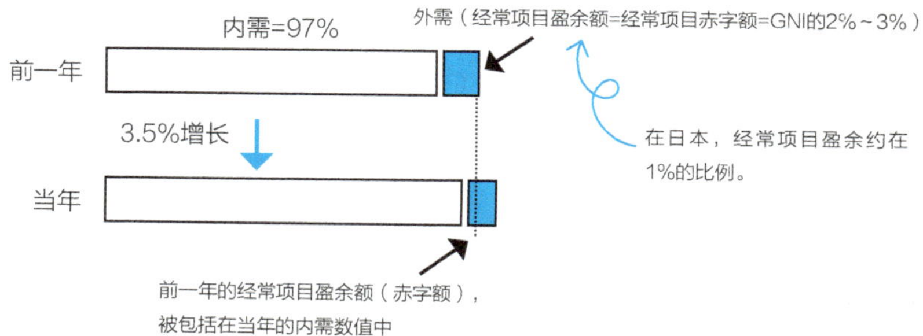

由于是债权国所以不会破产？

根据财务省的意见书，“日本应该是当前全球最大的债权国”。但是，这并不能成为日本不会破产的理由。

“由于国外净资产世界第一所以不会破产”这种提法，基本上与上一节所说的“由于经常项目盈余所以不会破产”是同一回事。每年经常项目盈余（流量），意味着国外净资产（存量）的增加（关于国外净资产参见第 1.8 节）。

正如上一节所说，过于重视国外资产是有问题的。另外，如果承认“由于国外净资产世界第一所以不会破产”，那么自然也就能推出“国外净资产为负的国家非常危险”这个结论。如果按后种说法，下页图的加拿大、法国、意大利、英国、美国就危险了。然而这在理论上没有任何根据。

日本由于国外资产大于负债，也就是说日本国内持有国外资产，因此从股票和债券中获得的分红和利息流入就增加了。2012 年，第 1 批获得的收入就达到 1792 亿美元。

另一方面，同年美国的收入达到 2270 亿美元，英国是 248 亿美元。英、美两国的国外资产都小于对外负债，因此其从分红和利息中所得为负数。但这两个国家由于以往对外投资所积累的国外资产数量及其收益非常惊人，因此国际收支仍是盈余的。每年收益与 GDP 相比，日本为 3，英国是 0.4，美国是 1.3（2009 ~ 2013 年的平均值，内阁府《经常项目收支和经济增长》）。

“从国外净资产来看，日本、德国和瑞士情况是好的，而加拿大、意大利、法国、英国和美国则很危险”，这是没有根据的。

日本的国外净资产

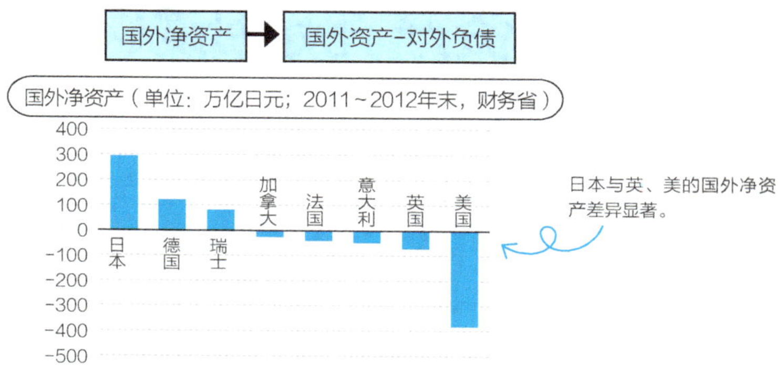

各国的国外资产和对外负债情况……

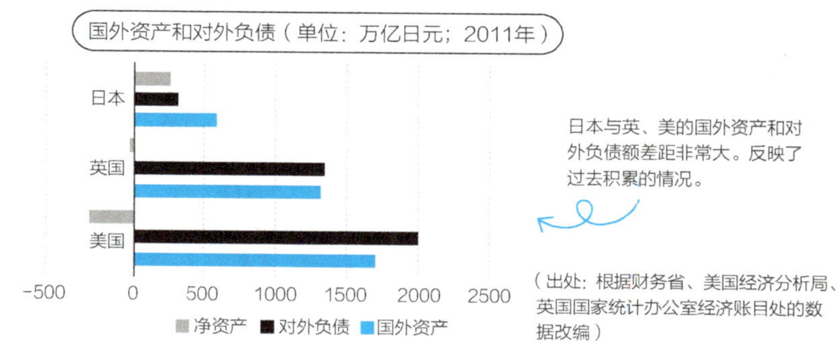

（出处：根据财务省、美国经济分析局、英国国家统计办公室经济账目处的数据改编）

即使国外净资产赤字，国际收支也是盈余的英、美！

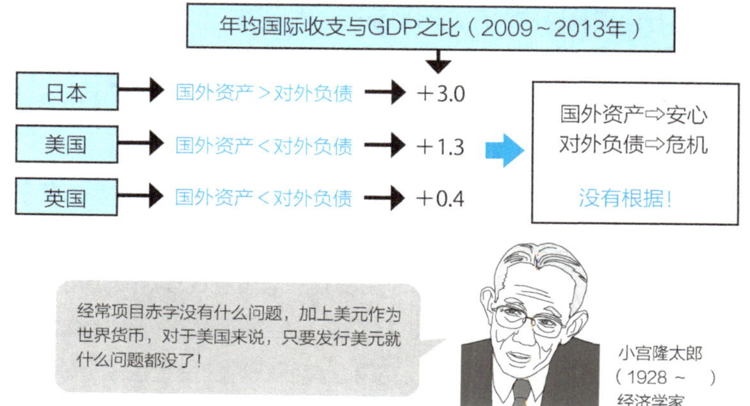

由于资产充足所以不会破产?

“政府的负债虽然很多，但是资产也很多，只是这些信息被财务省掩盖起来了。”我们将用近期的数据，即2011年度的数据对这一说法进行分析。

“政府虽然有1000万亿日元的借款，但是政府的资产也很多，净债务为350万亿日元，而其中300万亿可以通过多发行货币而立刻解决，因此实际上政府的债务危机并不严重。”

看一下政府的资产负债表就可以发现，首先有形的固定资产包括建筑物、国道、原始森林、河川、堤坝、国家公园、国内机场（在98家机场中，94家赤字）。这些资产都是原则上不能交易的对象。

其次是金融资产，仅这一部分就达到470万亿日元。其中有190万亿日元为社会保障基金（如养老金和医疗保险等），这部分也不能进行交易。其余还有280万亿日元，包括以下项目。

（1）现金和存款等政府日常进出的资金额。

（2）财政融资资金预存金、中小企业特殊融资、奖学金（日本学生支持机构）、社会福利等应对民众困难而产生的融资。

（3）贷款最多的是法人企业，约有25.7万亿日元。

（4）除了社会保障基金持有的部分外，国家和自治团体，也会持有国债和短期国库券等资产，约22万亿日元。

（5）股票和股本。国家和自治团体所持有的股票约为0.8万亿日元，剩下的76.5万亿日元是股本，包括日本银行、独立行政法人、国立大学法人、国际组织（如IMF）、地方政府的市民设立的非营利团体和铁道等。

虽然以上这些对象不是不能进行交易，但是其交易没有什么意义（民间对IMF进行投资？）。即使可以交易，其所获得的资金也是杯水车薪。

政府资产的交易额“杯水车薪”

资产负债表……

2012年3月31日，单位：万亿日元

（资产）		（负债）	
现金・存款	17.7	政府短期债券	107.2
有价证券	97.6	公债	791.0
应收账款	13.0	借款	24.5
贷款	142.9	委托保管金	7.5
运营资金	110.5	公共年金准备金	118.5
坏账准备金	-2.7	退休准备金	11.0
有形固定资产	180.9	其他负债	28.5
无形固定资产	0.2	负债合计	1088.2
股金	59.3	（资产负债差额）	
其他资产	9.5	资产负债差额	-459.3
资产合计	628.9	负债与资产负债差额合计	628.9

（出处：财务省公布资料 2011年12月）

有形的固定资产中的国道、国家公园等这些资产是不能交易的对象。

如果交易实物资产……

实际上是不可能的。

如果挑选金融资产……

政府总体470万亿日元金融资产明细

国家	地方	社会保障基金
210万亿日元	70万亿日元	190万亿日元

政府金融资产	
（1）现金、存款	33.4
（2）财政融资资金委托保管金	17.8
（3）贷出款项	32.7
（4）国债、地方国债等	22.3
（5）股票、股本	74.0
（6）国外债券	87.2
（7）其他	14.8
合计（万亿日元）	282.2

（出处：日本银行 2011年12月快报，与上面财务省公布资料存在误差）

其中作为社会保障基金的190万亿日元是不能交易的。剩下的可以交易的资产，几乎是“杯水车薪”。

如何活用家庭资产

“日本老年人，只要将他们金融资产中的1% 拿出来消费，其对经济的影响，比政府绞尽脑汁想出的经济刺激计划要有效数倍。”我们来证明这个说法吧。

对于持有大量金融资产的老年人来说，只要他们在去世前将其中的 1/3 拿出来消费，那么日本的零售业就会增长 1%（每年的销售额为 130 万亿日元），最终日本经济将实现快速增长。

1600 万亿日元的金融资产已经是“使用过的资金”，其实际上只是“存在于账簿上的虚幻的债权数额”，是“不会被二次使用的资金”，原则上这笔资金是无法被使用的。这笔流量（资产）不会流回到存量（GDP）中。

那么，“从储蓄中取出 10 万日元用于购买空调”又该怎么理解呢？一方面，储蓄和借出资金的主体是存在的；另一方面，将借款用于生产（GDP）并用所获得的资金偿还债务的主体也是存在的。只有将存在银行的钱取出来消费，才能看到这层关系，否则的话 GDP 不可能增长。

此外，金融资产的取用和瓦解已经是既存现实了，比方说公共养老金。团块世代（译者注：指日本在 1947 ~ 1949 年婴儿激增时期出生的一代）的退休者，将养老金用于购买保险或缴纳税金，而不是用于有益的资本运作。

当然，认为老年人“即使有养老金也不使用，而是储蓄起来”，这也是一种误解。他们也将养老金取出来使用。而其结果是使得占日本人口 24.5%（2013 年数据）的 65 岁以上的老年人，成为日本消费的主力。同年，在消费支出中，65 岁以上的两人家庭所占的比例为 32.8%（总务省）。

“如果老年人将其手中所持有的家庭金融资产有效使用的话，GDP 就会增加”，这是流行经济学理论。

1600 万亿日元的金融资产没有被使用！

如何理解其被作为消费使用？

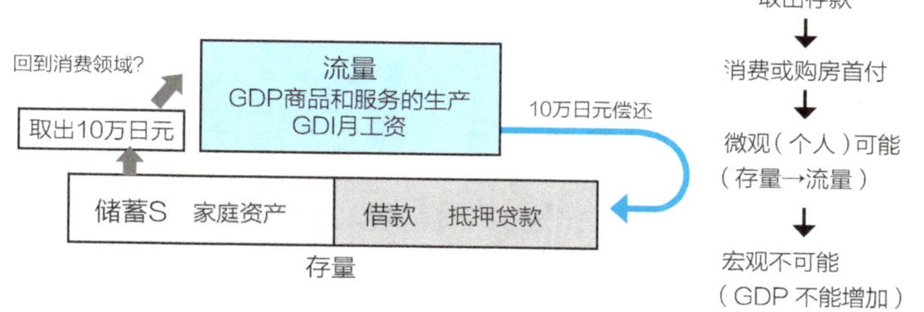

金融资产的取用和瓦解

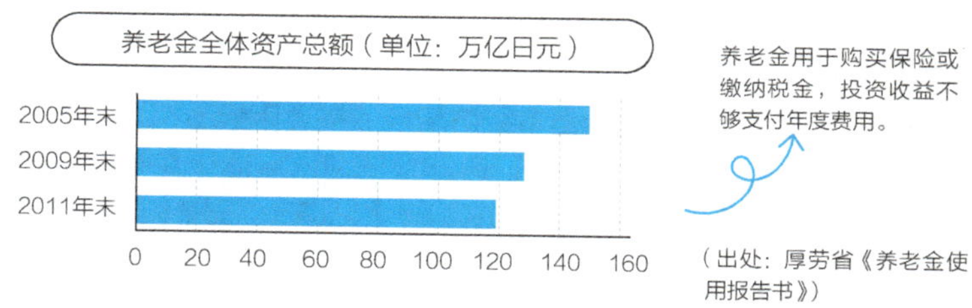

老年人将存款取出

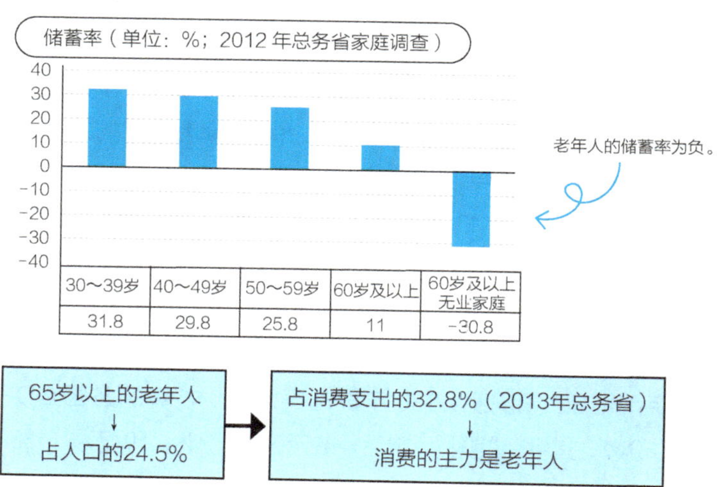

30～39岁	40～49岁	50～59岁	60岁及以上	60岁及以上无业家庭
31.8	29.8	25.8	11	-30.8

经济增长的重要因素

即使是经济增长率微小的差异，也会带来经济规模很大的差距。如果经济增长率为每年1%，那么100 年后，经济规模就将扩大到2.7 倍；如果经济增长率为每年2%，那么经济规模就将扩大到7.2 倍；如果经济增长率为每年3%，那么经济规模就将扩大到19.2 倍。

经济增长的主要因素有三个：①劳动力投入量的增加、②资本积累（资本投入量的增加）、③ TFP（全要素生产率即劳动生产率增加，参见第 2.37 节）。简而言之，就是①人、②财和物、③效率。

应该如何利用这些因素对一个国家的经济增长进行预测呢？下面将以日本为例，阐述经济增长将何去何从。

首先，来看一下影响现今日本经济增长的主要因素。

（1）劳动力投入量。20 世纪 90 年代开始一周两天休息后，劳动时间缩短，21 世纪的“少子化”现象也对劳动人口的减少有直接影响。

（2）资本投入量。企业的投资率低下，资本投入有下降的趋势。

（3）劳动生产率。不良贷款问题等造成的结构性问题，使劳动生产率高的领域劳动和资本分配不足，因此这些领域的生产率在 20 世纪 90 年代显著降低。21 世纪，由于对 IT 业投资的增加，劳动生产率有所提高。

从这些因素分析可以得出，日本经济增长率有下降的趋势。接下来，来看看不同机构预测的今后日本的潜在增长率。

IMF 预测 2011 ~ 2020 年，日本的经济增长率为 0.8%，OECD 预测 2012 ~ 2017 年，日本的经济增长率为 0.8%，之后从 2018 ~ 2060 年将增至 1.1%。虽然也有机构考虑老年女性劳动参与率可能提高，但是大多数机构普遍认为，由于日本的劳动人口下降，劳动力投入量会出现负增长。

最后 OECD 预测了 2030 年按购买力平价折算的各国 GDP 占全球 GDP 的份额。其中，美国为 18%，欧元区为 12%，印度为 11%，日本为 4%（2011 年为 7%），日本的相对地位较低。

经济增长的三个要素

对当今日本经济增长的分析

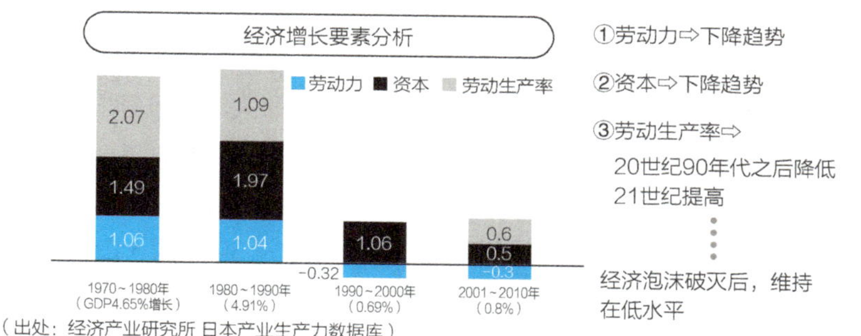

对今后潜在经济增长率的展望

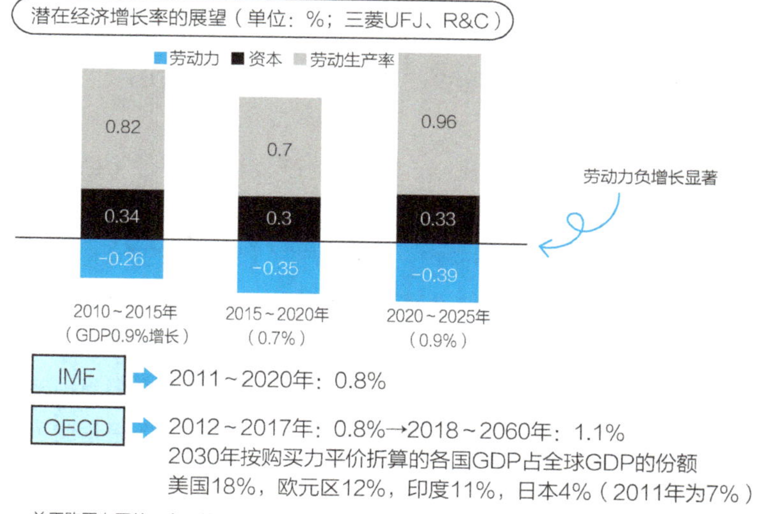

关于购买力平价，参见第1.14节。

劳动力与人口(1)

经济增长→少子化是发达国家共同的现象。南亮三郎（1972 年日本人口学会会长）分析了欧洲和日本人口下降及其原因的区别。

从未来经济增长潜力来看，劳动力投入量的减少，是经济负增长的重要原因。与对经济的预测飘忽不定不同，学者们对于人口的预测非常准确。本节与下一节将以日本为例介绍人口因素对经济增长的影响。

2015 年的日本创生会议分析认为，到 2040 年日本全国 896 个市镇人口减少的可能性很高。在作为生产主力军的 20 ~ 39 岁的人口中，女性人数将不到 2010 年数量的一半。日本国立社会保障人口问题研究所根据中位数推断，日本的总人口到 2060 年将为 8674 万人。2012 年日本新生儿的数量是 1974 年第二次婴儿潮时期的一半以下。

根据这一推算数据，同年 5 月的经济财政咨询会议提议，为了 50 年后将日本人口维持在 1 亿人的水平，“合计特殊出生率”（即一个女性在一生中所生产的新生儿的数量）至少在 30 年间必须恢复到 2.07（2014 年则小于 1.4）。

日本人口的减少以及少子化，是人工流产、年轻人的生育绝对数下降、不结婚和晚婚等原因导致的。

1949 年，日本修正了原来的“优生保护法”（即现在的“母体保护法”），由于经济上的原因，开始允许流产。1952 年，流产不再需要地方优生保护审查会的同意。由于规定的放宽，从次年开始，新生儿出生数量和“合计特殊出生率”剧烈下降。可见，人口数量的变化与国家的政策息息相关。

近年来，如果加上人工流产数量，新生儿出生数量还是超过了死亡数量，因此人口总体看来还是增加的。

持续下降的新生儿数量

2040年⇨在作为生产主力军的20～39岁的人口中，女性人数将不到2010年数量的一半！

经济财政咨询会议的提议

↓

为了50年后将日本人口维持在1亿人的水平，“合计特殊出生率”至少在30年间必须恢复到2.07（2014年则小于1.4）。

人工流产与新生儿数量之间的关系

优生保护法和出生率的关系

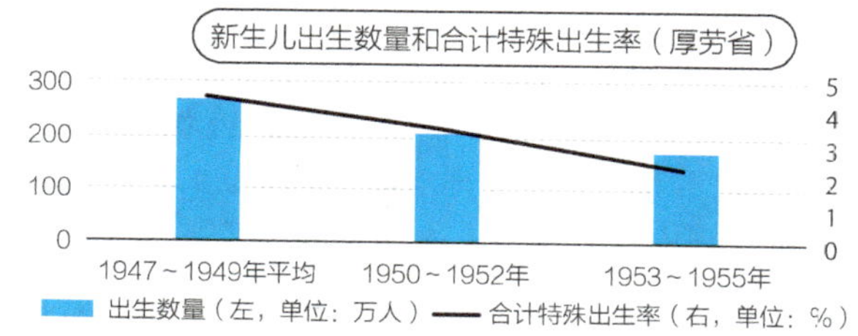

1949年修正了原来的“优生保护法”，1952年流产手续简化，因此出生率下降。

出生、死亡和人工流产数量（单位：万人；厚劳省）

■ 出生数最　■死亡数量　■人工流产数量（有记录可查部分）

124　101　32　2003年
111　103　30　2004年
106　108　29　2005年
109　108　28　2006年
109　111　26　2007年
109　114　24　2008年
107　114　22　2009年
107　120　21　2010年
105　125　20　2011年
104　126　20　2012年

如果将出生数量加上人工流产数量，人口还是增加的。

劳动力与人口（2）

1973 年，因为石油危机，资源和人口暴增的危机感增加。现在日本的人口下降，是20 世纪70 年代以抑制出生率为目标的政策所产生的结果。

从 20 世纪 50 年代开始，日本的夫妇就认为一个家庭应该有两个孩子，之后的 40 年这一数量基本没有变化。

然后日本开始了“产儿限制”的历史，政府开始了“减少新生儿数量”的宣传活动。战后，报纸上每日都连载“控制新生儿数量好处”的文章。1972 年，罗马俱乐部发表了《增长的极限》。1973 年，因为石油危机，资源和人口暴增的危机感增加。1974 年，日本提倡“出生率降低 4%”，同年的“日本人口会议”决定采取“只要两个孩子就好”的宣言。人工流产和避孕药作为“产儿限制”运动的公认结果为世人所知。

一方面，在日本，大多数人的观念开始从“只要是情侣就能有孩子”，转变为“结婚后才能有孩子”，因此将生育与结婚牢牢绑定在一起。另一方面，在法国，也从不允许离婚转为允许事实婚姻，并给予其同等权利。

近年来，随着不结婚、晚婚（高龄产妇比年轻产妇生育的难度更高）等趋势的出现，新生儿的出生率下降了。由于年轻一代的绝对数量以及他们中选择结婚的人数都减少了，仅靠“保障职业女性婚后及产后宽松工作环境的政策”，是无法阻止人口的下降趋势的。

与国家政策相伴的“合计特殊出生率”

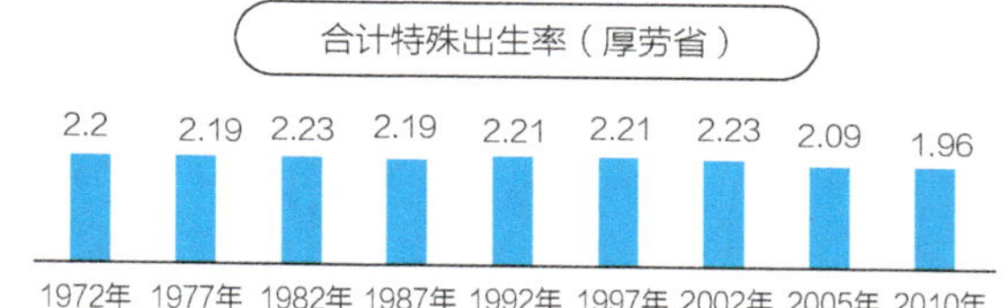

为了维持人口数量，“合计特殊出生率”需保持在2.07，并在40年间维持平稳。

日本的婚姻观“结婚后才能有孩子”

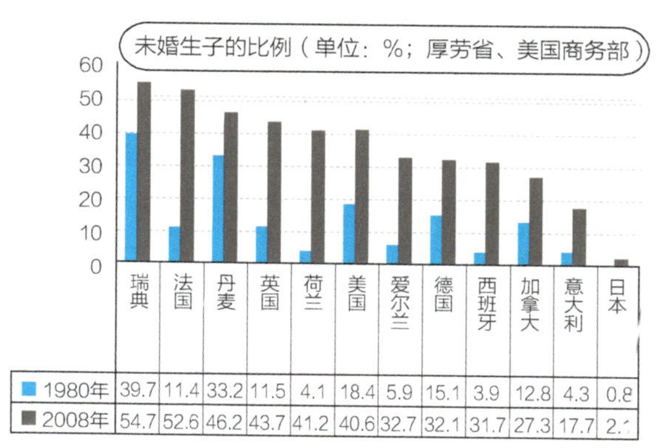

	瑞典	法国	丹麦	英国	荷兰	美国	爱尔兰	德国	西班牙	加拿大	意大利	日本
1980年	39.7	11.4	33.2	11.5	4.1	18.4	5.9	15.1	3.9	12.8	4.3	0.8
2008年	54.7	52.6	46.2	43.7	41.2	40.6	32.7	32.1	31.7	27.3	17.7	2.1

同居时期生孩子的情况也很多，这是日本与欧美各国婚姻观的区别。

在日本，结婚和生育牢牢绑定在一起。

婚姻数和出生人数（单位：万人；1970～2012年，厚劳省）

婚姻数：120 / 100 / 80 / 60 / 40 / 20 / 0

出生人数：50 / 100 / 150 / 200 / 250

可以看到婚姻数增加（减少）和出生人数增加（减少）这对关系。

资本存量

资本的边际生产率即增加最后一单位商品生产带来的生产率的提高，呈现递减趋势。如果没有人口的增加和生产率（TFP）的提高，那么经济就会一直处于平稳状态。

这里的资本，指的是使用一定年限后发生的消耗，比如必须对桥梁和高速公路进行维修和更换零件时将发生的维修费用合计。因此进行的投资被称为固定资本消耗（会计术语：折旧费），此时会产生大量的费用。

如果将目光放在投资 I 上，可以很明显地看出，日本经济处在一个平稳状态，或可用“稳定状态”“饱和状态”等词语形容。在过去，日本进行了大规模的投资。1960 ~ 1990 年，日本的 GDP 增长率为 6.81%，其中，资本投资的贡献率超过 3.17%，是日本经济增长的重要引擎。由于日本的投资处于饱和状态，因此新的投资几乎难以进行（总投资 − 固定资本消耗 = 净投资）。

对于生产扩大来说，净投资的持续增加非常有必要。净投资如果能够增加，经济就能持续增长。而在净投资为负的现在，既有设备只是损耗，而不进行补充，最后总投资额将越来越少。

假设现在有 1 台电脑，并且以每年 1 台进行资本投入，如果电脑 5 年时间报废（固定资本消耗），那么在 5 年后，每年都增加 1 台，同时折旧 1 台，最后电脑的数量保持在 5 台，不发生任何变化（平稳状态）。另一方面，相对于 5 个人 1 台电脑，5 个人 5 台电脑的生产率更高。但是，如果电脑的台数增加到 10 台，生产率却不会增加 2 倍（边际生产率递减）。因此，即使资本增加，如果劳动力数量和技术不变，最终生产率的增加会停滞（平稳状态）。

净投资增加 = 经济增长，摆脱萧条

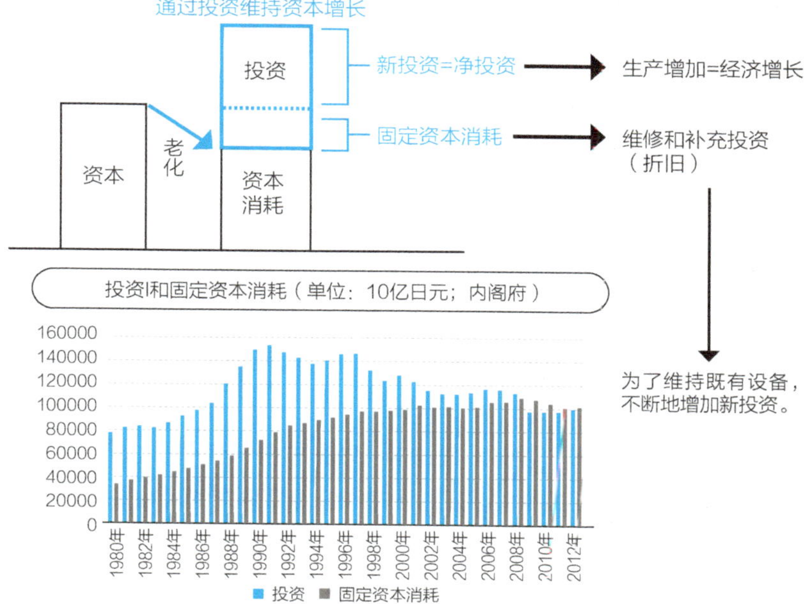

仅是增加资本投入，生产率不会增加

例子：5 个职员的情况

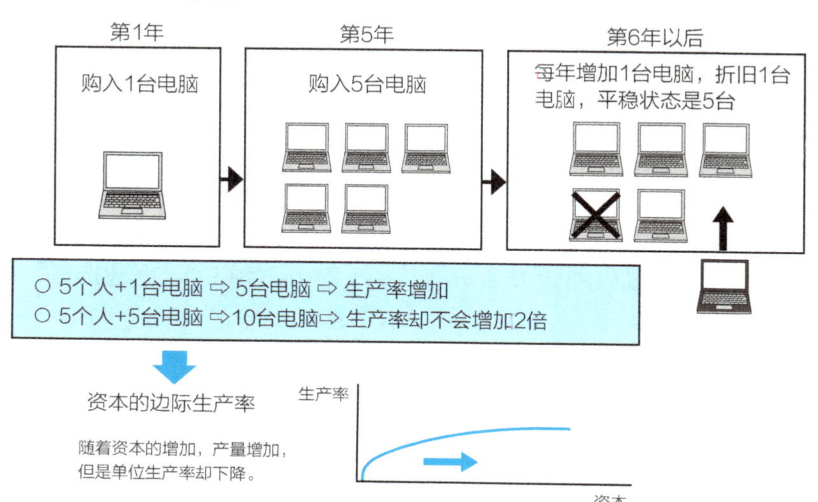

全要素生产率（TFP）

生产率提高（改善效率）有两种方式，其一是可以以文字方式学习的显性的“技术进步”，其二是无法传授的隐性的“人力资本”。

经济增长的关键，肯定在于生产率的提高。所谓生产率，是一个劳动者在单位时间所生产出的商品和服务的数量。换而言之，就是人均 GDP，其数值高低决定了一个国家的生活水平。一个国家的生产率增长率，直接决定着人均 GDP 的增长率。

以日本的人均 GDP 为例，在日本“失去的二十年”，人均 GDP 的数值完全没有增长。而在此期间，发达国家和资源富强国的人均 GDP 却一直处于上升状态，日本已经不能被称为“经济大国”了。打个不恰当的比方，好比在运动会的跑步比赛中，只有日本一个国家止步不前。

之后，专家预测日本的经济增长率（潜在增长率）只有 1%，即使在这 1% 中，大多也来自生产率提高的贡献。“只有当 GDP 负增长得非常厉害时，才会引起人均收入的负增长”（斋藤诚等《宏观经济学》）。只要今后生产率（效率）不是停滞不前，GDP 就不会是负增长。但是，如果生产率（效率）连勉勉强强的 1% 都达不到，那么今后十年的收入增长（超过 10%）就不可能实现。

但是，生产率提高也不能解决所有的问题。如果没有时间和精神上的闲暇，那么工作上的失误就会增加，最终降低生产率。闲聊和游玩也是工作的重要补充，也是人生的重要部分。“做好 24 小时都工作的思想准备”并不算是玩笑话。

经济增长的关键因素：生产率

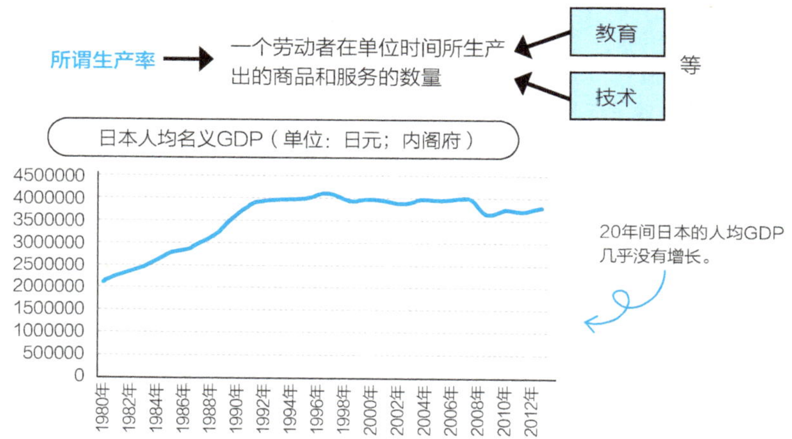

各国人均 GDP 的比较

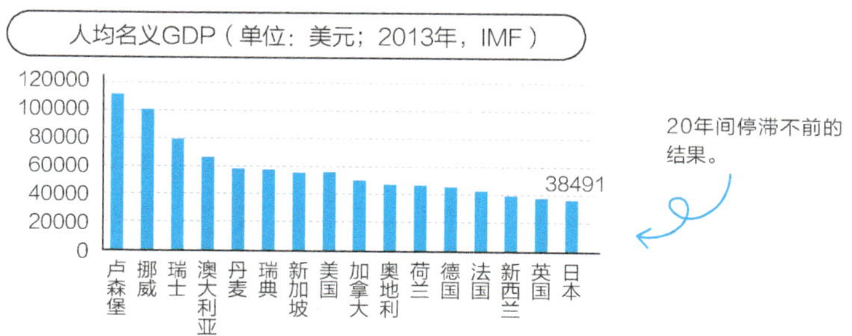

日本人均名义 GDP 在全球的排名（IMF）

1983 年	1993 年	2003 年	2013 年
17 位	3 位	11 位	24 位

人均 GDP 没有负增长

> 只有当 GDP 负增长得非常厉害时，这个问题才会引起人均收入的负增长。
>
> （斋藤诚等《宏观经济学》，有斐阁）

但是如果不进一步行动的话，生产率可能下降。

专栏 2

税收制度 2

消费税，对于低收入人群而言，所有的收入都被用来消费，因此消费占收入的比重很高，而高收入人群由于会储蓄一部分，消费占收入的比重就会相对较低。

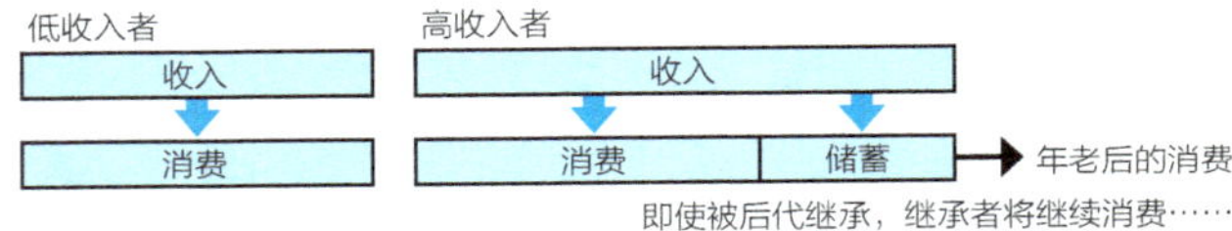

但是，经济学是以整个生命周期为研究对象的，因此是在长时间内考察消费税。储蓄是为了年老后的生活而准备的，年老后将储蓄取出来用于消费（即使这笔钱被后代继承结果也是一样的），因此从一个人的一生来看，收入将全部用于消费。

另外，对生活必需品等商品采用低税率的减税政策，在欧洲被证明是失败的（2010 年英国的马利报告）。因为面对低消费税，高收入者会大量购买食品，因此对食品的减税政策（补贴也同理）变成了对高收入者的优惠税收政策（在欧洲的减税政策失败后，其他使用消费税的国家也不再采用减税政策）。

如果降低食品的税率（从 10% 降至 5%），单身家庭（女性 60 岁及以上）每年可以减少 20932 日元的税费，而只有夫妇的两人家庭（50 ~ 59 岁）可以减少 44673 日元的税费。对低收入家庭直接补贴的方式效率更高。

第3章 不断变化的经济学

理论随所处的时代而发展，时代对理论又有所要求，周而复始……

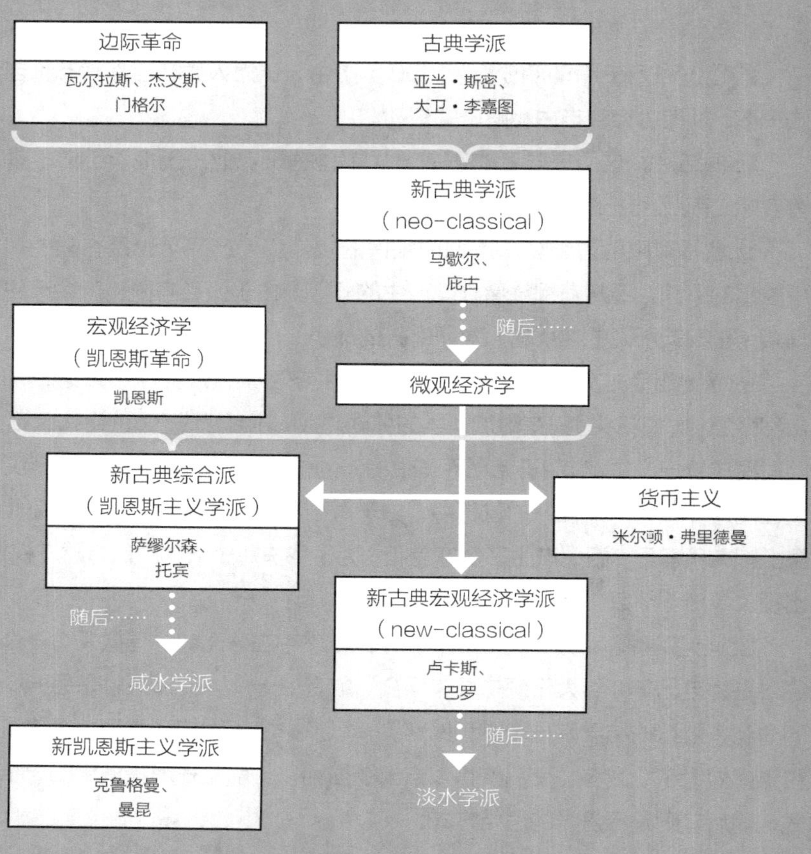

社会契约思想

托马斯·霍布斯（英国人，1588 ~ 1679）：英国的哲学家和政治思想家。
约翰·洛克（英国人，1632 ~ 1704）：对美国独立战争有极大影响。

托马斯·霍布斯在《利维坦》（1651 年）这本书中，提出了“自然状态”的论断。他认为，人类社会是“所有人对所有人的战争”。因此，每一个平等的人都会陷入与他人相对立的弱肉强食状态。

约翰·洛克在《政府论》（1690 年）中，认为人类在自然状态（自然法）下，拥有生存、自由和财产的权利。

归根结底，这两位学者的思考方式都是基于农业（土地）经济，并没有考虑工商业经济的情况。

土地是有限的，那么从土地中获得的农作物（产品）也是有限的。在中世纪的欧洲，经常有围绕着土地产生的争夺。由于资源有限，就会产生托马斯·霍布斯所说的“所有人对所有人的战争”的情况。

约翰·洛克认为，一旦加上劳动这种生产要素，产品就会随之增加。自然资源（比如石头）只有附加人类的劳动之后，才会变成产品（比如宝石），此时附加价值产生了。由于劳动而产生的新的价值，就变成了“私有财产权”。而在创造“私有财产权”的过程中，由于每个人付出的劳动不论在质还是在量上都有所差异，因此产生了贫富差距。为了保护每个人的“私有财产权”，出现了政府（国家）组织。

上述这两种思维方式的区别，在今天依然存在。比如“蛋糕只有一个，经济是为自己争夺更大份额的弱肉强食”或者“一个人的损失就是另一个人的盈利，最终的结果是一个零和博弈”，以及“由于附加了劳动，经济这个蛋糕就做大了”或者“交易使得双方都能盈利”。前者是反经济学的思维方式，而后者则是经济学的思维方式。

两个社会契约理论

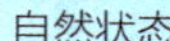

自然状态

政府以及其他统治机构不存在的状态

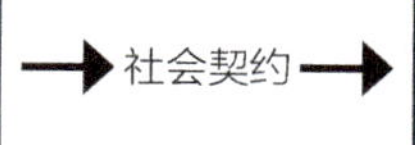

市民社会

政府存在的状态

人们并不会遵循追求和平的“自然法”，因此，如果没有强大的国家权力，那么就会陷入战争状态，这就是“所有人对所有人的战争”。

即使从经验来说，也是非常显而易见的，人们在睡觉的时候，会锁上房门，而即使人在家中，保险柜也是上锁的。

托马斯・霍布斯
（英国人，1588 ~ 1679）

（《利维坦》水田洋译，岩波文库）

任何从自然状态中抽出的东西，一旦附上了人类劳动，其就被付出劳动的人所有。由于被附上了劳动，自然资源就从所有人的东西，变成了某个人的东西。

一个人将自己所有的贝壳与另一个人的羊交换，再将所产的羊毛与闪闪发光的宝石交换，在这里没有一个人的权利遭到侵犯，而为了方便交易，人们开始使用货币。

（《政府论》鹈饲信成译，岩波文库）

约翰・洛克
（英国人，1632 ~ 1704）

亚当·斯密：看不见的手

亚当·斯密（英国人，1723～1790）：最早构建经济学学术体系的经济学家，被称为经济学之父，主要作品有《道德情操论》和《国富论》。

重商主义批判

16～18世纪，欧洲普遍信奉“重商主义”。重商主义一度成为当时具有支配地位的经济思想。早期重商主义强调，“一个国家的财富就是作为货币的金银”，即“重金主义”。晚期重商主义强调，“为了积累一国的财富，需要保持贸易顺差，保护国内产业，限制进口”，即“贸易保护主义”。

不论是早期重商主义，还是晚期重商主义，都非常重视特权性质的商业活动，如允许国内产业垄断等，并由政府制定关税和管制产业。另一方面，被称为经济学之父的亚当·斯密则认为，“财富是一国国民劳动所产生的结果，而并不是货币本身”，因此对重商主义控制国家经济的政策主张进行了批判，并主张自由经济。

利己心和看不见的手

亚当·斯密认为，个人在追求“利己心”（《国富论》）和“财富和地位所带来的快乐”（《道德情操论》）的过程中，会受到“看不见的手”的引导，进而增加整个社会的利益。

亚当·斯密的这个思想，与当时社会普遍存在的“追求个人利益，会丧失勇气和公共精神，最后导致国家灭亡”的思想，有着根本上的区别。

经济学之后的发展，可以说就是将亚当·斯密的“看不见的手”思想做更进一步解释的研究。经济学家们不断地努力，在尚未明确的问题上继续前进，这是经济学永远的课题。

重商主义和亚当・斯密的批判

	重商主义	经济自由主义
	托马斯・孟（英国人，1571～1641） 主要著作:《英国得自对外贸易的财富》(1664 年)	亚当・斯密（英国人，1723～1790） 主要著作:《道德情操论》《国富论》
目的	生产 相对于消费，更偏重生产	消费 消费是生产的目的
财富	金银、贸易顺差 •一个人的所得，就是另一个的所失 •利润是争夺的产物	消费品（生活必需品和便利品） •交换丰富了消费品的数量 •双方都能有所得
实现手段	•减少国内消费 •将节约的商品出口 •通过关税减少进口 •垄断殖民地的贸易	•遵循利己心行动 •生产会因消费而增加 •社会分工
国家与经济的关系	国家必须介入经济活动	反对国家对贸易的控制

每个人只用考虑自己的利益，在“看不见的手”的指引下，会实现个人完全意想不到的结果，即增加整个社会的利益。

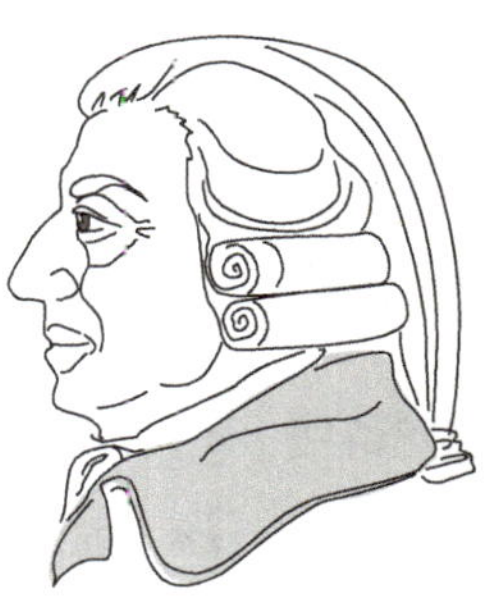
亚当・斯密
（英国人，1723 ~ 1790）

由于肉店、鱼店和面包店的店主都考虑个人的利益，结果却满足了我们对食物的需求。他们的行为并不是出于对人类的爱，而仅仅是遵从着利己心行动而已。

（《国富论》山冈洋一译，日本经济新闻出版）

古典学派 2

亚当·斯密：分工

亚当·斯密认为，“不论是生活必需品，还是让生活更丰富的便利品，人们所消费的所有产品，都是由劳动而来”，而这也是国民收入的本质。

分工

亚当·斯密认为，财富可以分为生活必需品和便利品。而分工可以更有效率地进行生产活动，生产活动的关键要素是劳动。用现在的语言来说，就是 GDP（生产）=GDE（消费）。生产一旦扩大，就会产生分工，下面以制针工场为例来说明。

亚当·斯密描述了制针的过程：拉伸铁丝→切断铁丝→用纸包装完成品。如果将这一过程分解，每个人都专门负责其中一个环节，那么其所产出的产量将会是一个人包办所有环节所生产数量的 240 倍。在企业内部甚至全社会进行分工协作，将会使得一个社会更加富有。

分工后，将各自所生产的产品进行交换，那么交易双方的收益都会增加。“没有谁见过一只狗用一根骨头和另一只狗公平而又慎重地交换另一根骨头”（《国富论》），交换（trade）是人类所特有的行为，经济活动就是从交换开始的。

自然价格

关于价格，亚当·斯密认为：①正常情况下的工资、②利润和③地租，是自然价格的三大决定因素。其中所说的工资，是由劳动者的劳动投入决定的，由此形成了经济学的劳动价值论，即商品的价值是由所投入的劳动决定的。而市场价格最终是由自然价格决定的。

分工：制针工场的例子

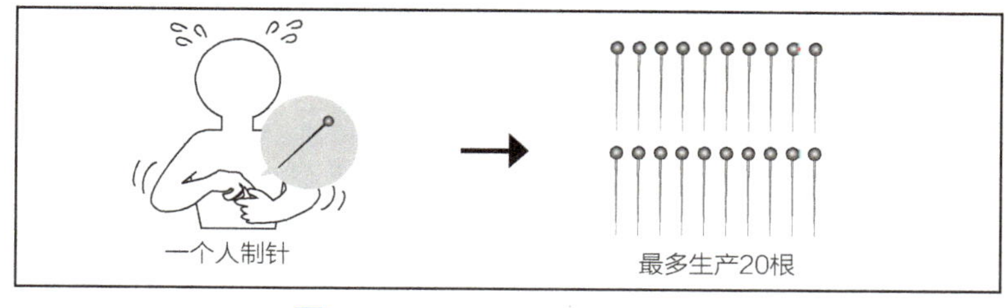

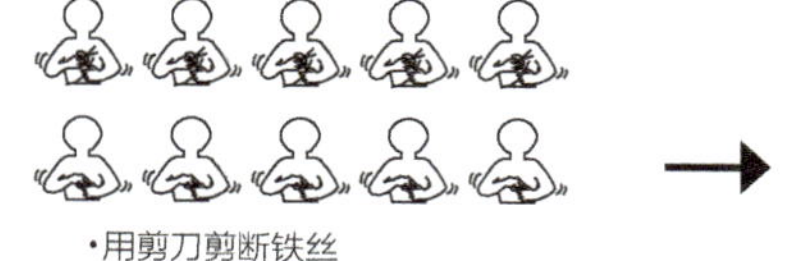

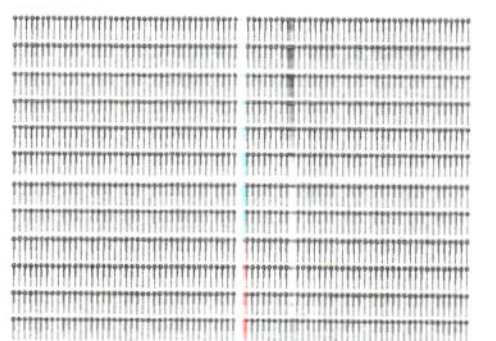

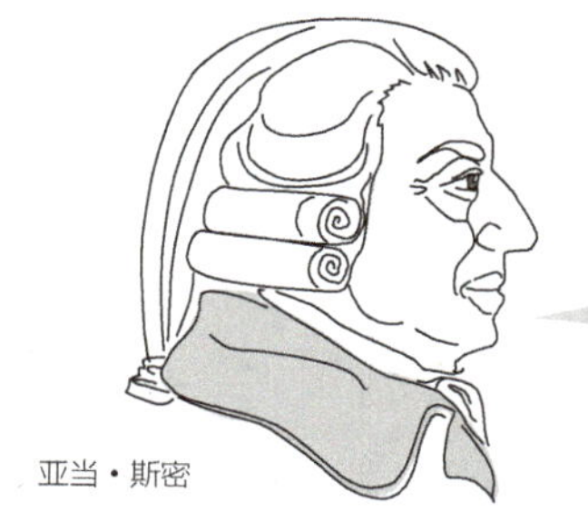

裁缝向鞋匠购买鞋子，鞋匠的衣服雇裁缝制作。农民不想缝衣也不想制鞋，而宁愿雇用那些不同的工匠去做。他们都感到为了他们自身的利益，应当把他们的全部精力集中到其有优势的领域，而购买他们所需要的其他物品。如果外国能提供比我们自己制造还便宜的商品，我们最好就用我们的优势产业生产出来的物品的一部分向他们购买。

（《国富论》山冈洋一译，日本经济新闻出版社）

自然价格和市场价格的关系

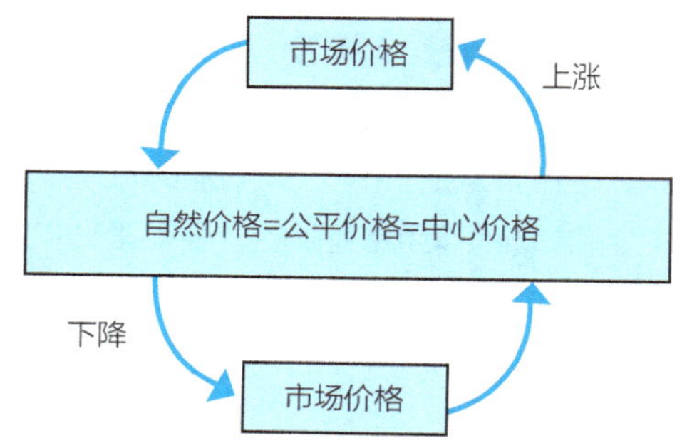

自然价格等于公平价格，因此一旦市场价格高于或低于自然价格，总有一种力量会使其恢复到原水平。

古典学派3

对亚当·斯密的误解

将亚当·斯密“看不见的手”的论断以及其思想解释为“自由放任”，并为达到某种政治目的而随意使用，这是经济思想史上的一个“悲剧”。

市场原教旨主义？

随着柏林墙被推倒，“市场机制”（需求曲线和供给曲线，参见第3.11节）被认为是正确的，人们认为将经济运行交给亚当·斯密的“看不见的手”调节就可以了，这种市场原教旨主义（参见第3.42节）的言论在当时非常流行。亚当·斯密与他的“看不见的手”的论断一起被大量地引用。

但是，亚当·斯密的“看不见的手”的论断并不能立刻推导出“市场机制”。在亚当·斯密的另一本著作《道德情操论》中，还有“平等之手”。在这本书中，他还强调了诸如“同情”和“公平竞争（fair play）”等精神的重要性。可以说，《道德情操论》所提出的“公平”和《国富论》所提出的“自由”，两者结合在一起才是亚当·斯密的经济思想。

自由放任主义？

实际上，亚当·斯密并没有说过“市场最理想的状态就是自由放任（laissez-faire）”，这句话没有在亚当·斯密的著作中出现过。将亚当·斯密的“自由”演绎成“自由放任”，是后世试图简单归纳亚当·斯密思想所产生的变形，比如凯恩斯的《自由放任主义的终结》等著作。亚当·斯密倡导一个“小政府”，在国防、司法和公共事业上发挥其作用。同时，他还认为在提倡教育、限制“市场开放”、“小国出口”和“一定时期的对外贸易开展”以及扶助金和奖励政策等方面，市场的作用是有限的，必须靠政府来补充。

自由放任主义？对亚当·斯密的误解

误解（1）

亚当·斯密的“看不见的手”论断  市场原教旨主义？

亚当·斯密实际的主张  **“同情”和“公平竞争”精神**

亚当·斯密

“看不见的手”是促进社会利益、实现平等的手。

为了财富、名誉和成功而竞争，为了超越所有竞争者而竭尽全力，是无可厚非的。但是，在旁观者看来，不论是打倒别人还是被别人打倒，都是难以宽恕的行为，因为这种行为侵犯到了公平竞争。

（《道德情操论》水田洋译，岩波文库）

误解（2）

亚当·斯密主张自由经济  自由放任主义？

亚当·斯密实际的主张  **政府的作用：**
①小政府
②防止国民无知化
③在必要的情况下限制自由贸易和自由交易

随着分工的细化，国民的工作被单纯地限定在某一方面，国民变得越来越无知，即使遇到与自己的国家有重大的厉害关系的事情，也无法判断，如果不通过教育教给他们必要的技能，他们在战争中甚至无法保卫自己的国家。

国防比富裕更加重要，因此必须限制自由贸易。

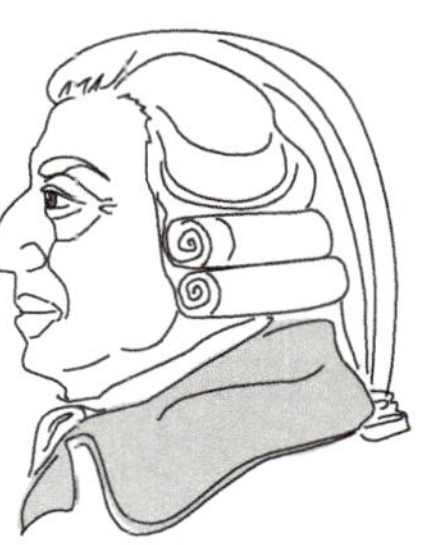

（《国富论》山冈洋一译，日本经济新闻出版社）

古典学派4

三角形理论

大卫·李嘉图（英国人，1772～1823）：提出了国际贸易理论基础的比较优势理论（比较成本理论），其主要著作是《政治经济学及赋税原理》。

交换（trade）是经济活动的基础。大卫·李嘉图的比较优势理论和比较成本理论解释了为什么在现实中交换是必要的，同样也从理论上证明了人类是如何进行交换的，这在经济学上是一个重大的发现。

国王和制鞋少年、大人和小孩、大企业和小企业，他们之间虽然存在着巨大的差距，即前者处于绝对优势地位而后者处于绝对劣势地位，但是交换的利益是由双方共同产生的。按照比较优势理论，“在这个世界上没有无用的人”。

与自给自足的经济相比，交换是更有益的。与其一个人做所有的事，不如一个人专门做某一件事（生产和出口），不足的部分则从外部购入（消费和进口），这样一定能产生交换的利益。

从个人到公司、地区，以至整个世界的产量（GDP），应该等于整个世界的消费量（GDE）。在日常生活中，交换和贸易的目的是进口（消费）。由于每个经济主体都集中在其最擅长的领域进行生产，因此生产率就会提高，也即每个经济主体都发挥了其比较优势，最终产量和消费量都实现了最大化。

这里的关键在于，对于每一个经济主体来说，在专业化生产之前，其产量≥消费量，而在专业化生产之后，其产量＜消费量，这样消费者的效用就得到了提高。因为交换使得每一个经济主体都可以让消费超过其产出的产品。

下面将用微观经济学（参见第3.10节和第3.11节）的一个理论工具，即预算线，来证明交换所产生的收益。

微观经济学的三角形理论

预算1万日元的购买组合

我们消费者应该如何分配购买食品和服务的预算呢？首先，考虑最简单的情况。

①收入为1万日元。
②服装单价1000日元。
③食品单价200日元。

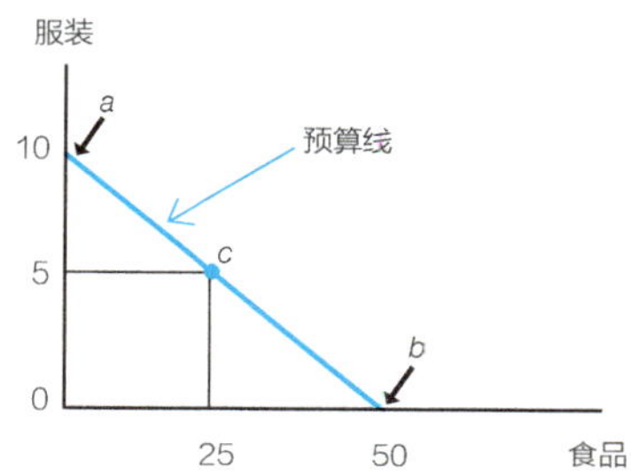

图中a点和b点的连线，即是1万日元的预算线。在a点完全不消费食品，所有收入被用来购买服装，共10单位。同理，在b点完全不消费服装，所有收入被用来购买食品，共50单位。因此，这条直线表示的是1万日元的最大购买组合，在这条直线上方的所有组合都是以现有购买力无法购买的。（其中c点表示消费服装5单位，食物25单位）。

收入增加的情况

下面考虑收入增加的情况。假设收入从1万日元增加到2万日元，此时选择的组合增加了。如果全部购买服装，可以购买20单位，如果全部购买食品，可以购买100单位。因此，预算线就从ab线平移到AB线，三角形的范围扩大了。

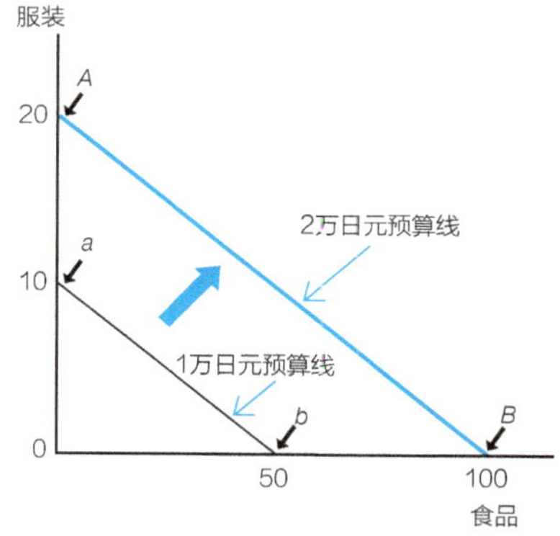

商品价格降低的情况

下面考虑商品价格降低的情况。假设食品的价格下降，从1单位200日元降至100日元。预算线从ab线旋转到aB线，因为价格下降意味着可以选择的组合增加了，三角形的范围扩大了。

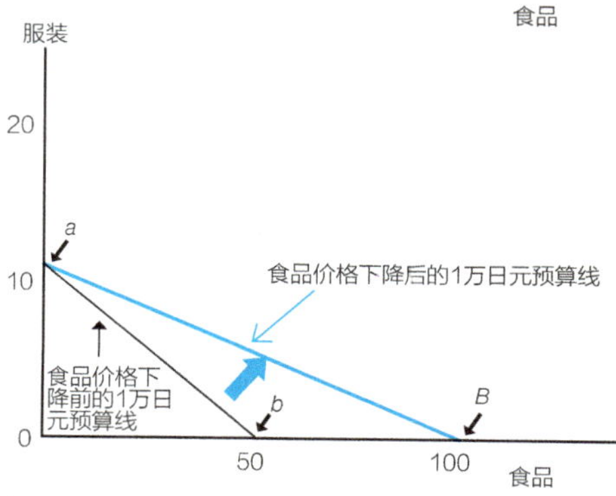

三角形范围扩大，意味着实际收入增加、可以选择的商品组合增加。

古典学派5

大卫·李嘉图的比较优势理论

克鲁格曼说：“以往认为，与企业之间存在相互竞争类似，国家与国家之间也存在相互竞争。但是这个观点是错误的，早在1817年大卫·李嘉图就解开了这个错误论断。”

为了简化分析，大卫·李嘉图假设只有两个国家，英国和葡萄牙，生产两种产品，酒和布。英国共有劳动人口220人，葡萄牙则有170人。两国的生产力，简单用数字表示如下页表1所示。

在两国进行交换之前，即在自给自足的状态下，两国能生产的最大产量如下页图1所示，其中三角形所示的①、②两部分，是两国的生产可能性区域，三角形的斜边表示的是两国最大的生产可能性组合，也即对两种产品的最大消费量。假设 *a* 和 *b* 点是两国专业化生产之前的产量（也即消费量）。

现在，两国开始专业化生产并进行交换，如下页图2所示。葡萄牙专业化生产酒，可以生产3升，即图中的 *A* 点；英国则专业化生产布，其产量为2.25米，即图中的 *B* 点。两国交换的区域，即两种产品的交换比例，以 *A* 点和 *B* 点的连线表示。

贸易 = 交换

葡萄牙的3升酒 = 英国的2.25米布

***A* 点　　　　　　*B* 点**

这样两国可以在 *A* 点和 *B* 点连线上的任何一点进行贸易，可见三角形范围扩大了，两国的实际所得也增加了，商品的可购买量也增加了。通过贸易，两国的三角形分别增加了③和④的区域，消费量因此增加。这两部分在贸易之前，不论是哪国的居民都绝对不能消费，也就是说，通过贸易每个国家的产量都小于消费量。

大卫·李嘉图的比较优势理论

表 1　自给自足状态下两国的产量

（为了方便说明，数字简单化了，原始数据在括号中）

	生产1升酒所需要的劳动力	生产1米布所需要的劳动力	酒的产量	布的产量	
葡萄牙	1人（80人）	2人（90人）	1升	1米	
英国	5人（120人）	4人（100人）	1升	1米	
			2升	2米	世界总产量

表 2　交换（贸易）时两国的产量

葡萄牙

	酒的劳动者数量	布的劳动者数量	酒的产量	布的产量
专门生产酒	3 人		3升	
专门生产布		3 人		1.5米

英国

	酒的劳动者数量	布的劳动者数量	酒的产量	布的产量
专门生产酒	9 人		1.8升	
专门生产布		9 人		2.25米

葡萄牙

英国

国内产量≥国内消费量

图1　自给自足状态下的产量和消费量

葡萄牙

英国

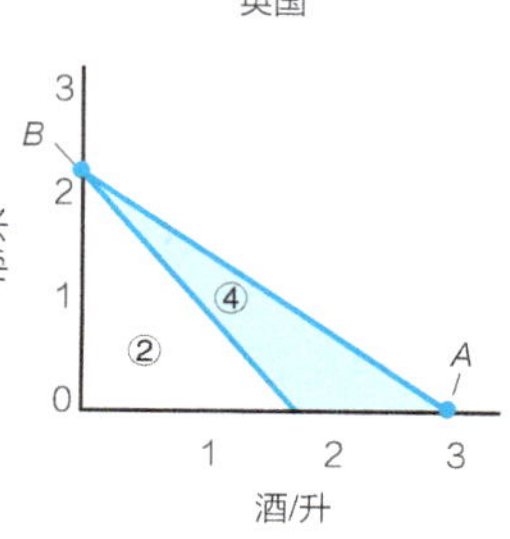

国内产量＜国内消费量
同时，世界总产量和消费量都增加。

图2　交换（贸易）时的产量和消费量

古典学派6

绝对优势与比较优势(1)

萨缪尔森："经济学中有许多不可否认的正确原理，但对许多人来说却并非显而易见，比较优势就是一个最好的例子。"

从上页的表 1 和表 2 中可以看出，葡萄牙在酒和布的生产上所需要投入的劳动力人数比英国少，即劳动生产率较高。这就是说，葡萄牙在生产酒和布两种商品上存在绝对优势。

第 3.3 节提到的亚当・斯密的交换（贸易）理论之基础，即绝对优势。裁缝、鞋匠与农民之间之所以产生分工，是因为他们都意识到应当专门生产各自最具有优势的商品，然后彼此交换，这样对每个人都有利。

比较优势理论认为从自身（本国）内部选择具有比较优势的商品（以三角形的角度表示比较优势的大小）进行专业化生产，并通过对外贸易换取自身（本国）处于比较劣势的商品，从中获得利益和财富。即生产量增长 = 消费量增长。

以一个简单的例子来说明。A 君作为公司的创立者，无论策划、业务还是财会方面的能力都非常卓越，然而由于时间和精力有限，他一个人无法分身包揽所有事务，于是他雇用了帮手 B 君。B 君在其他方面虽然不算能干，但很擅长财会，A 君便将财会工作全权交托给他，自己只负责策划和业务。这样的分工大大地提高了工作效率。

比较优势理论解释了交换（贸易）产生的基础。经济学发展至今，交换（贸易）理论的基础依然是比较优势理论。

从这个理论上来说，自给自足的小农经济是对宝贵社会资源的浪费。

绝对优势者与绝对劣势者之间的交换

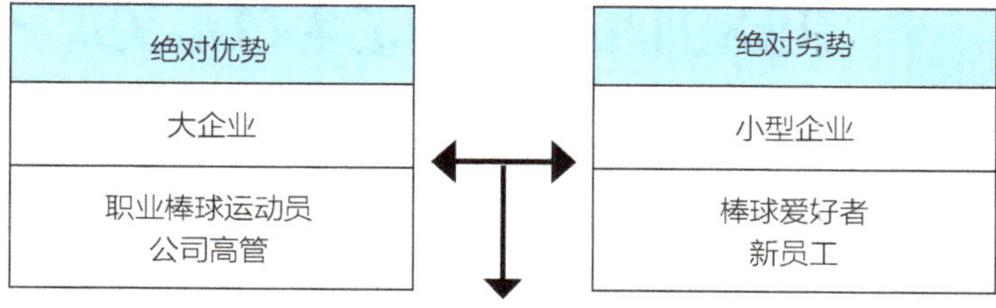

通过交换可以获取更多种类的商品
购买商品的选择增多

生产量<消费量

专业化生产并进行交换便能获得利益

将绝对优势理论与比较优势理论进行比较

绝对优势理论	比较优势理论
亚当・斯密的理论	大卫・李嘉图的理论
专业化生产本国具有绝对优势的商品	专业化生产本国具有比较优势的商品
更重视劳动力和资本实力	更重视劳动生产率

一国可以专门生产、出口其具有比较优势的商品，进口其相对具有比较劣势的商品，通过国际分工和贸易来获得更多利益。

大卫 ・ 李嘉图
（英国人，1772 ~ 1823）

绝对优势与比较优势(2)

中北徹（东洋大学）：“比较优势的实质是排位赛（即一个国家内部生产率增长的相对排名）。竞争对手是国产商品以及增长型行业，而并非国外产品。”

分析 GDP 的增长主要着眼于三个因素：**①劳动力投入量、②资本投入量、③劳动生产率**。简而言之，就是①人、②财和物、③效率（参见第 2.33 节）。

绝对优势着眼于①和②两项。GDP 与投入量成正比。

另一方面，比较优势重视的则是③劳动生产率，即在单位时间内所能生产的产品与劳务的价值。

劳动生产率是衡量一个国家社会经济发展水平的核心指标。例如，在高附加值的制造业和金融业中，瑞士的劳动生产率是日本的 2 倍，即瑞士相对日本具有比较优势。

现代管理学之父彼得·德鲁克说过：“将自己不擅长的事情交给他人，反之，他人不擅长的事情对自己来说也许正是轻而易举。”这番话非常简洁地道出了比较优势理论的实质。

在有限的时间内，依据劳动生产率进行分工，通过贸易交换各自的产出，从而获取更多的利益。换言之，即使有限的资源得到最优的配置和利用，这便是经济学的核心理论。

当代语境下的绝对优势与比较优势

绝对优势→①人②财和物的投入

比较优势→③劳动生产率

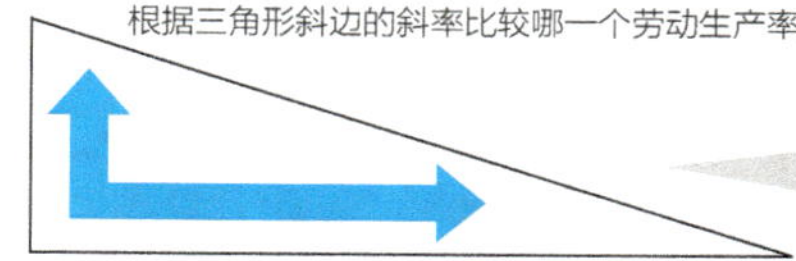

调整第3.6节图中的数字，即产生相应的三角形斜边斜率

一国的生活水平取决于它生产产品与劳务的能力。各国生活水平的差距大致可以归因于各国劳动生产率的差异。

曼昆（美国人，1958～　）

对比较优势理论的异议（在缺乏以下前提的情况下无法成立）		正确的解释（参见第3.6节图）
萨伊定律	一切生产活动都是为了消费	图 2 三角形增加的③④部分，在线 *AB*（生产 = 消费）之外也可进行消费
充分就业	不存在失业者	表 2 失业者可设定为葡萄牙 1 人，英国 3 人。部分专业化也是可接受的
资本管制	劳动力无法在国家之间流动	表 2 劳动力可以从英国向葡萄牙流动

边际效用论和劳动价值论

边际革命：以最后一单位商品中所获得的主观效用、满足感和重要程度作为思考的方式，改变了经济学的思维方式。

19 世纪 70 年代，杰文斯（英国）、门格尔（奥地利）和瓦尔拉斯（法国）三人，出人意料地在同一时期提出了**边际效用递减法则**。

工作和运动之后，一杯啤酒和运动饮料的效用（满足感）非常高，如果第二杯、第三杯继续喝下去，虽然杯子里的内容没有发生变化（同质），但是其所带来的效用却越来越低，喝到最后已经完全不想要了（效用为零，即不再愿意用资金购买饮料）。也就是说，随着越来越接近最后一单位（边际），商品所带来的效用越来越低。

据此，这三位经济学家认为物品的价值是随着每个人主观看法的不同而改变的。

（1）杰文斯：边际效用决定物品的价值。

物品最后一单位边际变化所带来的效用。

（2）门格尔：稀有性决定物品的价值。

需求 < 供给时，是非经济物品；需求 > 供给时，是经济物品，也是经济学研究的对象。

（3）瓦尔拉斯：需求和供给的一般均衡决定物品的价值。

市场上存在大量的交易者，他们在大量交易商品时，均衡就形成了。交易使得所有人的效用都达到最大化，而且市场上的所有需求和供给能够达到一致，此时，用于交易的所有物品的边际效用也达到一致。

边际效用

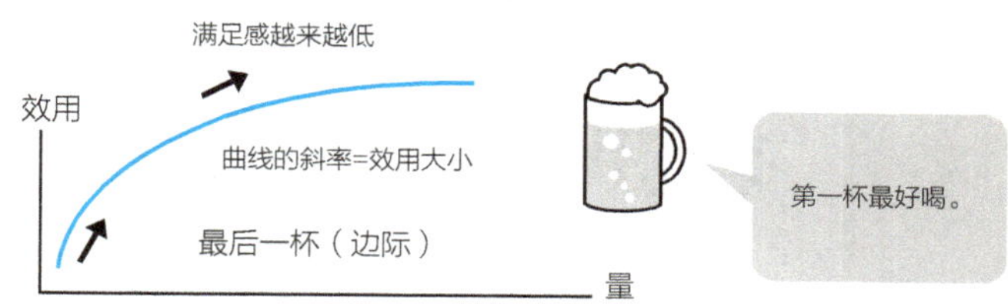

啤酒和饮料	第一杯	第二杯	……	最后一杯（边际）
效用大小	最高	高	→递减→	0
价格	500日元	400日元	……	0

↑ 均衡点

瓦尔拉斯：需求和供给达到一致的点（边际效用一致的点）

边际效用论和劳动价值论

边际效用论

杰文斯→边际效用/门格尔→稀有性

边际效用和稀有性决定物品的交换价值

需求（消费）主观决定

- 最后一杯水的效用几乎为0
- 而钻石即使是最后一个，效用也很高
- 水的稀有性很低，而钻石的稀有性很高

钻石与水悖论

水使用价值高，但是交换价值低

钻石使用价值低，但是交换价值高

为什么钻石的价格比水高？

- 水可以从附近的河中采集（劳动力投入量低）
- 钻石要从遥远的矿山中采集（劳动力投入量高）

劳动价值论

亚当・斯密和大卫・李嘉图

利息、利润率、地租决定物品的交换价值

供给（生产）客观决定

新古典学派1

阿尔弗雷德·马歇尔的需求曲线和供给曲线

阿尔弗雷德·马歇尔将大卫·李嘉图等人的古典学派与边际革命后的经济学体系相互融合，建立了新古典学派经济学。

今天，我们所说的经济学（economy）这个词，是由阿尔弗雷德·马歇尔提出的，在此之前，只有政治经济学（political economy）这个词。另外，今天的中学教科书中所学习的需求曲线和供给曲线，也是由阿尔弗雷德·马歇尔提出的。

面对边际效用论和劳动价值论的争论，阿尔弗雷德·马歇尔引进了时间因素，将时间长度进行调整，由此通过需求曲线和供给曲线说明不同时间的价格确定，从而调和了这两个理论的争论。

边际效用论成立的情况

在短期可以成立，比如早晨的鱼市场。此时，由于产品的供给量给定，供给曲线垂直于横轴，因此产品的价格由需求量主观决定。

劳动价值论成立的情况

在长期可以成立。因为在长期，资源和劳动力的数量可以发生变化，因此生产者就可以自由控制产品的产量，比如工厂大量生产。此时，供给曲线水平，因此产品的价格由供给量客观（即沿着所投入的成本）决定。

这样，阿尔弗雷德·马歇尔就通过需求曲线和供给曲线，将对需求和供给影响很大的因素在线上表示出来。

需求曲线和供给曲线

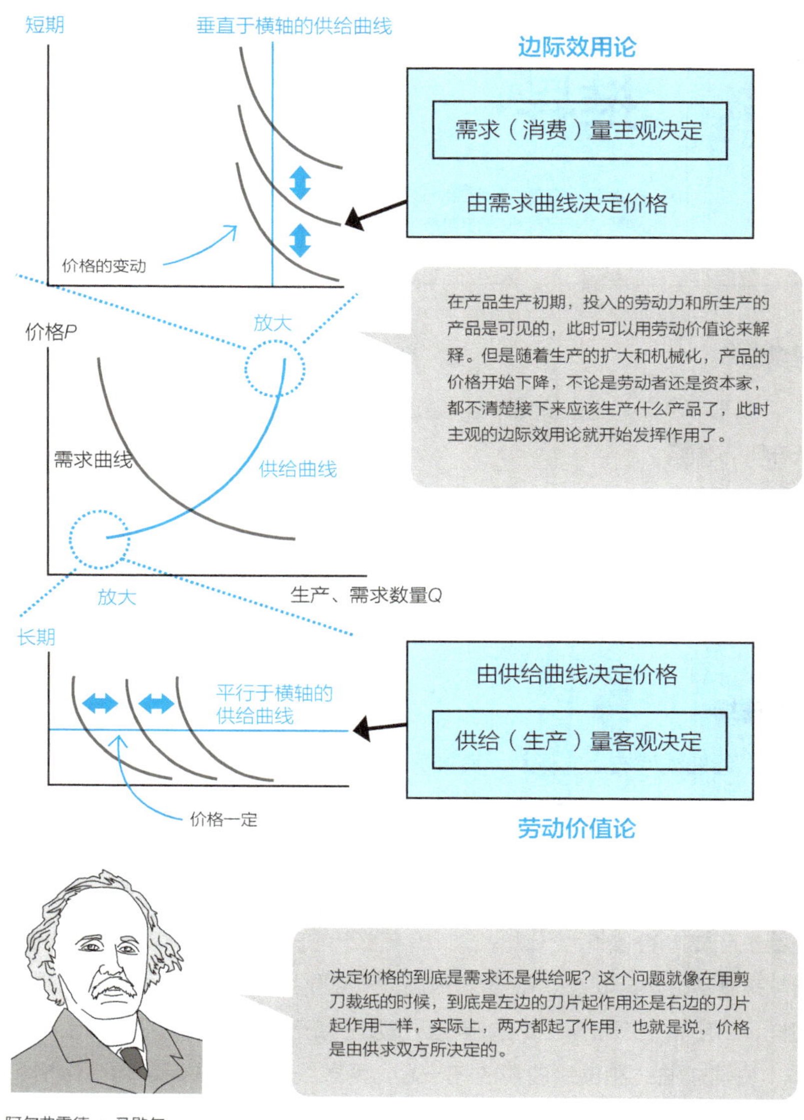

决定价格的到底是需求还是供给呢？这个问题就像在用剪刀裁纸的时候，到底是左边的刀片起作用还是右边的刀片起作用一样，实际上，两方都起了作用，也就是说，价格是由供求双方所决定的。

阿尔弗雷德 · 马歇尔
（英国人，1842 ~ 1924）

需求曲线和供给曲线的推导

边际革命之后，数学推导被大量引入理论经济学，其中边际效用和边际生产率对于价格形成机制的作用的分析，成为微观经济学分析的先驱。

需求曲线

如第 3.9 节所分析的那样，通过对效用的分析，可以导出需求曲线，向右下方倾斜。

以蛋糕为例，第一个蛋糕所带来的效用非常大，从第二个蛋糕开始，效用逐渐降低，随着蛋糕数量的增加，边际效用越来越低。如果考虑市场上的所有消费者，对于每一单位商品所带来的效用加总所形成的曲线，就是需求曲线。

供给曲线

供给曲线向右上方倾斜，其推导也采取边际的方法进行。

考虑一个面积不大的小蛋糕店，随着蛋糕师傅的增加，蛋糕的产量也会增加。但是，蛋糕的产量并不会一直增加。当蛋糕师傅增加到 10 人、11 人的时候，由于店铺面积有限，再增加一个人，蛋糕产量反而会下降。可见，随着生产成本的增加，产量的增加却停滞不前，也就是边际成本递增，即随着越来越接近边际状态，每增加一单位产品的生产，其生产成本越来越高。同样，将所有生产者所生产的蛋糕数量加总所形成的曲线，就是供给曲线。

将需求曲线和供给曲线放在一起，两条线的交点决定了均衡价格和均衡数量。在均衡价格以上，需求曲线以下的部分，即为①消费者剩余（效用减去价格），而均衡价格以下，供给曲线以上的部分，即为②生产者剩余（价格减去生产成本）。当社会全体的总剩余等于社会总收益时，达到均衡。

需求和供给

需求曲线

蛋糕的消费	第1个	第2个	第3个	···	最后一单位（边际）
效用（满足度）	最高	高	有所下降	→递减→	0
价格	500日元	450日元	400日元		0

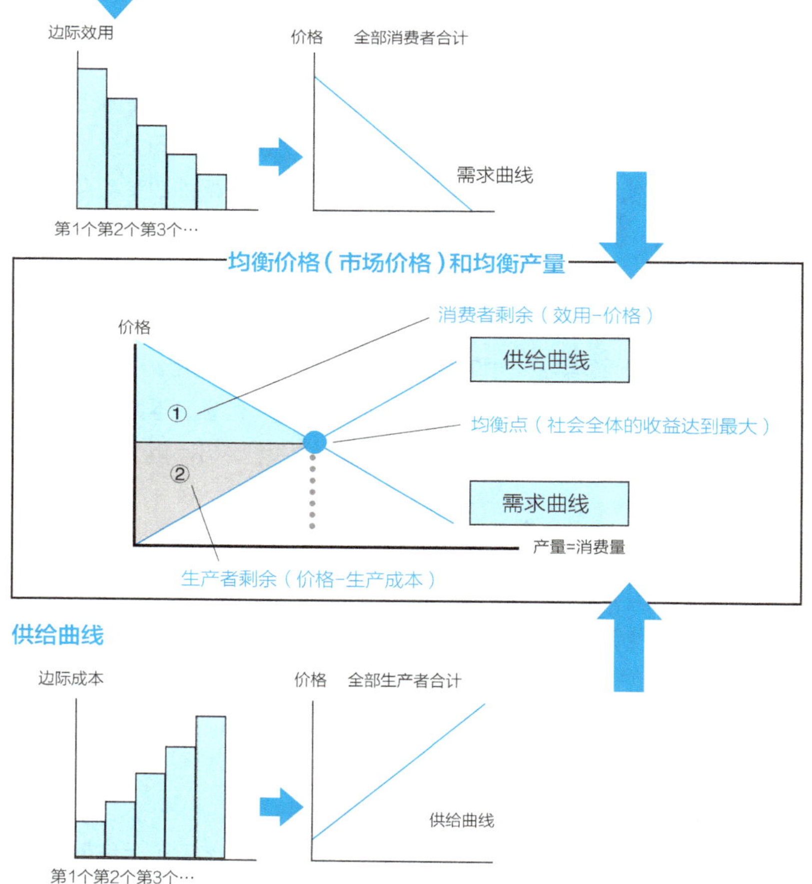

蛋糕的生产	第1个	第2个	第3个	···	最后一单位（边际）
每单位利润	最高	高	有所下降		0
每单位成本	200日元	250日元	300日元	→递增→	等于定价

美国的繁荣

第一次世界大战成为美国经济发展的契机，世界经济中心随之由伦敦转向纽约，大生产和大消费的时代拉开帷幕。

20 世纪 20 年代，美国迎来了经济的空前繁荣时期。沃伦・甘梅利尔・哈定、约翰・卡尔文・柯立芝和赫伯特・克拉克・胡佛三位美国总统，在执政的十二年间，实施了自由放任政策，同时还采取大企业保护政策和保护性高关税政策。在第一次世界大战期间，美国总统提出了“回归常态”的标语。1914 年美国是一个有 35 亿美元外债的债务国，而战争之后，到 1919 年，美国摇身一变成为一个有 125 亿美元债权的债权国。

从 1921 ~ 1929 年，美国的 GNP 从 820 亿美元，增至 1040 亿美元；从 1919 ~ 1929 年，美国的工业产值（包括石油、化学、电力、机械工业等）增加了 64%；从 1923 ~ 1929 年，美国的失业率平均控制在 3.9%，达到史上最低水平。

美国经济增长的动力主要来自以下三个方面：（1）汽车和机械产业的发展；（2）建设的繁荣；（3）海外投资和对外贸易的增长。特别是在汽车制造业中，还产生了“福特主义（Fordism）”这样的提法，即由于福特公司使用传送带进行流水线操作从而产生的有效生产方式，以及引入对劳动力的科学劳务管理，由此迎来了大生产和大消费的时代。

胡佛总统（执政时间：1929 ~ 1933）在 1929 年 1 月的演讲中，针对 20 世纪 20 年代美国的繁荣，说了下面这段话。

“今天，我们美国人在与贫穷的对决中，取得了比历史上任何国家都大的胜利，并将逐渐迎来对贫穷的最终胜利。……完全消灭贫穷的日子指日可待。”

美国的繁荣时代

我们将逐渐迎来对贫穷的最终胜利!

赫伯特 · 克拉克 · 胡佛
美国的第 31 任总统
（执政时间：1929 ~ 1933）

美国20世纪20年代的繁荣……

1920年美国成为全球首个开始电台广播的国家

1927年美国人查尔斯・奥古斯都・林德伯格成功实现了独自一人横跨大西洋不着陆飞行

1928年迪斯尼动画《米老鼠》诞生轰动全球

1929年纽约帝国大厦竣工（地上共102层，高达449米）

◦ 汽车产量

1920年222万台 →1929年535万台

◦ 家庭电气化率

1921年16%→1929年70%

（其中，80%是电熨斗，25%是洗衣机）

◦ 广播普及率

1929年40%→1940年80%

1926 年汽车登记数量（单位：万台；《近代国际经济要览》，东京大学出版社）

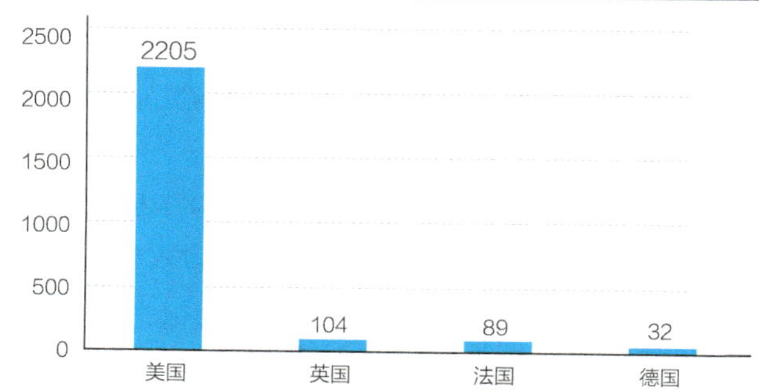

恐慌的发生

工业革命之后，各工业国家在十年间都经历了繁荣和萧条的经济周期循环，但是全球经济大萧条的规模和范围实在太大了，以至于通过市场机制已经不能自行恢复到正常水平。

黑色星期四

美国的繁荣在 1929 年 7 月达到顶峰。之后，工矿业生产指数以及钢铁的产量和货物运输量都开始下降。

另一方面，股票市场过度繁荣，1929 年 9 月股票价格指数达到了史上最高纪录。股票市场表现与现实经济运行情况严重偏离。

同年 10 月 24 日，以“黑色星期四”为起点，股市暴跌。一周后的 28 日，道琼斯指数暴跌了 13%，仅这一周的损失，就达到当年政府预算的 10 倍以上，即 300 亿美元。在之后的四年间，股票下跌了 88%，GDP 下降了 46%。很多企业因为资金周转不灵而陷入破产、销量不振和裁员的风暴中。自杀者和破产者越来越多，美国的经济在“一夜之间”崩溃了。

波及全世界

美国所发生的经济恐慌，很快就波及全世界。其对于欧洲国家、日本特别是德国的影响非常大。在第一次世界大战后，由于德国的战争赔款，形成了欧洲国家与美国之间的贸易的繁荣，但是资金流却因经济恐慌而发生了逆转。

“随便扔个石头都能砸到失业者”这句话，并不是玩笑。当时各国经济都岌岌可危，其中受打击最大的是德国，其工业产值降低了 40%，失业率超过了 30%。由于没有有效的对策，萧条逐渐演化成大恐慌。

美国的繁荣被蒙上阴影：大恐慌

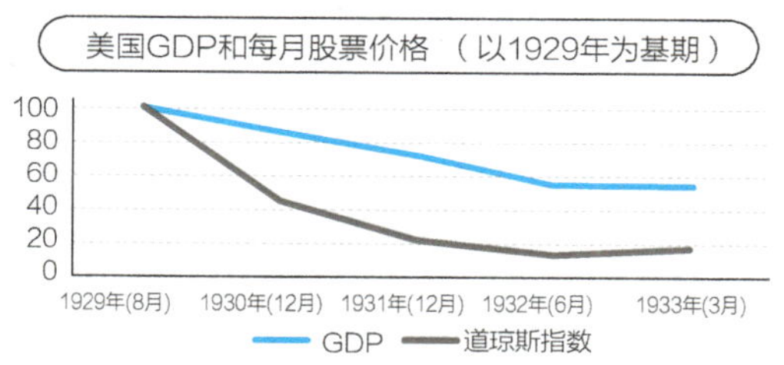

（出处：菊池英博《纽约道琼斯平均30种工业价格指数 超长期月度图表》）

对欧洲的影响

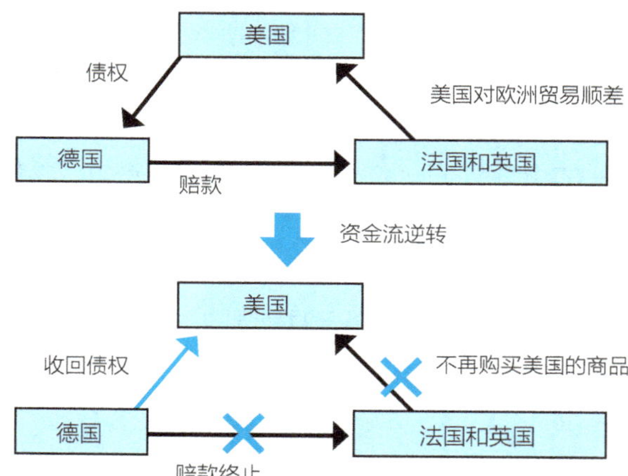

由于美国收回对德国的贷款，因此德国无法支付对英法的战争赔款，受此影响，英国和法国不再从美国购买商品，最终导致了美国贸易的萧条。

部分受影响国家的失业人数和工业生产值变化

		美国	英国	德国	法国	意大利
失业人数/万人	1925年	145	123	66	1	11
	1933年/%	1283（24.9）	252（21.3）	480（26.3）	31	102
工业生产值变化	1932年（1929年=100%）	−46%	−16%	−47%	−28%	−33%

苏联的工业生产值
苏联
+83%

（出处：滨岛书店《最新图说政经》，山川出版社《详解世界史B》）

经济管制和金融管制

米尔顿·弗里德曼说："美国的萧条之所以会最终造成全球性的经济恐慌，是因为美联储货币政策的失误，即金融紧缩向金本位制世界的波及。"

经济管制

世界各国应对大萧条的政策是在本国实施"保护主义"。1930 年，美国出台了《斯姆特 - 霍利关税法》（Smoot-Hawley Tariff Act），根据这个法律美国的平均关税高达 40%，各国出口到美国的商品数量急剧下降。1932 年英联邦对其他国家封闭，法国也采取了同样的政策。在经济封锁区内，经济联系密切，但是在封锁区之外，各国的商品或者禁止进口，或者限制进口，或者需要收取高关税。

由于采取了这些政策，世界工业生产值下降了 30%，世界贸易下降了约 65%。由于日本的出口贸易主要依赖于对美国的生丝出口，因此仅在两年间，日本的出口就减少了一半，国民收入也减少了 23%，农民逐渐无法养活生计。

美国的经济政策

1930 ~ 1933 年间，美国国内有 9096 家银行倒闭，占当时整个美国银行数量的 44%。1933 年 3 月，美国的银行停止了业务。之后，政府出面开始挽救银行业，各个银行在美联储的监督下，开始恢复信用。

另一方面，美国开始实行金融管制。1921 年美国只有为数不多的几家投资公司，到 1927 年初，投资公司的数量已经达到 160 家，当年年末则增加至 300 家。

各国实施的“保护主义”

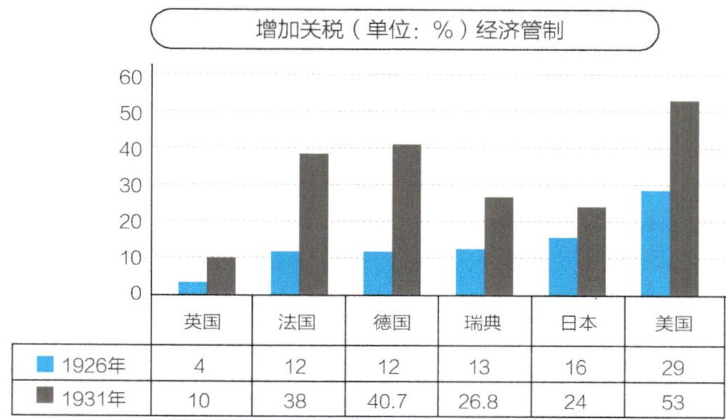

	英国	法国	德国	瑞典	日本	美国
1926年	4	12	12	13	16	29
1931年	10	38	40.7	26.8	24	53

（出处：帝国书院《最新图说世界史》2011年版）

各国在关税上涨上争先恐后！

美国的经济政策

1927年　《麦克法登法案》（McFadden Act）

国民银行不得设立跨州的分支机构

在自由经济下，分散权力，解除金融集中的危害

1933年　《格拉斯-斯蒂格尔法案》（Glass-Steagall Act）

银行和证券分业经营，设置存款利率上限

商业银行的主要业务是以高利率吸引存款，再以高利率将资金贷出。但这会存在一些风险，为了避免风险，政府出台了这个法案。另外，此法案通过对商业银行和证券公司业务的严格划分，抑制了过度投资行为。

三个管制

（1）存款利率管制　（2）经营地域管制　（3）业务范围管制

高桥是清的经济政策

理查德·斯梅瑟斯特（匹斯堡大学）：“高桥是清拯救了大萧条时期的日本，即使在其他国家的经济史学家中，他也非常知名。”

受世界经济危机的影响，日本出口剧烈减少，出现了“昭和恐慌”，日本国民收入剧烈下降。

假设 1929 年日本国民收入为 100，到次年此数据降至 81，1931 年继续下降至 77。

大学毕业生（当时的升学率只有 1%）的就业率降至 30%。电影《我毕业了，但……》和小说《二十四只眼睛》都对此现象进行了刻画。

对此，高桥是清采取了之后凯恩斯主义学派所说的经济稳定政策。面对 20 世纪 30 年代初的世界经济危机，日本成为最早脱离危机的国家。

高桥是清在 1931 年 12 月就任日本大藏大臣（财政部部长）后，即刻脱离了金本位制，开始实行日元贬值政策（从 1 美元 =2.04 日元贬值为 1 美元 =5 日元），这样货币供应量就得以增加，利率下降，到 1932 年夏，日本开始大规模发行国债，实行财政赤字政策。

这些经济刺激政策逐渐开始奏效，日本的出口、内需、生产都扩大了，民间的设备投资也大幅上升。1932 ~ 1936 年，日本的实际国民生产总值（GNP）年增长率为 6.1%。1932 ~ 1935 年的四年间，日本的通货膨胀率控制在 2.1% ~ 2.21% 之间。最终，高桥是清的经济政策，有效地拯救了大萧条时期的日本。

在其经济政策取得了成功后，高桥是清准备转变政策。为了维持经济的平稳增长，他控制国债发行，压制军事支出，准备推行鼓励出口政策。但是，这引起日本军部的不满，1936 年日本爆发了“二二六兵变”，高桥是清被暗杀。“二二六兵变”之后，日本走向了军备扩张的道路。

大藏大臣高桥是清的经济政策

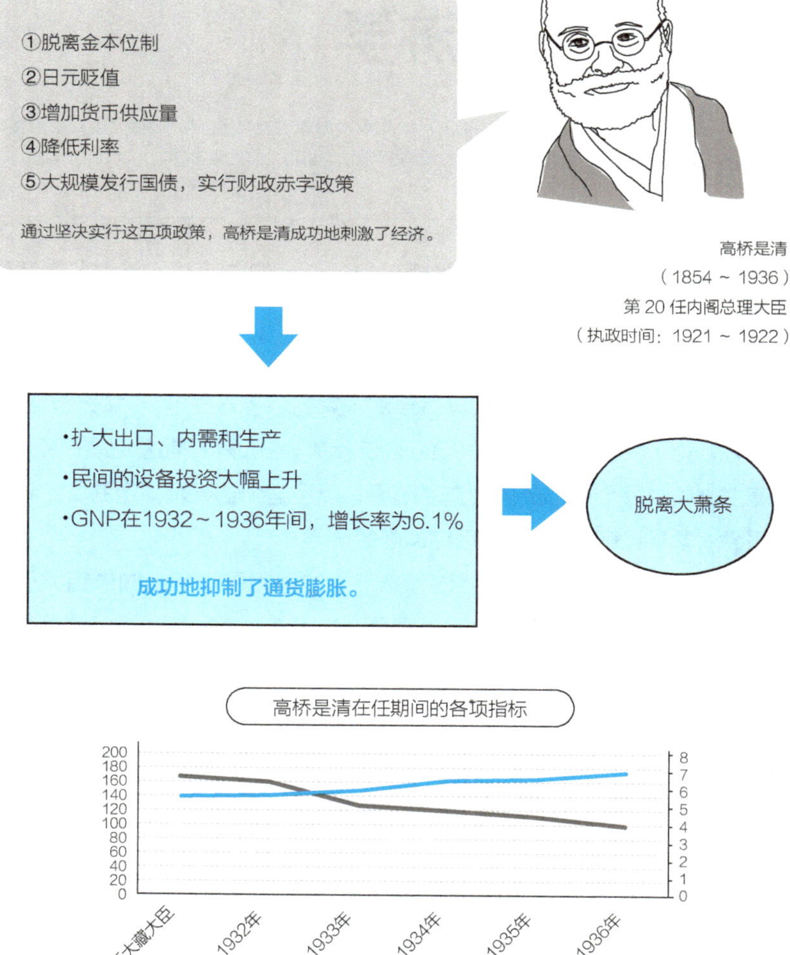

（出处：荒川宪一《战争与经济：20世纪20年代日本的生产力增长问题》，防卫研究所纪要，第5卷第2号）

新古典学派

凯恩斯革命前的新古典学派经济学

凯恩斯（英国人，1883 ~ 1946），创建了宏观经济学理论体系，是20 世纪最重要的经济学家。这一节将介绍在他登场之前的经济学。

在当时的经济学界，新古典学派一枝独秀。如前所述，新古典学派的主要观点是需求曲线和供给曲线所形成的市场机制，需求等于供给时，决定了均衡价格，按照这个价格进行交易的话，不论是消费者还是生产者的利益都能达到最大化。可见，新古典学派经济学家的思考方式是，“每个人都基于利己心，为了使自己利益最大化而理性行动，当所有人都这么做的时候，就会产生一种对每个人都最优的交易结果，而且这个结果是稳定的”。新古典学派经济学参见第 3.10 节，后称微观经济学。

根据新古典学派的观点，经济萧条产生的原因是市场上的供给大于需求，这样商品的价格就会下降，产量也会随之下降，于是产生了经济萧条。

而解决经济萧条的方式，是交给市场机制。只要有足够的时间进行调整，市场机制一定会使市场上所有需求与供给达到一致。因为商品价格下降，供给就会减少，那么供给过剩的问题就会逐渐得到缓解，价格的下降也会最终停止。由于市场机制的作用，经济萧条问题最终会得到解决，失业者又能找到新的工作。

但是，这个时间究竟是多长并不知道，可能需要很长的时间。因此，凯恩斯对此进行了批判，他的名言是：“从长远看，我们都死了。”凯恩斯虽然使用了古典学派经济学的一些理论工具，如“理性”“需求和供给”“市场机制”，但是其所推导出的结论却截然不同。

凯恩斯的“流动性偏好”理论完全颠覆了古典学派经济学的思维方式，即下页（1）、（2）、（3）所示。这就是让年轻的经济学研究者着迷的“凯恩斯革命”。

（1）新古典学派经济学的均衡理论

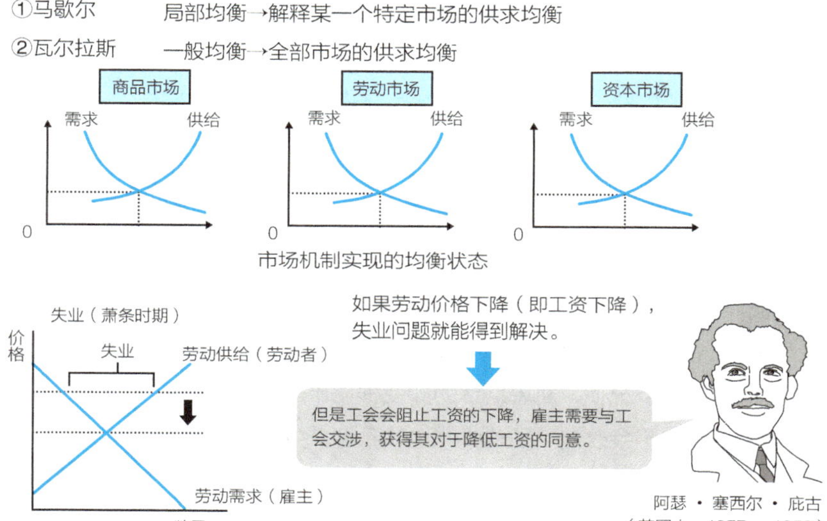

（2）萨伊定律“供给创造需求”→供给 = 需求

萧条期→不稳定→消费减少、储蓄增加

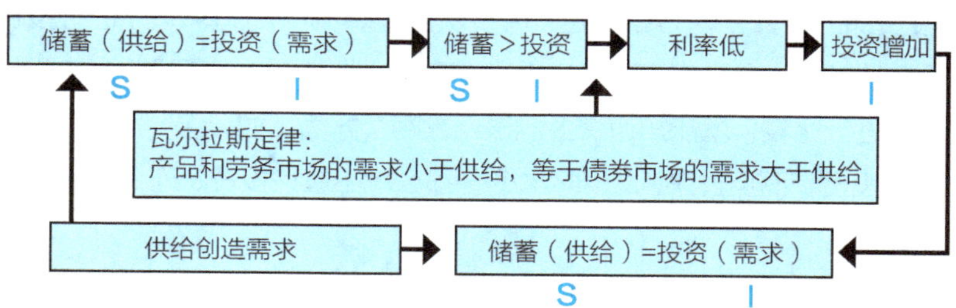

（3）货币数量论

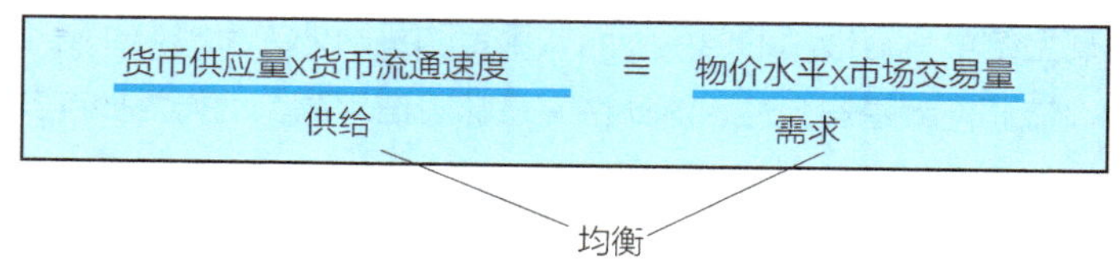

流动性偏好（1）

凯恩斯："当利率降到极低的程度时，人们不再愿意持有债券，而更愿意持有现金，由此产生了流动性偏好。"

凯恩斯主义经济学的关键词是"流动性偏好"，而其关键所在是，凯恩斯在分析时，采取了古典学派的思维方式，即理性行为。

失业，从本质上来说是劳动市场的供给（劳动供给）大于需求（劳动需求）。在这种情况下，凯恩斯认为即使根据市场机制让工资下降，供给大于需求的情况并不会改变，因此失业也就不会减少。

一旦经济进入萧条，那么对劳动的需求就会下降。劳动需求量是由预期需要生产的商品数量决定的。这些商品包括两类：①消费品，比如每日需要消费的面包；②投资品，即未来用于消费的商品。消费品对于消费者来说是必不可少的，因此其产量不会有太多的变动。问题是投资品，即以备未来所需所生产的商品数量。

投资品的产量由两方面决定：Ⓐ投资所能获得的利润率（即进行投资所获得的收益）；Ⓑ利率（即存在银行所获得的收益）。对于经营者来说，将Ⓐ和Ⓑ进行比较，就能知道资金应该用在哪个方面。如果Ⓐ>Ⓑ，那么就应该进行投资，而反过来，如果Ⓐ<Ⓑ，那么就不应该投资，而是把钱存起来更好。

利率就是放弃流动性的报酬。货币（现金）不论什么时候，不论在哪里，不论从哪里获得，都具有流动性。按照流动性的高低顺序，应该是现金>债券和股票>不动产，土地的流动性极低。如果是货币的话，不论是谁都愿意接受，用现金结算具有最高的信用。而如果是购买国外的土地，交易不可能立即完成。流动性就是安全性，流动性高意味着信用高，而作为抛弃安全的代价，其报酬一定是超过利率的。

劳动需求由商品的产量决定。而产量增加，意味着商品生产的利润率高于利息。

约翰 · 梅纳德 · 凯恩斯
（英国人，1883 ~ 1946）
经济学家
主要著作：《就业、利息和货币通论》

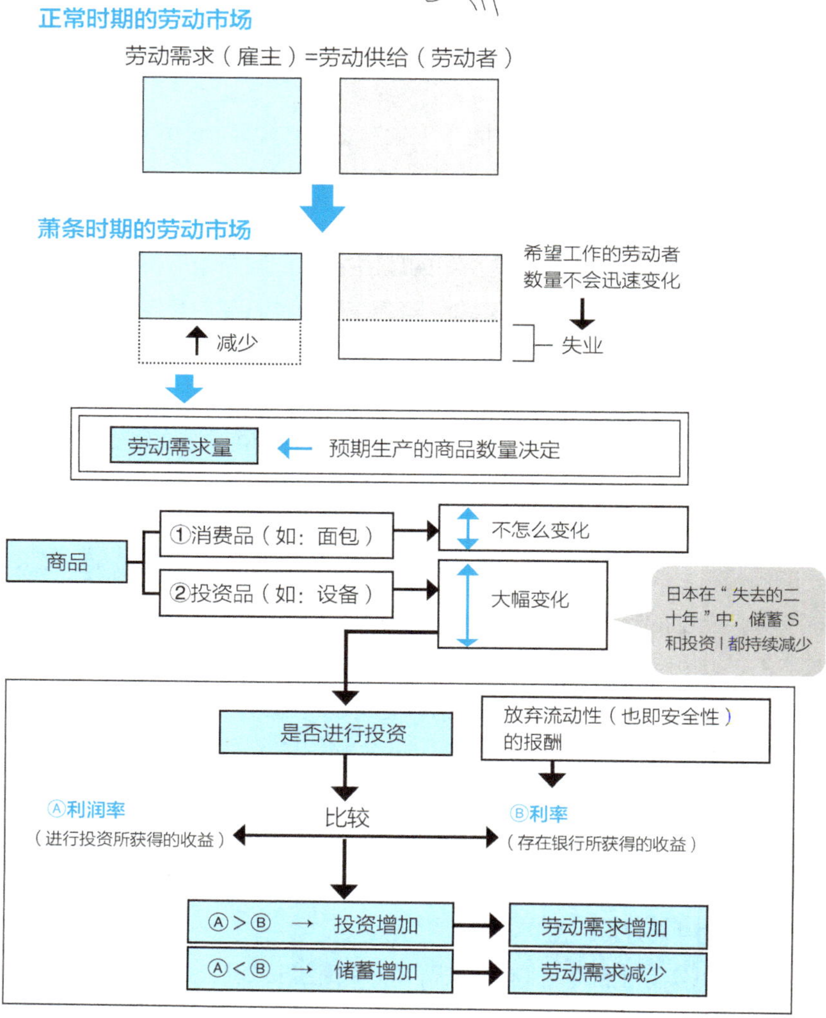

正常时期的劳动市场

劳动需求（雇主）=劳动供给（劳动者）

萧条时期的劳动市场

减少

希望工作的劳动者数量不会迅速变化

失业

劳动需求量 ← 预期生产的商品数量决定

商品
- ①消费品（如：面包）→ 不怎么变化
- ②投资品（如：设备）→ 大幅变化

日本在"失去的二十年"中，储蓄 S 和投资 I 都持续减少

是否进行投资

放弃流动性（也即安全性）的报酬

Ⓐ利润率（进行投资所获得的收益）← 比较 → Ⓑ利率（存在银行所获得的收益）

Ⓐ>Ⓑ → 投资增加 → 劳动需求增加

Ⓐ<Ⓑ → 储蓄增加 → 劳动需求减少

流动性偏好（2）

凯恩斯："流动性偏好的绝对化这种极限状态虽然从长期来看是非常重要的，但是至今，我还没有遇到这种例子。"

人们是否持有现金（流动性），这种选择被称为流动性偏好。从长期来看，人们不愿意持有货币（现金），流动性偏好下降。但是，问题是未来是不确定的。

古典学派认为，人们持有货币的理由在于①交易动机（即为了买东西而持有货币）。货币作为交易媒介，其存在是为了消费，不存在对货币无休止的持有。以此为前提，在不需要购买东西的时候，将其中一些货币购买可以生息的债券或者股票等，这就是萨伊定律。

按古典学派的观点，利率是由货币供求双方均衡决定的。人们在比较货币的使用效率（即其所带来的满足感）的基础上，决定货币是在今天使用（消费），还是在未来使用（储蓄）。如果假设货币将被全部使用，那么利率的调整将最终使得储蓄 S= 投资 I。同时，利率的调整也将使得总供给 Y 能够满足全部的市场需求（从储蓄方面来看，是 C+S；从投资方面来看，是 C+I）。也就是说，利率将自由调整，最后使得市场达到均衡状态。

凯恩斯认为，货币需求是由流动性偏好决定的。人们之所以有流动性偏好（即选择持有现金），除了以上所说的交易动机外，由于未来的不确定性，还有以下两个动机：②为了防止临时支出的防御动机；③为了抓住有利的债券购买机会而持有货币的投资动机。作为一个理性的人来说，不仅应该考虑现在，更应该考虑未来，因此萧条一旦出现，人们的不安就会增加，从而提高流动性偏好。

但是，实际上还存在这种情况，如"不论怎么说，如果什么商品都不需要，就持有货币吧"，或是"单纯的贪恋货币"之类。这种流动性偏好可以看成是妨碍市场均衡的一个楔子。

萨伊定律无法成立！

收入
用于消费C
用于储蓄S
购买债券（借贷出去）S
流动性（持有现金）
投资 I
萧条→对未来的不安增加
减少购买债券 S
流动性　增加
投资 I
债券购买 S＜投资 I＝利率上升
投资 I　减少
需求减少 → 供给减少
=均衡值下降（GDP减少）
“供给产生需求”的萨伊定律无法成立！
均衡时
消费 C
储蓄 S
投资 I
萧条时消费 C 减少，储蓄 S 增加
C
S
I
古典学派
储蓄增加→利率下降→投资增加
凯恩斯
储蓄减少→流动性偏好→利率上升→
投资减少→均衡值下降（失业状态）
C
S
I
C
S
I
流动性偏好
假设收入必须全部支出
总供给=总需求　萨伊定律
因为存在流动性偏好
萨伊定律无法成立

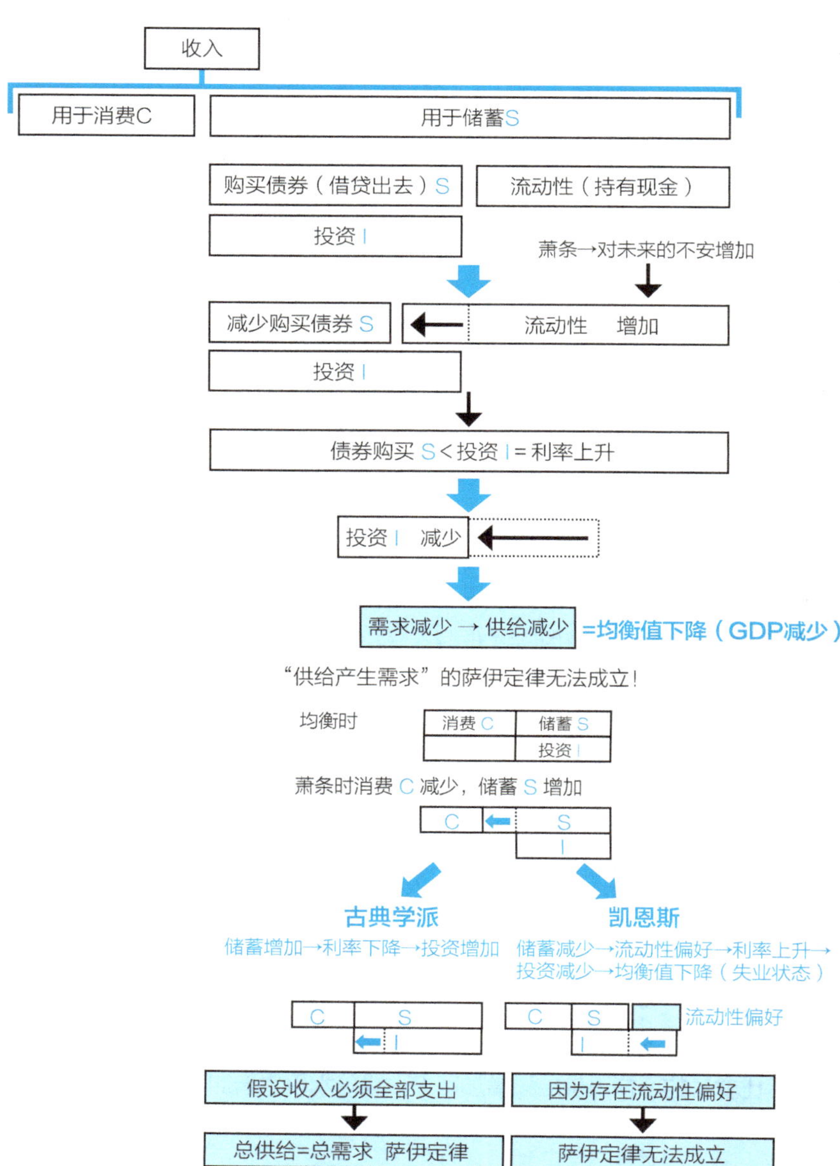

流动性偏好（3）

岩本康志（东京大学）：“当利率降到非常低的状态时，任何货币供应量的增加对于实体经济都不产生任何影响，这种状态被称为流动性陷阱。”

虽然凯恩斯将萨伊定律简化为“供给创造需求”，但是其本来的意思是“所有货币的超额需求之和恒等于零”。大卫·李嘉图等古典学派经济学家假定，收入完全用于商品的消费。

但是，瓦尔拉斯定律认为，“所有商品的超额需求之和恒等于零”，在这里，商品既包括货币，也包括债券和劳动等。即使货币市场不能达到均衡（即萨伊定律无法成立），包括债券市场和劳动市场等在内的整个市场最终还是能达到均衡的。因此，即使货币和劳动供给过剩（或者说需求不足），在另一方面，会引起债券的需求超过供给，利率下降。马歇尔等新古典学派学派经济学家将此称为萨伊方程式。

那么，古典学派的经济学家是怎么分析货币市场的呢？凯恩斯认为，古典学派经济学家认为货币仅具有交易动机（参见第 3.18 节），所有货币都将被用于交易，因此货币的供求经常处于均衡状态。

这种货币供求的分析方式，被称为货币数量论，即货币供应量 × 货币流通速度 = 物价水平 × 市场交易量。等式的左边是货币供应，右边是货币需求，货币市场一定能够达到均衡，也就是说，在货币市场中，不存在超额需求的情况，也即满足上述瓦尔拉斯一般均衡的假定。而且，在等式左边的货币流通速度和右边的市场交易量是由货币、劳动和债券市场所决定的，因此只有货币供应量和物价水平的变动，也就是说，货币供应量和物价水平应该是等比变动的，货币供应量增加两倍，物价水平也增加两倍。

瓦尔拉斯定律和萨伊定律

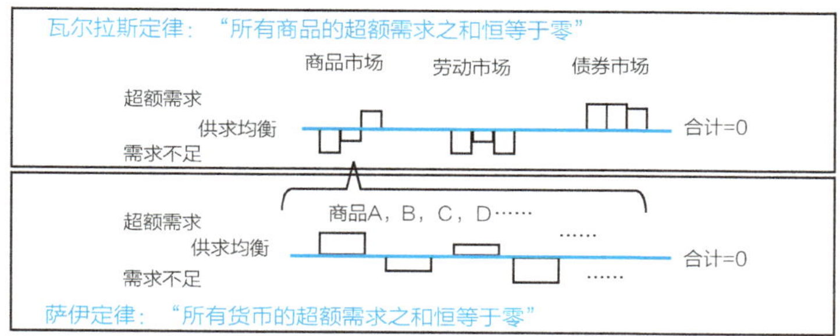

即使萨伊定律不成立，瓦尔拉斯定律也成立。在20世纪50年代，瓦尔拉斯的一般均衡理论得到了证明。

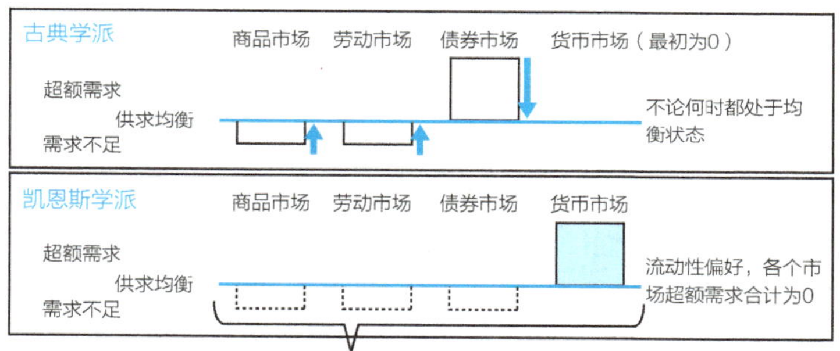

如果流动性偏好很高，那么要想所有市场都达到均衡，必然有某个市场存在需求不足（比如商品滞销、失业或利率很低）。

凯恩斯理论的总结《就业、利息和货币通论》

	古典学派	凯恩斯学派
就业	充分就业	可能出现失业
利息	利率在S=I时决定 为了实现均衡，利率会上下浮动	放弃流动性的报酬 均衡即使被破坏，利率也不会浮动
货币	与市场均衡没有关系 货币数量论	市场不均衡的最大因素 流动性偏好理论
一般理论	特殊论（个别情况下存在）	一般论（普遍存在）

凯恩斯革命4

宏观经济学的诞生

凯恩斯的财政政策和货币政策，是解决经济萧条的短期措施，当然，其也只能在短期发挥作用，因此不是长期经济增长理论。

劳动需求量是由投资所能获得的利润率和流动性偏好（参见第3.17节）共同决定的。但是，由于未来的不确定性，无法客观地计算劳动需求量。因此，市场调节机制就出现了问题。既然劳动需求量是不确定的，那么更难想象劳动需求与劳动供给之间的均衡。如果最后的结果是劳动需求小于劳动供给，那么就产生了劳动供给过剩，即失业。

为了应对不确定性问题，理性行动的结果是把持有货币作为价值贮藏的手段，这是利己的、理性的经济人面对未来的不确定性时应该做的选择。

每个人都采取理性行动，但是最终却产生了失业的问题，这是一个合成谬误（译者注：合成谬误是由萨缪尔森提出来的，指的是对局部说来是对的东西，对整体而言未必是对的。在经济学领域中，微观上对的东西，在宏观上并不总是对的）。

凯恩斯认为，本认为是理性的市场机制，也许在最开始就是一个有问题的体系。因为如果对经济体系进行总体分析的话，就会发现微观的市场运行机制是远远不足的，从整体的角度来分析问题即宏观分析，是非常必要的。宏观经济学由此诞生。

解决经济萧条的手段，除了考虑供给方面之外，还需要考虑需求方面。为了扩大需求，有两个手段：其一是中央银行对利率进行调整，即货币政策；其二是政府扩大投资（I），即财政政策。通过增加流动性和降低利率从而增加投资（I），是凯恩斯主义经济学的总需求（有效需求）管理政策，其规模是可以客观计算的。

凯恩斯在给当时美国总统富兰克林·罗斯福的信中，公开提出“政府采取积极的财政政策和宽松的货币政策的重要性”。

凯恩斯

我们对古典学派经济学的批判，并非对其全盘否定，而是在经济萧条时期，通过政府的政策，先实现充分就业，之后再发挥古典学派经济学的作用。

摘自《就业、利息和货币通论》概要

将纸币埋起来，再由企业挖掘出来进行公共投资，也比什么不做强。

经济萧条时，消费C减少，储蓄S增加

C　S　I

C　S　I　流动性偏好

货币政策（利率下降）

财政政策（公共投资）

解决萧条的货币政策

为了确保流动性，宽松货币政策，降低利率→投资增加
（增加货币流通速度保证市场交易量）

风险

流动性陷阱→货币政策无效

流动性偏好极高

每个人都将货币放在手中，货币流通速度为零

解决萧条的财政政策

政府增加投资，进行公共投资→总需求增加

乘数效应

政府投资增加→总需求（生产）以倍数增加
（乘数效应的计算公式）

1／（1−C）　C 即总收入中用于消费需求的比率

比如，总收入中60%用于消费，那么乘数为1/（1-0.6）=2.5倍，即总需求按政府投资增加额的2.5倍增加。

只是投资的边际效率越来越低，参见第 2.36 节图。

萨缪尔森

萨缪尔森（美国人，1915～2009），他将凯恩斯主义经济学与新古典学派经济学进行综合，并最终形成了新古典综合派。他的著作《经济学》至今仍然是经济学的畅销书。

在第二次世界大战之后，萨缪尔森的教科书就叫《经济学》，在全世界得到普及。凯恩斯的《就业、利息和货币通论》一书非常难懂，针对这一问题，英国经济学家希克斯借助 IS-LM 模型对之进行了模型化分析，其研究成果也被载录在萨缪尔森的书中。

沿着凯恩斯理论的道路，萨缪尔森认为，“对总需求进行管理，使得经济能够尽可能接近充分就业状态，而一旦实现充分就业，那么强调市场机制的新古典学派就复活了”。这就是新古典综合学派。

如果由于工资和物价的刚性，市场不能达到充分就业，那么凯恩斯的宏观经济理论就更适合用于经济分析；而如果通过财政政策和货币政策，市场已经达到充分就业状态，那么工资和物价的变动就会非常缓慢，此时新古典学派的微观经济理论就更适合用于经济分析。虽然其理论体系的完整性稍显欠缺，但是在 20 世纪 60 年代初，新古典综合派迎来了全盛时期。在实际经济运行过程中，美国肯尼迪总统的政权核心，都是新古典学派的学者。在大学教育中，微观经济学和宏观经济学都需要学习。一方面，学生们通过学习微观经济学（价格理论），被灌输将经济运行交给市场机制是最好的解决方式；另一方面，他们又需要学习宏观经济学，以便了解如果经济过度放任自由，会产生失业等问题，因此必须有政府的政策干预。

凯恩斯的有效需求如下。

Y（生产或供给）=C+I+G+EX-IM（支出或需求）。

其中，等式的右边并不是单纯的欲望，而是用数字表示的实际支出，即各个经济主体的需求。

IS 曲线

IS曲线 → 将商品市场（商品和服务）表示在图中

I=投资（Investment）　S=储蓄（Saving）

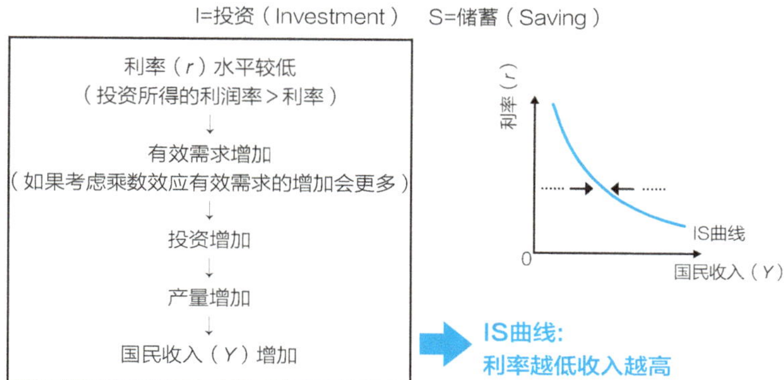

LM 曲线

LM曲线 → 将货币（金融）市场表示在图中

L=流动性偏好（Liquidity Preference）　M=货币供应（Money Supply）

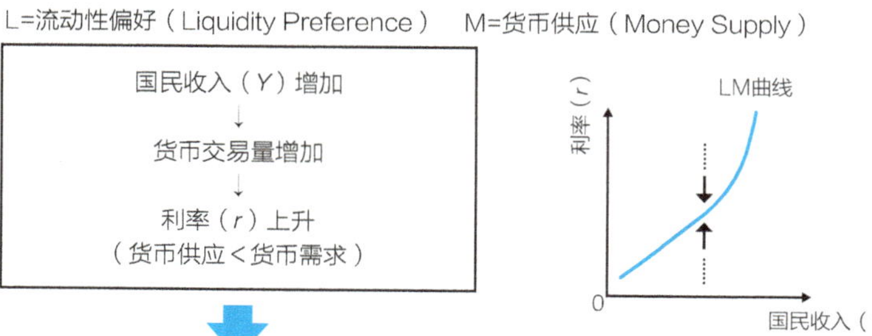

LM曲线：收入增加利率上升

IS-LM 模型

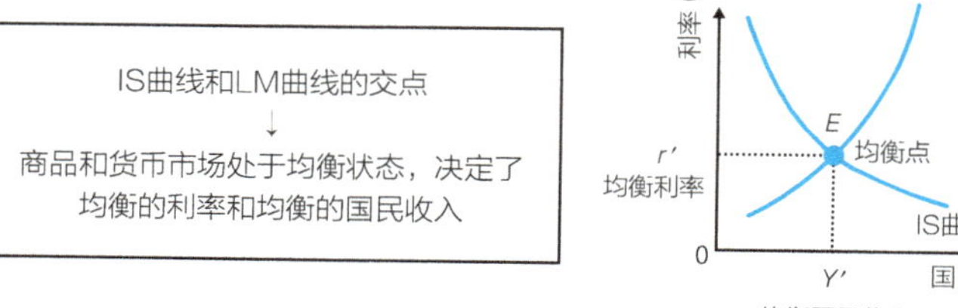

IS–LM 模型（1）

希克斯（英国人，1904 ~1989）将凯恩斯经济学用两条曲线表示出来，他的 IS–LM 模型是现代宏观经济学的基础。

希克斯将新古典学派经济学与凯恩斯主义经济学相融合。

1. LM 曲线

①新古典学派经济学成立的场合：在经济运行良好的时候，即充分就业时，国民收入 Y 一定，此时总供给等于总需求，LM 曲线垂直于横轴。

②凯恩斯主义经济学成立的场合：经济萧条时，流动性偏好很高。一旦进入大萧条，货币的调节不再起作用，进入流动性陷阱（参见第 3.43 节）。利率，即放弃流动性的报酬，LM 曲线永无止境地平行于横轴。

2. IS 曲线

①新古典学派经济学成立的场合：基于对未来经济情况会好转的预期，企业投资增加，IS 曲线向右上方移动。如果 LM 曲线是垂直于横轴的，那么利率就由 IS 曲线的位置决定。当储蓄等于投资时，利率得到确定。（参见第 3.18 节的萨伊定律）

②凯恩斯主义经济学成立的场合：基于对未来经济情况不会好转的预期，企业投资减少，IS 曲线向左下方移动。如果 LM 曲线是平行于横轴的，那么国民收入 Y 就由 IS 曲线的位置决定。当储蓄等于投资时，国民收入 Y 得到确定（第 3.17 节和第 3.18 节的流动性偏好）

这样，希克斯就用 IS–LM 模型，既分析了经济运行良好时的新古典学派经济学，又分析了经济运行不好时的凯恩斯主义经济学。

新古典学派经济学和凯恩斯主义经济学的融合

约翰 · 希克斯
（英国人，1904 ~ 1989）
他将凯恩斯主义经济学用 IS 曲线和 LM 曲线两条曲线表示出来，其在 1937 年构建的 IS-LM 模型，是现代宏观经济学的基础。

经济运行良好时

↓

新古典经济学成立

LM曲线垂直于横轴
由IS曲线决定利率（*r*）水平

经济萧条时

↓

凯恩斯主义经济学成立

LM曲线平行于横轴
由IS曲线决定国民收入（*Y*）

萨缪尔森非常仔细地分析了微观经济政策和宏观经济政策的前提条件。
今后也很难出现可以与他比肩的经济学家。

保罗 · 克鲁格曼
（美国人，1953 ~　）

IS–LM 模型（2）

IS–LM 模型是之后IS–MP 模型和IS–MP–PC 模型（参见第3.41 节）的基础。在2008 年金融危机爆发时，IS–LM 模型再次得到应用（参见第3.35 节）。

通过 IS–LM 模型，可以检验财政政策和货币政策的政策效果。

当政府采取扩张的财政政策时，公共投资会增加，IS 曲线因此向右上方移动（①→②），利率 *r* 由此上升。利率上升后，私人投资减少（挤出效应）。因此，IS 移动回到原来的位置（②→①）。而如果采取扩张的货币政策，增加货币供应，LM 曲线会向右下方移动（①→②），利率 *r* 下降。

如果考虑财政政策和货币政策组合，那么利率就不会发生变化，但是国民收入却大幅地增加了，均衡点从 *A* 点变为 *C* 点。将财政政策和货币政策组合考虑，也即总需求管理政策。

但是，这里的 IS–LM 模型没有考虑物价变动的情况，也就是说，IS–LM 模型是一个在物价没有发生变化时的短期分析模型。

在这里，必须有一个分析通货膨胀率的工具。萨缪尔森在其教科书中采取的解决办法，是描述通货膨胀率和失业率之间的关系，即菲利普斯曲线。菲利普斯曲线是基于 1862 ~ 1957 年英国长期数据制成的，它描述了这样一种关系：如果通货膨胀率高，那么失业率就低；反之，如果通货膨胀率低，那么失业率就高。

凯恩斯主义学派利用菲利普斯曲线，对宏观经济运行进行分析。控制通货膨胀和减少失业率之间的权衡问题，被简化为在这条曲线上找一个合适的点。如果希望实现低失业率，那么通货膨胀必然会发生。

总需求管理政策——财政政策和货币政策组合

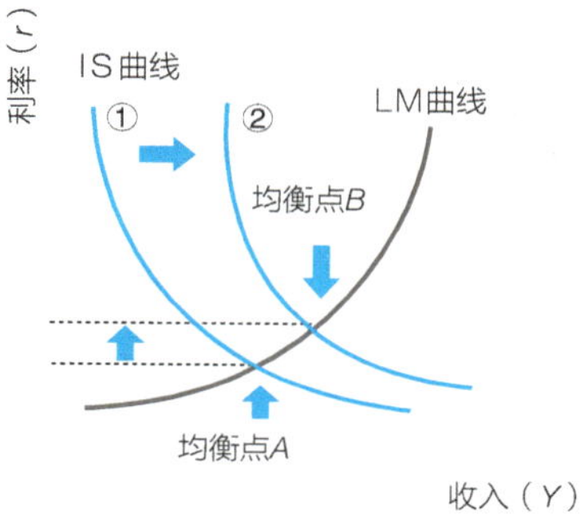

利率（r）
IS曲线
①
②
LM曲线
均衡点B
均衡点A
收入（Y）

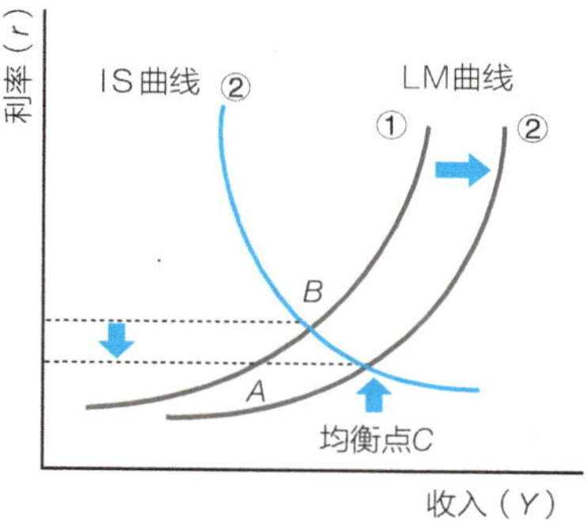

利率（r）
IS曲线 ②
LM曲线
①
②
B
A
均衡点C
收入（Y）

财政政策

公共投资增加
↓
IS曲线从①移动到②
↓
利率上升

↓

私人投资下降
↓
IS曲线从②移回到①

↓

货币政策

货币供应增加
↓
LM曲线从①移动到②
↓
利率下降

菲利普斯曲线

通货膨胀率
菲利普斯曲线
失业率

- 通货膨胀率高→失业率低
- 通货膨胀率低→失业率高

↓

控制通货膨胀和降低失业率之间的权衡取舍

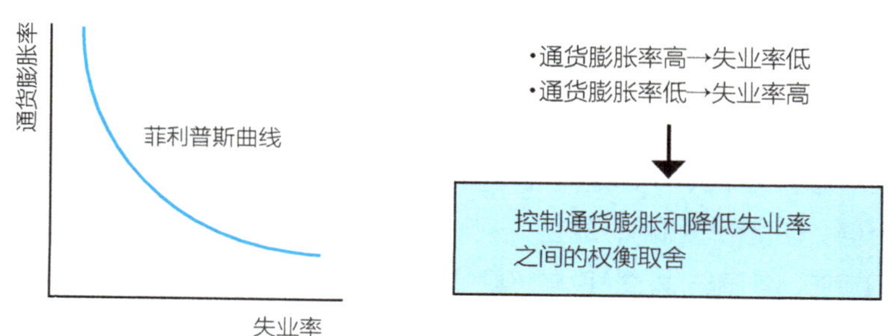

但是，这并不是理论，而是过去的实证经验。萨缪尔森将工资上涨率简化为通货膨胀率。

国际货币基金组织（IMF）和关税及贸易总协定（GATT）

作为反省“反对自由贸易政策”的结果，产生了国际货币基金组织和关税及贸易总协定。

在第二次世界大战中的 1944 年，44 个国家的代表召开了布雷顿森林会议。当时，全球货币实行金本位制。比如，假设日本向美国出口过多，美元就开始向日本方面流动。日本在获得美元后，便用于交换黄金。而对于美国来说，则产生了黄金的流出。黄金的数量就是美元的数量，因此对于美国来说，其国内就产生了金融紧缩。由于各个国家都不喜欢黄金流往国外，因此陆续开始取消金本位制。之后，各国更是大量发行货币。为了增加出口贸易，各国采取了两个政策：①货币贬值、②高关税的经济封闭政策（参见第 3.14 节）。最终，全球贸易减少了 65%。

之后，①为了稳定货币价格，设立了国际货币基金组织；②为了推行贸易自由化，达成了关税及贸易总协定。由此形成了 IMF/GATT 体系。

为了稳定货币的价值，美元开始成为世界货币。美国是当时世界第一大经济国，占世界矿业生产的 60%，贮藏的黄金达到世界的 70%，汽车产量占世界总量的 70%。通过美元与黄金挂钩而各国货币与美元直接挂钩来稳定币值。在货币危机时，成立了国际货币基金组织，而为了防止贸易保护主义的复辟，各国结成了关税与贸易总协定。贸易自由化是在对第二次世界大战的深刻反省之下推进的。

金本位制

- 以黄金为货币的价值基础的制度
- 各国的中央银行以黄金作为纸币发行的保证，黄金和纸币可以自由兑换

以英镑为中心的金本位制

1844年　英国发行银行券（以英格兰银行所存的黄金兑换英镑）

↓

英镑本位制一直运行到1914年
（1英镑=20.4马克=9.8日元=4.9美元=25.2法郎）

↓

1937年　所有国家放弃了金本位制

以美元为中心的金本位制

1944年　布雷顿森林会议召开→以美元为基础的金本位制复活

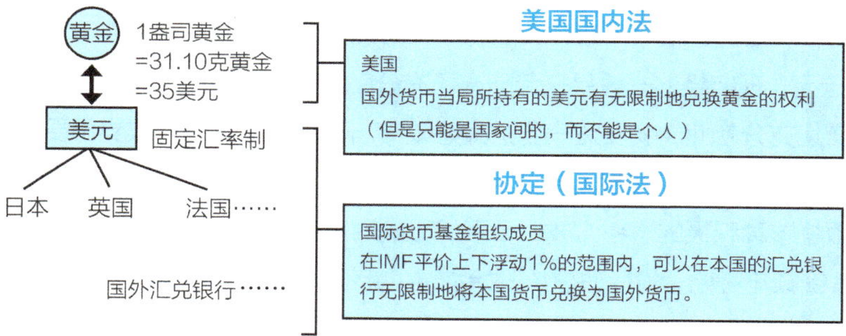

消除贸易不平衡的机制

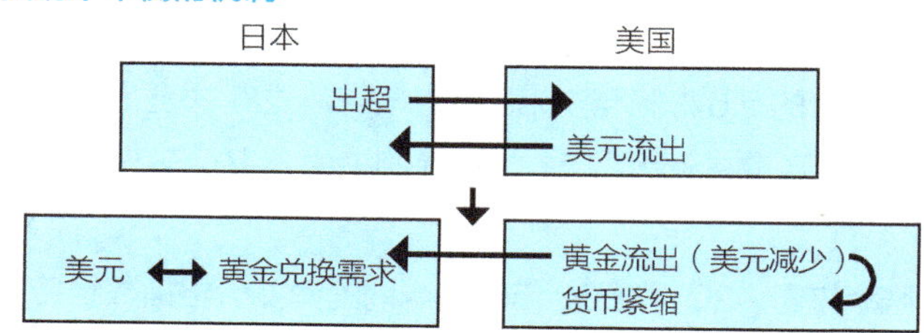

凯恩斯主义学派的全盛时期

在美国的黄金时期，约翰·加尔布雷斯在其1958年出版的《丰裕社会》中，对于财富的增加和普遍化会产生什么样的后果，提出了新的观点。

20 世纪 60 年代前半段，新古典综合派经济学达到全盛时期。但是实际上，肯尼迪政权逐渐开始支持凯恩斯主义学派（Keynesian）。他们所提倡的政策，如“通过积极的财政政策发展经济，最后实现充分就业”，被称为“新经济政策”（new economics）。

在肯尼迪总统的领导下，美国采取了积极的经济扩张政策（总需求管理政策），即通过积极财政政策的利用，实现充分就业的目标。

但是，现实经济一般是在劳动市场充分就业之前就达到了均衡。因此，为了实现充分就业，就要进一步扩大财政支出。也就是说，财政支出要进一步扩大到与充分就业时期所能达到的财政收入（潜在 GDP）同样的水平。政府根据这种积极的思考方式，采取扩张的财政政策。

1960 年开始，肯尼迪总统开始推进“新经济政策”，1963 年林登·约翰逊总统提出了“伟大社会”的计划。

得益于“新经济政策”的实施，美国 1962 年的实际经济增长率达到 6%，之后一直到 1966 年，都保持着 4% 的超高增长率。失业率也降低到 4% 以下，从 1961 年的 5.6% 降至 1965 年的 3.9%，之后失业率维持在 3% 左右，令人惊讶地达到了充分就业状态（在美国，失业率小于 5% 就是充分就业状态）。

从通货膨胀率来看，20 世纪 60 年代前半期的消费价格指数维持在 1% 左右，通货膨胀的抑制情况也非常好。

肯尼迪总统的“新经济政策”

通过积极的财政政策实现充分就业！

潜在GDP（充分利用美国劳动、资本和技术等经济资源所能生产的最大产量）

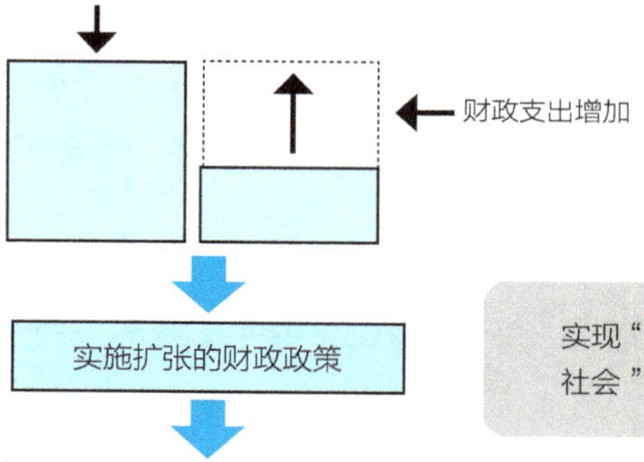

财政支出增加

实施扩张的财政政策

实现充分就业状态

约翰 · 费茨杰拉德 · 肯尼迪
第 35 任美国总统
（执政时期：1961 ~ 1963）

实现“伟大社会”！

林登 · 约翰逊
第 36 任美国总统
（执政时期：1963 ~ 1969）

20 世纪 60 年代美国的黄金时代

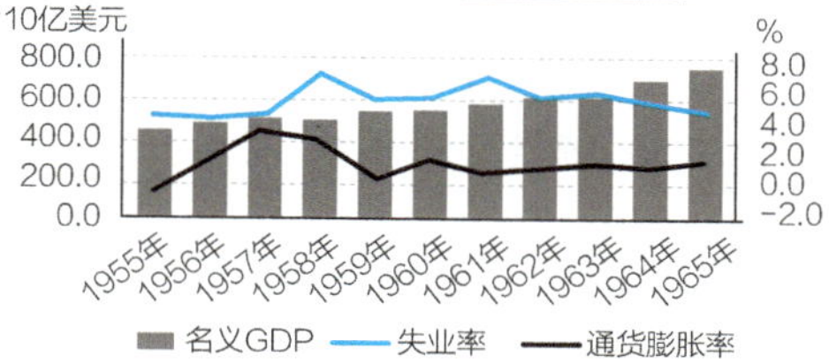

10亿美元
800.0
600.0
400.0
200.0
0.0

%
8.0
6.0
4.0
2.0
0.0
−2.0

1955年 1956年 1957年 1958年 1959年 1960年 1961年 1962年 1963年 1964年 1965年

名义GDP　失业率　通货膨胀率

（出处：美国经济分析局、美国劳动局）

1962年经济咨询委员会报告书可以看成是我们经济理论的宣言。这份报告书是我们在发展和反复提炼的凯恩斯经济学与新古典综合派经济学的基础上产生的。

20 世纪 60 年代美国的菲利普斯曲线

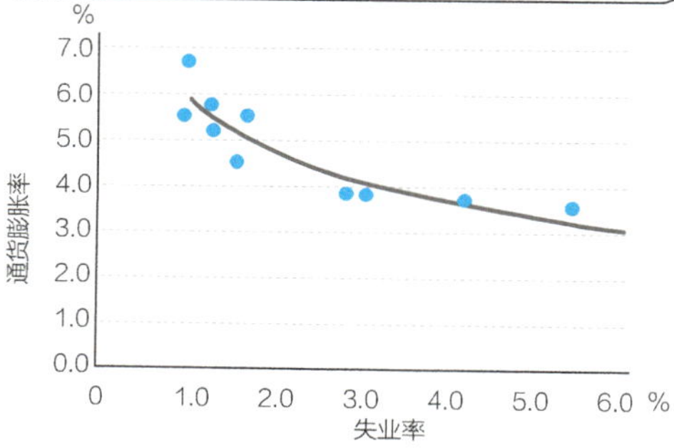

%
7.0
6.0
5.0
4.0
3.0
2.0
1.0
0.0

通货膨胀率

0　1.0　2.0　3.0　4.0　5.0　6.0 %

失业率

（出处：美国劳动局）

詹姆士 · 托宾
（美国人，1918 ~ 2002）

美元危机

美元危机之后，世界主要国家都关闭了外汇市场，而不知该如何应对的日本，则为了维持1美元=360日元的固定汇兑比例，继续开放外汇市场，购买美元。

在第二次世界大战之后，全球建立起国际货币基金组织和关税及贸易总协定体系（参见第3.24节），采取固定汇率制，规定1盎司黄金等于35美元，同时1美元等于360日元。

战后美国的发展，以及欧洲和日本的发展，迎来了“美式和平”（Pax Americana）时代。在这个时代，每个国家都希望拥有美元，并使用美元购买美国的商品。

但是，进一步思考就可以发现，全球贸易的扩大，意味着美元需求量的增加，因为美元作为世界货币，全球的交易都是以美元进行的。那么与世界经济发展相适应，对美元的需求量就必然会增加。

另一方面，从古至今（2013年），黄金的开采总量约为17万吨，仅仅只能装满约3.5个奥运会规格的游泳池（译者注：奥运会规格的游泳池大小为50m×22m×1.7m）。黄金的数量是一定的。

那么，随着所获得的美元数量的增加，各国逐渐开始质疑，手中的这些美元究竟是否能按照1盎司黄金=35美元兑换呢?

虽然规定的价格是1盎司黄金=35美元，但是在伦敦市场上，由于需求的增加，黄金的价格开始上涨。虽然美国联合德国、英国、法国和荷兰等七个欧洲国家，建立了黄金总库，试图抑制金价上涨，但是这一办法并不能持续。以法国宣布退出黄金总库为开端，美国的黄金储备剧烈下降，美元兑换黄金逐渐无法再持续下去。

1971年8月，尼克松总统忽然宣布停止美元兑换黄金，美元危机使得战后建立的布雷顿森林体系崩溃。之后，各国开始采取浮动汇率制，1973年美元与日元的汇率比例由1美元=360日元，变为1美元=260日元。

全球出口贸易额增加

全球出口贸易额（单位：10亿美元；1966年和1976年《贸易白皮书》）

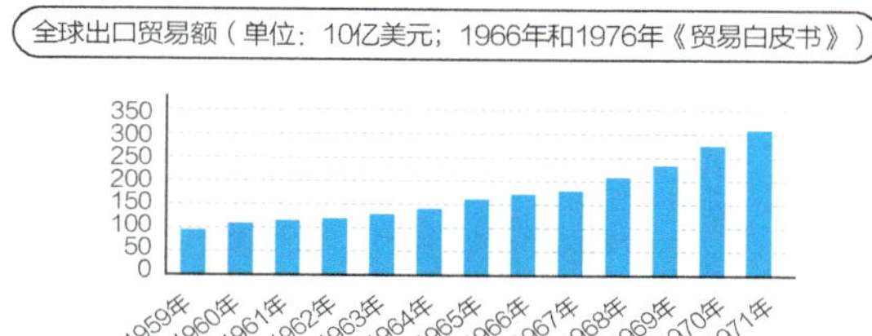

罗伯特·特里芬

美国活跃的经济学家

（比利时人，1911 ~ 1993）

美国的苦恼

⇨黄金余额减少，债务余额增加

美国黄金余额和短期美元债务余额（日本银行和国际比较统计）

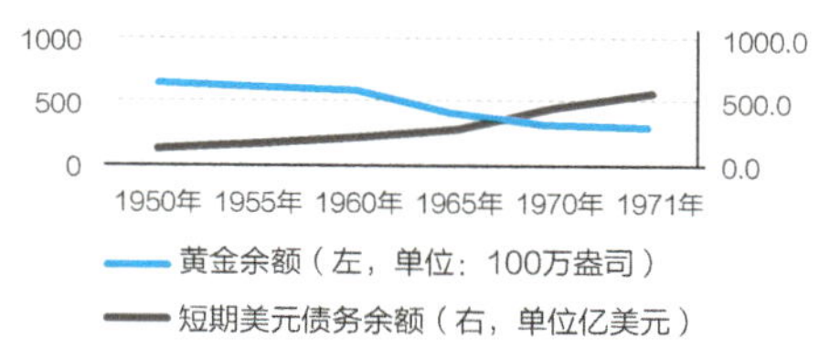

「特里芬两难」

美国国际收支赤字扩大⇨美元供给增加⇨美元信用下降

美国国际收支赤字降低⇨美元供给不足⇨全球经济增长率下降

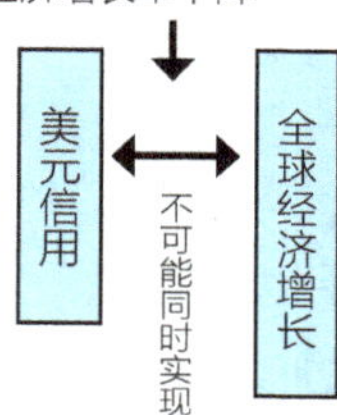

战后国际货币基金体系的崩溃

1971 年 8 月

停止美元与黄金的兑换！

理查德·米尔豪斯·尼克松

第 37 任美国总统

（执政时间：1969 ~ 1974）

美国国内法规定以黄金作为美元的发行保证

（参见第3.24节图）

布雷顿森林体系崩溃

走向浮动汇率制

总需求管理政策

高速成长的日本和联邦德国，经济规模逐渐扩大。之前的超级经济大国美国，其在全球经济的地位开始逐渐降低。

自 1965 年起，美国的通货膨胀开始成为问题，其所发生的原因有二。其一是在 1964 ~ 1968 年间，美国总统林登·约翰逊为了实现增加民众福利的“伟大社会”目标，产生了巨额的财政支出。为了实现他“向贫困开战”（war on poverty）的宣言，一项面向老年人、残障者和贫困者医疗保险的医疗扶助政策开始实施，为此政府的医疗支出从 41 亿美元飙升至 139 亿美元。

通货膨胀的原因之二是 1963 年开始的越南战争，由于需要投入 50 万人的地面作战部队，美国政府的财政负担更加沉重。

根据凯恩斯主义经济学的理论，如果存在失业，那么即使财政赤字，物价水平也很稳定。但是，到 20 世纪 60 年代中期，美国所有资源都处于充分就业状态。在充分就业时，政府增加财政支出只会导致通货膨胀。

政府采取需求扩张政策→利率上升→为了降低利率而增加货币供应量，因此如果社会上所有资源都达到充分就业状态，积极的财政政策会导致通货膨胀。

为了解决通货膨胀问题，美国采取了极端手段。首先，尼克松总统在 1971 年宣布美元危机的同时，宣布冻结工资和一些生产资料价格 90 天，并对进口品征收 10% 的附加税等政策。在整个 20 世纪 70 年代，美国政府一直在对价格和工资进行管制。价格和工资管制不得不一直持续下去，因为一旦解除管制，通货膨胀就会立刻死灰复燃。

美国的通货膨胀

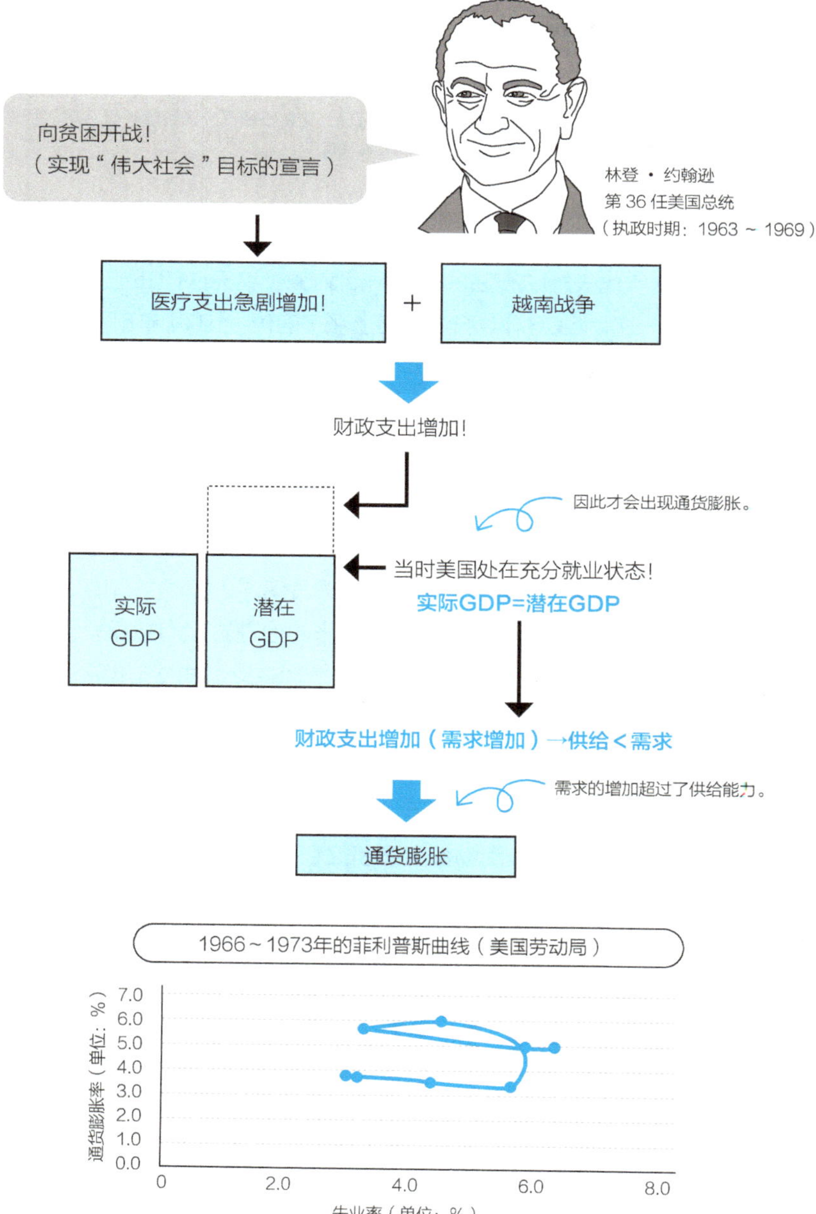
向贫困开战！
（实现“伟大社会”目标的宣言）
林登 · 约翰逊
第 36 任美国总统
（执政时期：1963 ~ 1969）
医疗支出急剧增加！
+
越南战争
财政支出增加！
因此才会出现通货膨胀。
实际
GDP
潜在
GDP
当时美国处在充分就业状态！
实际GDP=潜在GDP
财政支出增加（需求增加）→供给＜需求
需求的增加超过了供给能力。
通货膨胀
1966～1973年的菲利普斯曲线（美国劳动局）
通货膨胀率（单位：%）
7.0
6.0
5.0
4.0
3.0
2.0
1.0
0.0
0
2.0
4.0
6.0
8.0
失业率（单位：%）

滞胀

20 世纪70 年代开始，出现了滞胀现象，诸如投资低迷、进口价格上升、生产率提高缓慢和经济增长停滞等问题被表面化。

20 世纪 70 年代开始的石油危机（oil shock）给无法阻止通货膨胀的欧美国家以最后一击。1973 年，石油价格上涨了四倍。1974 年和 1975 年，美国经济负增长，1975 年的失业率达到战后最高值，为 7.5%。紧接着，1979 年，第二次石油危机再次袭击发达国家。1973 ~ 1986 年间，欧洲共同体国家的失业率从 3% 飙升至 11%。依赖能源进口的西欧国家瞬间就被击垮了。

20 世纪 70 年代经济萧条、物价上涨的状态，被称为滞胀（stagflation，表示停滞的 stag 与表示通货膨胀的 inflation 的合成词）。

凯恩斯学派的总需求管理政策，对于滞胀的治理并没有效果。因为为了解决经济萧条问题，需要扩大财政支出、降低利率以增加货币供应，但是其结果却是使得通货膨胀愈演愈烈。萨缪尔森说，不论是谁，只要能提出有效的解决方法，就会在学界和政界成为焦点。

这轮通货膨胀一直持续到 1982 年，以美国来说，平均物价以每年 6.5% 的速度上涨，也就是说 17 年间物价上涨了 2.92 倍，通货膨胀之前购买一套房子需要花费 20 万美元（2000 万日元），而在通货膨胀之后，同样一套房子的价钱上涨到 58.4 万美元（5840 万日元）。由于投资设备而产生的折旧费越来越高，半数以上的企业无法进行设备更新。

当时的美国受到了通货膨胀很大影响。

凯恩斯主义学派对于石油危机束手无策！

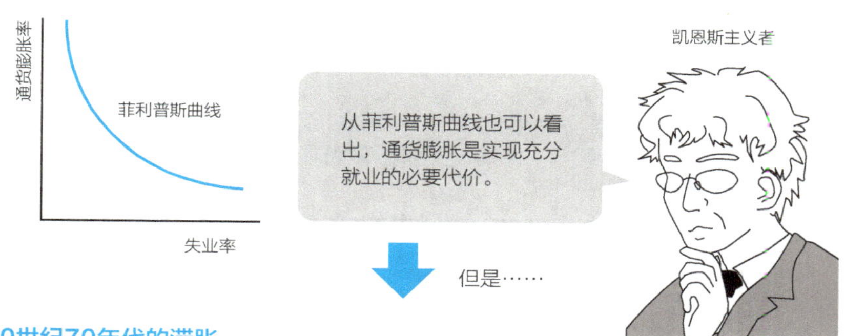

20世纪70年代的滞胀

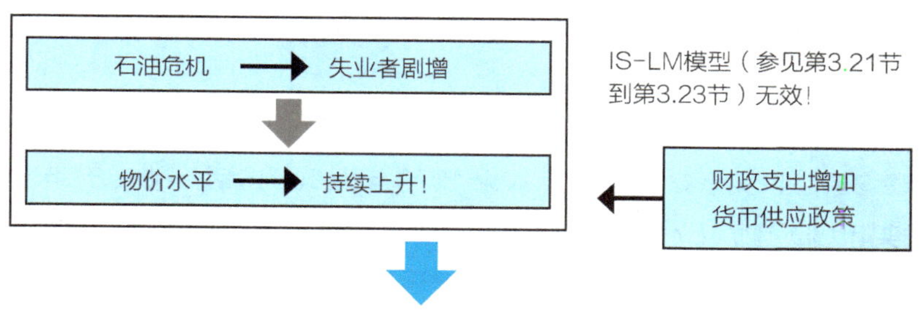

物价上涨一直持续到1982年左右

总需求管理政策，对于供给方面的大幅变动束手无策。

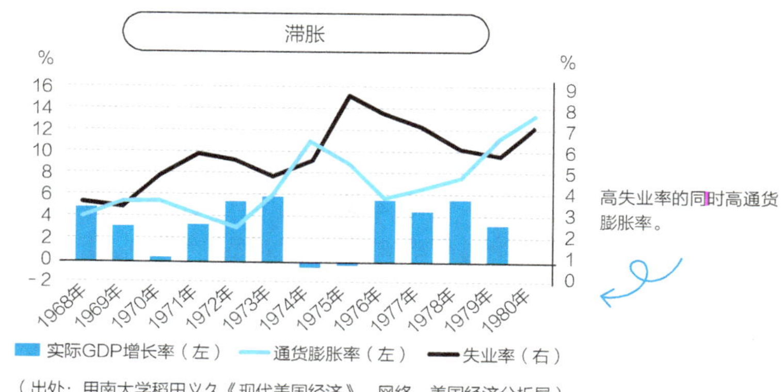

（出处：甲南大学稻田义久《现代美国经济》、网络、美国经济分析局）

日本稳步前进

1975 年，日本对美国的贸易顺差达到10.5 亿美元，而到了1981 年，这一数据剧增至163 亿美元，6 年间上涨到16 倍，因此，贸易摩擦接踵而至。

20 世纪 70 年代，当欧美国家陷入滞胀时，日本也于 1973 年受石油危机的影响结束了 20 世纪 60 年代的高速经济增长。次年，日本在战后第一次出现了经济负增长。1979 年，第二次石油危机来袭，日本的经济增长率再次下降。

虽然日本经济增长率有所下降，但是与美国相比，日本的经济增长率依然较高。以实际 GDP 为例，如果 1970 年为 100 的话，到 1981 年日本的实际 GDP 为 167，美国则为 139。因此从 1970 ~ 1981 年，日本的平均经济增长率为 4.77%，而美国则为 3.07%。

而且，日本的通货膨胀率和失业率情况也比美国要好。在欧美国家备受通货膨胀困扰时，日本的经济表现却维持着令人惊讶的水平。

此时日本的经济增长被称为“日本奇迹”，美国哈佛大学著名的日本问题研究专家埃兹拉·沃格尔教授（Ezra F. Vogel）出版了名为《独占鳌头的日本》（*Japan as Number One*）的著作，一度成为畅销书。

通过技术革新，如开发减少能源消耗的技术和工业机器人等，日本解决了石油危机的冲击。而其结果是日本对欧美国家出口的增加。其代表性出口产品是汽车，美国的汽车产业受到了来自日本的竞争压力，产生了贸易摩擦问题，美国开始对日本车的进口数量进行限制。日本自身也在 1981 ~ 1983 年，对汽车的出口进行自主限制（译者注：厂商以及服务提供者等由于担心所生产商品会造成社会广泛性的不良影响而实行的自发性质的限制行为）。但是，美国经济增长率低，是日本可以在竞争中取胜的主要原因。

战后日本的经济表现

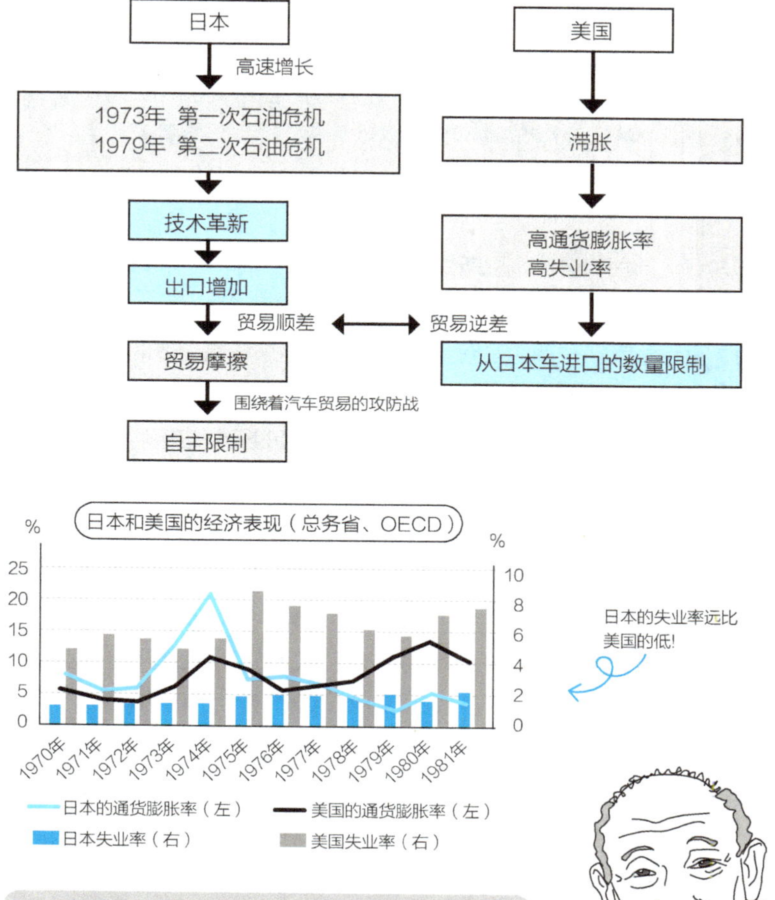

在工业化向信息化转变的过程中，我们追求各种制度的高效率，希望能对紧迫的问题预先制定对策，在这方面日本是独占鳌头的。日本的国土狭窄、资源缺乏、人口过剩，但在经济、教育、保健、治安等方面取得了成果。

埃兹拉 · 沃格尔
（美国人，1930 ～　）
主要著作：《独占鳌头的日本》

货币主义学派1

米尔顿·弗里德曼

米尔顿·弗里德曼（美国人，1912 ~2006）非常信赖市场机制，同时主张在基于一定规则的基础上制定政策，他开创了货币主义学派。

米尔顿·弗里德曼对凯恩斯主义学派坚持的总需求管理政策进行了批判。他的经济理论是以货币为中心的，因此被称为“货币主义（monetarism）”。他认为，货币政策在短期内是有效的，但是长期来看是无效的，而财政政策则不论在长期还是短期都是无效的。因此，政府和中央银行虽然不能什么都不干，但是还是应该充分发挥市场的作用，政府的干预应该尽量小，因此米尔顿·弗里德曼主张的也是一个“小政府”。

政府使用的是纳税人所缴纳的税金，即使其运作失败了，也不用承担任何责任。而私人使用的则是他们自己的钱，他们需要承担所有的责任。因此，与政府相比，私人更有效率。另外，总投资 = 私人投资 I+ 政府投资 G，因此，如果政府投资过多导致利率上涨的话，私人投资就会减少（挤出效应），最终财政政策是无效的。

基于人们对未来的预期，货币政策最终也是无效的。如果名义工资上涨，劳动供给会上升，但是基于人们对于未来通货膨胀的预期，因此会要求增加工资，最后导致实际工资恢复到原水平。因此，只有在短期内货币政策才是有效的，从长期来看，宽松的货币政策只会导致通货膨胀。

由于凯恩斯主义学派无法有效地运用政策手段挽救当时的经济，因此产生了两个反对凯恩斯主义学派的理论：①货币主义学派、②新古典宏观经济学派（理性预期假说参见第 3.32 节）。其中，货币主义学派不仅在学界有很大的影响，同时还对当时社会的思维方式产生了一定的影响，并且具有一定的政治影响力。米尔顿·弗里德曼在 1977 年曾主持了名为《自由选择》的电视节目，这在全世界范围内都是热门节目。

凯恩斯主义学派与货币主义学派在政策主张上的区别

	凯恩斯主义者	货币主义者（弗里德曼等经济学家）
财政政策	有效	× 无效，从认识问题到决定政策再到政策起效之间存在时滞，还有挤出效应
货币政策	有效	△ 短期有效 存在货币幻觉 × 长期无效 只会导致通货膨胀
	相机抉择	k%规则（参见第3.31节）

米尔顿·弗里德曼主张有一定失业，且失业率 = 自然失业率

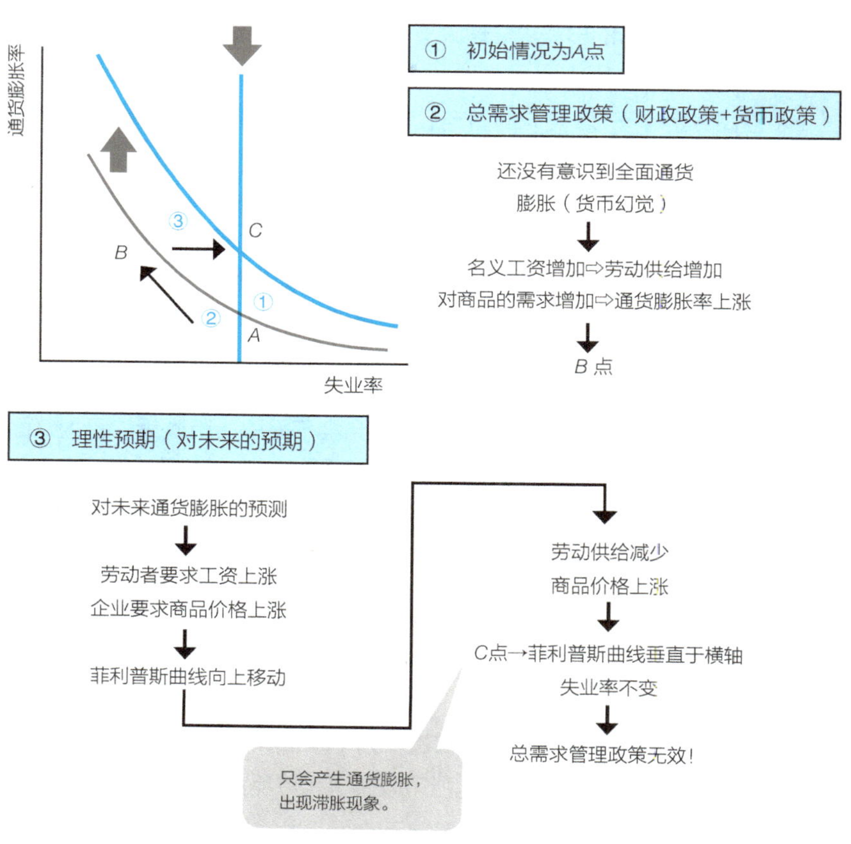

货币主义学派2

通货膨胀是一个货币现象

米尔顿·弗里德曼认为，“宽松的货币政策和积极的财政政策虽然在短期内有政策效果，但是从长期来看，经济会恢复到最初状况，最后只会产生通货膨胀和财政赤字”。

米尔顿·弗里德曼认为，自然失业率是一个稳定的状态，如果为了减少失业而使用凯恩斯的总需求管理政策，那么就会逐渐产生通货膨胀。通货膨胀的预期会自我实现。

1 盎司黄金等于 35 美元的固定汇率制崩溃后，最终采取了加入预期因素的浮动汇率制，这足以从理论上证明，预期确实是会自我实现的。

米尔顿·弗里德曼《资本主义与自由》村井章子译，日经 BP 社

按 1 盎司黄金等于 35 美元购买黄金，如果每个人都将手中的美元兑换成黄金，那么就会引起交易市场的混乱。虽然不知道混乱什么时候发生，但是它在近期发生的可能性很高。我认为浮动汇率制在本质上与市场机制是完全相融的。

另一方面，米尔顿·弗里德曼也反对完全不采取货币政策的行为。面对 20 世纪 30 年代的经济大萧条，中央银行本应该增加货币供应，但是由于中央银行没有采取任何政策，实际上货币供应减少了。也就是说，在经济大萧条时期，应该采取宽松的货币政策（如 20 世纪 90 年代的日本）。

由于要恰到好处地掌握货币政策的实施时机非常难，因此米尔顿·弗里德曼主张不论何时，都保持货币供应增长速度一致，按 $k\%$ 的速度增加货币供应，即 $k\%$ 规则。

米尔顿·弗里德曼对于政府的过度作为（凯恩斯主义学派的经济政策）和不作为（大萧条时期不动用任何货币政策）都持反对意见。为了保持 $k\%$ 的货币供应增长速度，需要适当调整货币政策。虽然米尔顿·弗里德曼主张最大限度地发挥市场机制的作用，但是他并不认为经济可以完全交给市场。

增加货币供给的政策

采取相机抉择，增加货币供应量，短期内产出和就业也会增加，但是从长期来看只会造成通货膨胀。

货币数量论

货币供应：货币供应量x货币流通速度＝货币需求：物价水平x市场交易量

抑制通货膨胀

中央银行按一定比率增加货币供应（基础货币是中央银行所发行的货币，货币存量是在市场中流通的货币总量）。

↓

k% 规则有效！

不是相机抉择，而是按规则进行！

即使货币供应量维持在一定水平，商业银行也可以根据市场运行情况调整借贷，最后会产生和货币政策一样的效果。

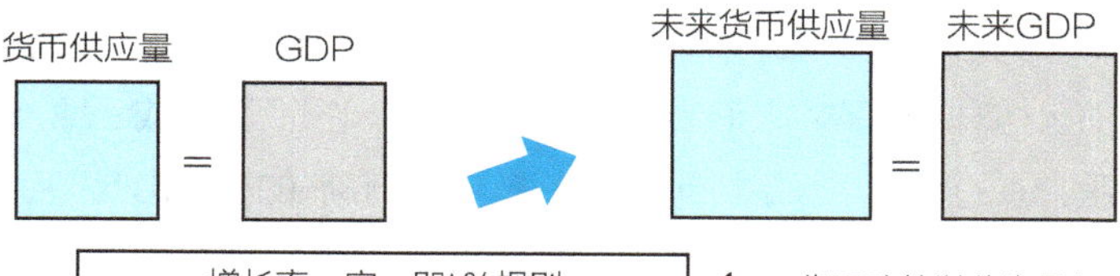

增长率一定，即*k*%规则 ← 货币政策以此为目标

通货膨胀不论在什么时候，都是一个货币现象。只要减少货币供应量，通货膨胀就会得到解决。

米尔顿 · 弗里德曼
（美国人，1912 ~ 2006）
主要著作：《资本主义与自由》《自由选择》

米尔顿·弗里德曼在90岁生日（2002年）时说：
“货币政策（即没有增加货币供应）的错误是大萧条的原因，你们的主张是对的，得益于你们的政策建议，美联储没有再犯同样的错误。”

本 · 伯南克
（美国人，1953 ~ ）
2008 年金融危机爆发时的美联储主席

卢卡斯批判

正如古典学派和新古典学派（neo-classical）相对应，20 世纪 70 年代，出现了以卢卡斯等经济学家为代表的新古典宏观经济学派（new-classical macroeconomics）。

卢卡斯是 20 世纪 70 年代影响力最大的经济学家。他主张改变凯恩斯主义学派宏观经济学的理论研究方向，而将微观经济学分析作为宏观经济学模型分析的基础。

卢卡斯所提出的理性预期假说，是最大限度地利用所有已知信息，对未来进行预测。比如，如果当局采取宽松的货币政策，人们预测未来会出现通货膨胀，那么相对于储蓄，人们会将资金更多地用于投资股票或土地，以规避通货膨胀带来的影响。于是，利率会下降，通货膨胀的损失也就不存在了。因此，即使政府适当地选择财政政策和货币政策，但企业和个人由于对于其政策结果的成功预测，改变了行动，最终政策将归于无效。正是由于凯恩斯主义学派没有考虑人们对未来的预期，以及由此带来的行动变化，卢卡斯对其进行了批判。

如果将理性预期因素加入经济学分析中，那么对个人和企业行动的分析就非常有必要，进一步来说，将微观经济学模型（基于最优化行动的分析）融入宏观经济分析中就变得非常重要。宏观经济学是以微观经济学为基础的。

宏观经济学的历史，在卢卡斯批判之前和之后发生了很大的变化，甚至可以说是迎来了新的变革。之后，经济学开始以理性预期假说为前提进行分析，并推导出了消费和投资方式。凯恩斯主义学派也不得不使用这一分析方法。

理性预期（rational expectation），最大限度地利用所有已知信息对未来进行预测

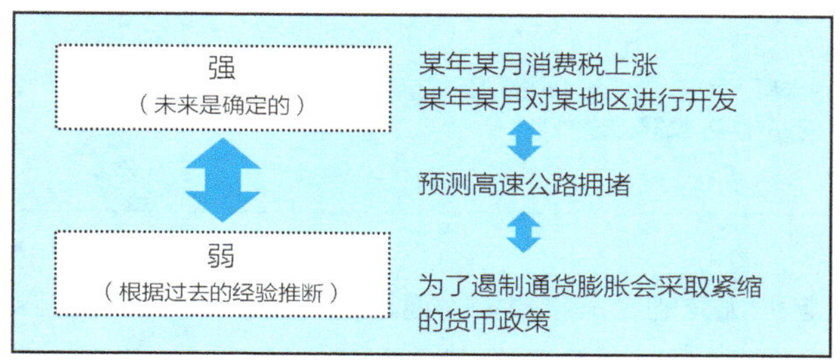

理性预期假说的形成

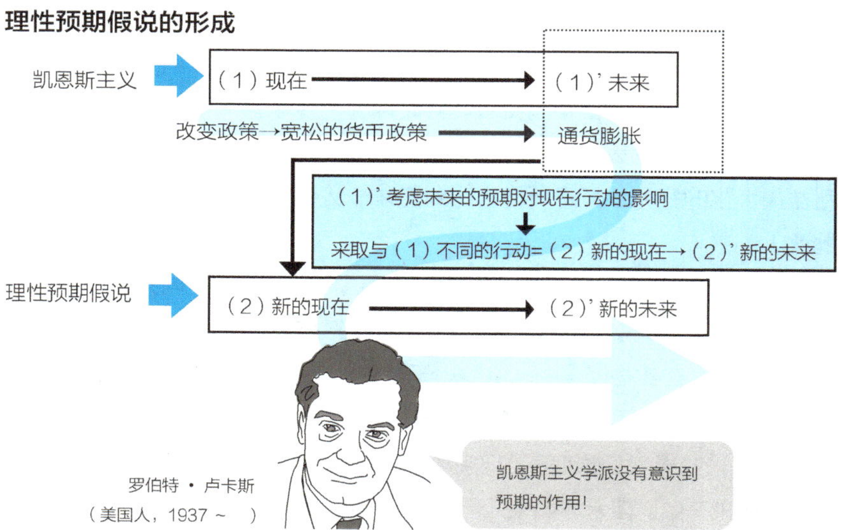

凯恩斯主义学派、货币主义学派与新古典宏观经济学派的区别

	凯恩斯主义学派	货币主义学派	新古典宏观经济学派
货币政策	有效（流动性陷阱无效）	短期有效，长期无效	无效
财政政策	有效	无效	无效
菲利普斯曲线	有效	长期（垂直）无效	短期无效， 长期（垂直）无效

理性预期假说

卢卡斯认为，失业者在利益最大化的驱使下，会自发地进行选择。而凯恩斯则主张不存在“非自愿失业”。

凯恩斯主义学派优秀的经济学家们，通过从外部观察经济的世界，从而发现经济规律或经济理论，并基于此实行对大众来说正确的货币政策和财政政策，这是凯恩斯主义学派存在的前提（也是经济进入高速增长的前提）。

但是，理性预期学派则认为，如果真的存在那么有效的理论的话，在经济世界中生存的企业和消费者，肯定能够通过学习（或是经验）掌握这个理论。另外，政策制定者在制定政策时并不是无私的，也存在追求个人利益最大化的行为（凯恩斯自己也对追求个人利益的政治家和官僚进行过批评）。

在卢卡斯的模型中，人们在工作时和退休后是两个不同的时间段。依据货币数量论（参见第3.31节图），在现期，政府一定会采取通货膨胀政策，其理由有二：在实物经济中，供给小于需求，最终价格会上涨；而在货币经济中，政府一般会采取宽松的货币政策，增加货币供应。

此时，如果人们预期不到政府会采取宽松的货币政策，那么产量就会增加，政策有效。但是，如果人们正确意识到政府会采取宽松的货币政策，那么实际上通货膨胀就不会发生，产量也不会增加，被人们预期到的货币政策将最终无效。

人们是根据预期行动的，因此经济学模型应该是动态的。股票价格也好，利息也好，商品价格也好，都是由经济主体基于预期所产生的经济行动而决定的。这个预期，可以用过去和现在的数据表示，如果将来的数据和现在的数据一致，那么就被认为是一个理性预期。

基于理论、经验和现实世界经济运行的理性预期学派

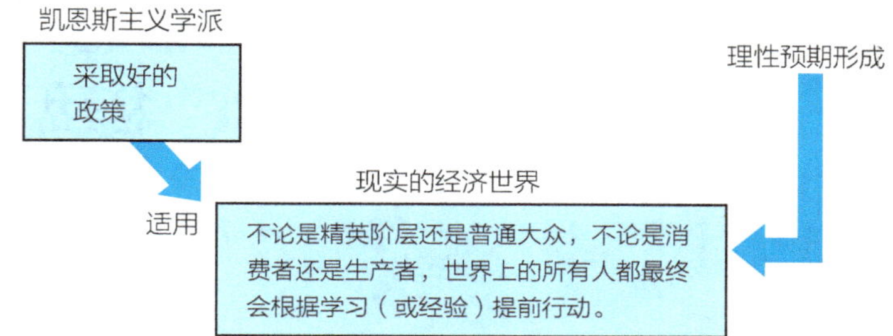

将未来因素纳入微观经济学的模型分析中

预算线所表示的不再是现在的收入，而是一个人从年轻到年老一生的收入，并据此进行分析。

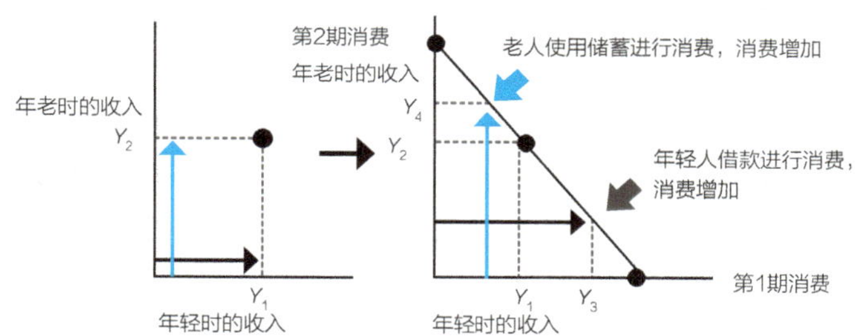

卢卡斯和凯恩斯主义学派的对决

在耶鲁大学教授群体中依然有人在使用非自愿失业这种毫无意义的词语。而在芝加哥大学，即使本科学生都明白这种说法是愚蠢的。

托宾（耶鲁大学，凯恩斯主义者）

原来您是一位非常尖锐的理论家，但有一点您是无法和我相比的。像您这样年轻的学者，并没有经历过大萧条，而我是目睹了大萧条发生的全过程的，您的理论并不能解释清楚其惨状。

（出处：耶鲁大学研讨会的一则轶闻
吉川洋《凯恩斯的时代和经济学》，筑摩书房）

哈罗德中性命题和真实经济周期模型（RBC 模型）

一个新的政策，如果改变了人们的预期，那么就会改变人们的理性行动。根据新古典宏观经济学派的理论，就是经济机制从一个均衡向另一个均衡移动。

哈罗德中性命题

理论上来说，如果进一步将理性预期假说向一个极端推导，就会得出哈罗德中性命题。

哈罗德认为，如果政府通过发行国债向公众集资，那么人们就会预期到政府在将来为了偿还国债会增加税率。为了应对未来可能增加的税金，人们将增加存款，而且存款的增加额正好是人们预期到的税金的增加额。另一方面，政府支出的增加，会挤出私人投资，而且其数量正好相抵，最终总需求将不会发生任何变化，财政政策无效。不论这个论断在实际经济中是否真的存在，哈罗德中性命题在理论上对经济学分析产生了很大的影响。

真实经济周期模型（Real Business Cycle Model）

20 世纪 80 年代，基德兰德和普雷斯科特提出了真实经济周期（RBC）模型。这里的“真实”，指的是像铁、汽车等一系列实实在在提供服务的物体，而不是货币和物价这些虚拟经济。因此，该模型是一个最大限度排除货币影响的纯粹理论。真实经济周期模型认为，经济的景气与否取决于供给方面的变动（比如没有预期到的冲击等），面对冲击，在各个时点上，如果预期所有市场的需求和供给都达到一致（均衡），那么就没有政策介入的空间。

就像 F1 赛车只有 2 小时的终极能量（理论）一样，其与在一般车道上行驶的车（实践）是不同的。但是对理论本源的探究却是学术的必经之路。

哈罗德中性命题

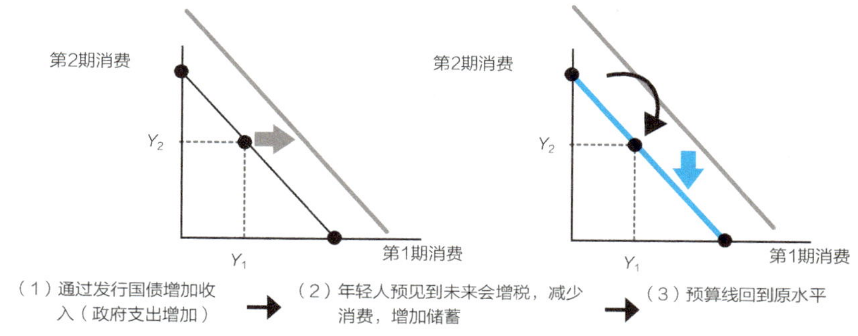

真实经济周期模型

将现实经济极端抽象化

（1）商品、服务市场和生产要素（资本和劳动）市场完全竞争
（2）不存在交易成本和交易摩擦
（3）一种商品、一个经济部门和一个经济主体的1x1x1模型
（4）没有货币和物价等虚拟经济
（5）信息完全对称（消费者对于商品和服务的所有信息都完全了解）

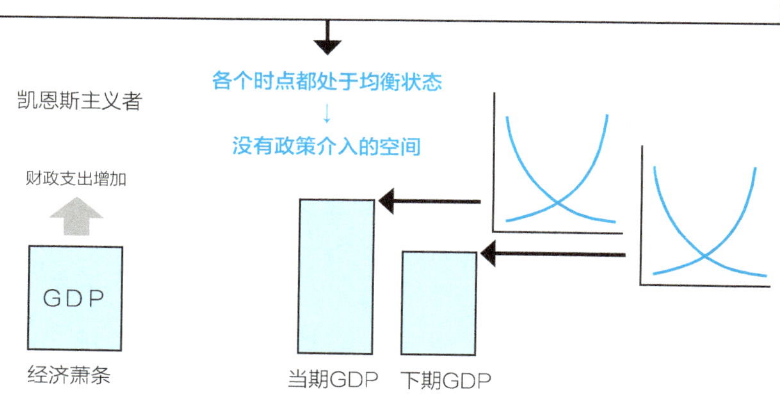

宏观经济学的发展

对于“凯恩斯主义学派的政策主张，对于其他经济学家和一般人来说‘是没有科学依据的’，也是不健全的”这个观点，卢卡斯是反对的。

以微观经济学为基础的新古典宏观经济学派的登场改变了宏观经济学的走向。以政府采取相机的财政政策和货币政策为理论主张的凯恩斯主义学派，没有考虑政策实施后经济主体行动的变化。

之后，新古典宏观经济学派提出了真实经济周期模型（参见第3.34节），将市场均衡理论进一步精确化。

另一方面，凯恩斯主义学派也采取了新古典宏观经济学派的一些理论观点，比如以微观经济学为基础的理性预期，并据此在理论上证明了“价格刚性”的可能性。这些经济学家被称为新凯恩斯主义学派。

到21世纪，以微观经济学为基础的新凯恩斯主义学派与以真实经济周期模型为代表的新古典宏观经济学派开始融合。其结果是出现了动态随机一般均衡模型（Dynamic Stochastic General Equilibrium，DSGE模型）。

在融合过程中，新凯恩斯主义学派弱化了相机抉择的财政政策和货币政策（特别是财政政策）的作用。

实际上，从20世纪90年代一直到2008年金融危机爆发，是货币政策发挥作用的时代。但是DSGE模型是以古典学派的一般均衡分析框架为基础的，它不能分析经济萧条。而凯恩斯主义理论就是在应对大萧条的背景下发展出来的，显然不能全盘否定。

结果，在2008年金融危机爆发时，只能依靠原有的凯恩斯主义学派的IS-LM模型发挥宏观经济政策的作用。

从凯恩斯主义学派开始到 DSGE 模型经济学派

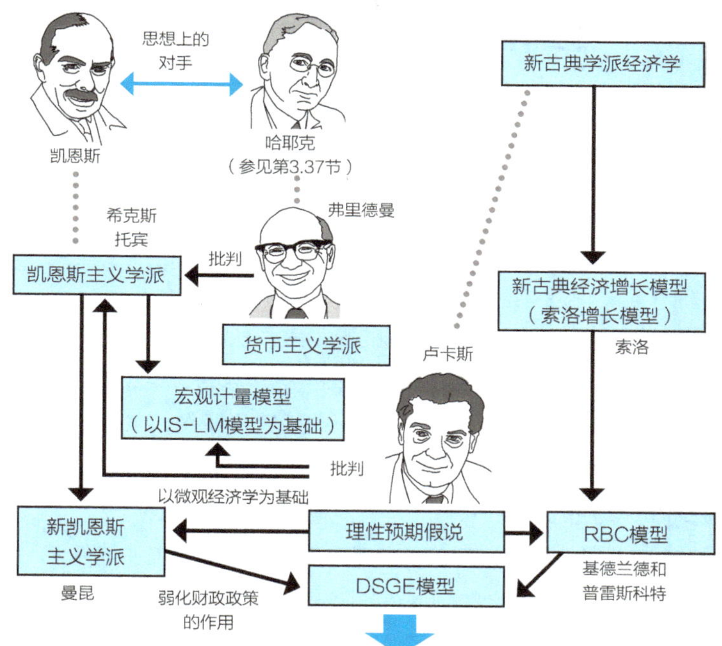

面对金融危机并没有起到作用！
起作用的反而是原有的凯恩斯主义者的IS-LM模型！

卢卡斯批判后的宏观经济学

淡水学派（五大湖区周边的大学）	咸水学派（东海岸和西海岸周边的大学）
新古典学派和新古典宏观经济学派	凯恩斯主义学派
弗里德曼 卢卡斯	萨缪尔森 托宾
市场机制	相机抉择
价格灵活变动	价格有向下的刚性

- 微观经济学基础是必要的
- 规避高通货膨胀率风险
- 宏观经济政策的核心是货币政策

供给学派

里根经济学

供给学派经济学家费尔德斯坦因为反对军备（财政）扩张而辞职（译者注：他在 1982 ~ 1984 年曾任里根总统时期的经济顾问委员会主席和美国国家经济研究局主席），之后美联储开始采取宽松的货币政策，但是不论哪个政策都没有贯彻下来。

为了应对高通货膨胀率，美国的政策主张从凯恩斯主义的总需求管理政策，逐渐转变为货币主义的货币政策和供给学派的财政政策。

货币主义的货币政策，如米尔顿·弗里德曼所说，“抑制滞胀实际上就是抑制通货膨胀，而为了抑制通货膨胀，即使短期内失业率很高，也必须采取减少货币供应的政策”。

1979 年，美联储采取了新的货币政策。当时美联储主席保罗·沃尔克（Paul A. Volcker）在金融领域进行了革新，从以控制利率为目标的货币政策，变为以控制货币供应量为目标的货币政策，不再关注利率的调整，而是集中在调节货币供应量上，通过控制货币的供给，促使利率攀升。

里根总统执政期间，采取的是以削减财政支出、减税和放松经济管制为核心的供给学派的财政政策，即后世所称的“里根经济学”。

1981 年，美国政府开始大规模减税，最高所得税率从 1981 年的 70% 降低到次年的 50%，最低所得税率则从 14% 降低到 11%。另一方面，军事支出则从 1981 年的 1580 亿美元增加至 1985 年的 2530 亿美元（占政府预算的 25%）。

英国也在撒切尔夫人执政期间，采取了以减少货币供应、打压工会和减少政府介入劳动市场为目标的政策，这些政策主张被统称为“撒切尔主义”。类似的“小政府”的政策也被日本的中曾根内阁所采用，日本电报电话会社（现在的 NTT）、日本专卖公社（现在的日本烟草公司，JT）和日本国有铁道（现日本铁路公司，JR）都纷纷实现民营化。

美国的货币政策

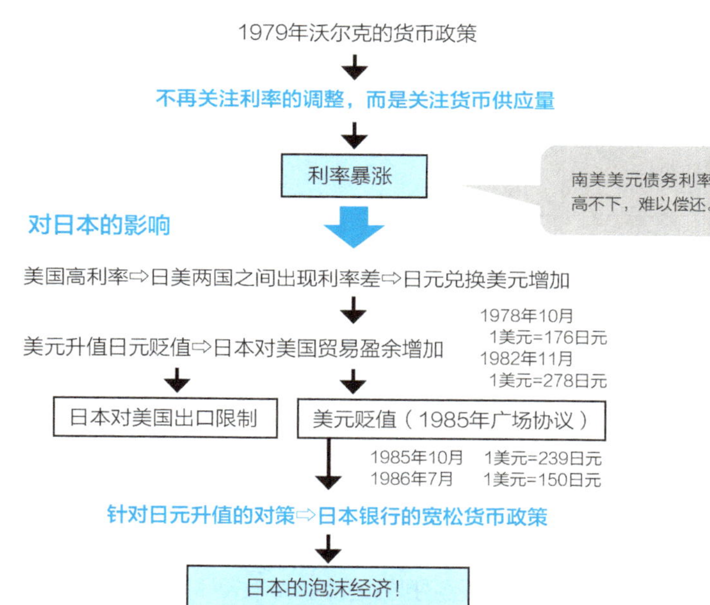

美国的财政政策

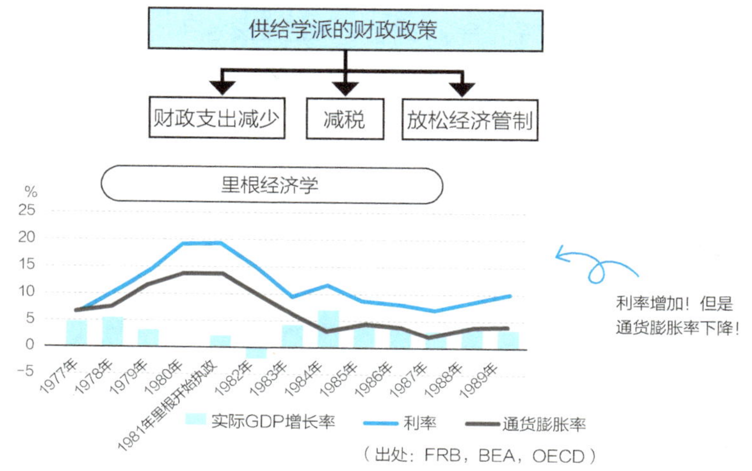

（出处：FRB，BEA，OECD）

自由主义学派哈耶克

1944 年，哈耶克的《通往奴役之路》出版，在书中他对计划经济体制进行了猛烈的抨击。终其一生，哈耶克都倡导自由主义。

与积极干预主义的凯恩斯主义学派相对应，哈耶克积极倡导自由主义。

在计划经济体制下，所有的市场供求都由中央政府的计划决定，而为了制定计划需要收集大量的信息，这几乎是不现实的，对此哈耶克进行了批判。比如说技术积累、人际关系等这种在各行各业非常细琐的情报，即使是中央政府也难以获得。而如果无视这些情报、脱离实际制定计划，那么这个计划对现实的指导就可能产生不良后果。因此，哈耶克认为，经济活动不应该由政府控制，不论是选择经济行动还是行动所产生的风险，都应该由经济活动的当事人承担，因此市场经济是合理的。每个人都只掌握一部分信息。

而政府的作用则应该体现在：保护私有财产、制定法律政策、建设基础设施、开展教育、促进公众卫生、维护劳动环境、防止环境破坏等方面。“把所有的事情都交给市场是合理的”，“政府应该为民众服务”。

政府经常性通过相机抉择干预市场是没有必要的，政府只需要制定规则，然后，市场参与者就会完全按照规则对未来进行预测，这样“每个经济人都可以计划自己的经济行动”，并且使得“市场风险能够尽量最小化”。

政府无法完全掌握信息，因此每次根据相机抉择制定政策（个人事先完全无法预测到的政策）时，国家的计划制定得越详细，个人的计划制定就越困难，因此形成了一个矛盾。

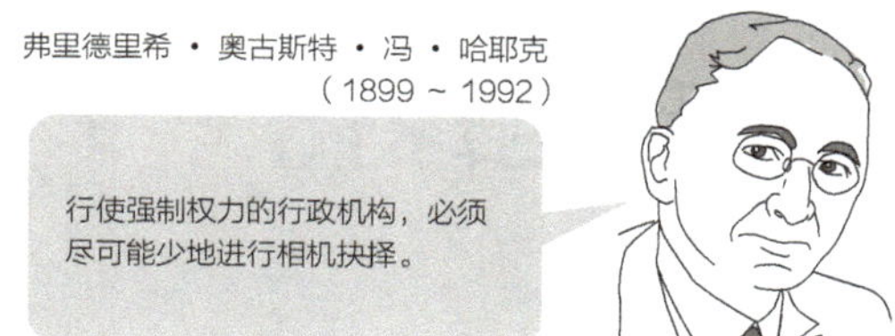

否定理性　人们只掌握部分信息

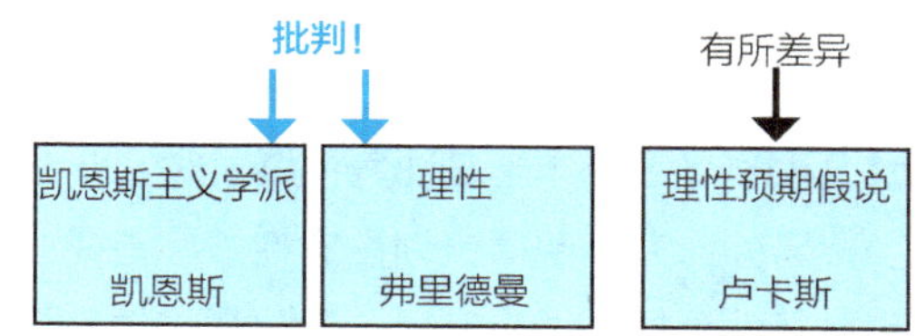

关于经济活动

中央政府对经济进行管制⇨必须收集所有信息⇨往返各个市场

私人市场经济⇨选择经济行动，承担相应风险⇨理性的

否定相机抉择

否定政府的相机抉择及其对市场随意的干预

政府应该只需要制定规则

- 每个人据此规划其经济活动
- 尽可能降低风险

允许政府相机抉择的情况

翁百合：《在实施中改变规则的行政机构是革新的阻碍》
在申请特定保健用食品许可时，日清制药的“葡萄糖补充胶囊”产品因被消费者委员会判定“制作成胶囊容易同正式医药品混淆”而没有获得许可。相同成分的粉末型产品则取得了许可。而早在2001年，厚劳省就已经发出通知，特定保健用食品许可不受产品形式限制，胶囊类产品也有机会取得许可。（日经新闻，2014年7月15日，摘录）

计划经济

苏联解体和全球化

1928 年，苏联开始实施计划经济，表现为企业国有化和按照中央指令（如 ×× 年计划）进行生产的经济结构。

苏联解体的原因之一，是慢性的短缺经济。计划经济，是以 5 ~ 7 年为目标制定计划，因此，1973 年当石油危机爆发时，即使面对着经济萧条，投资也无法减少。另外，为了使得计划按时完成，首先必须确保所有企业所存的原材料和零部件等材料供应充足，于是慢慢地就会产生生产资料短缺问题。

消费品的价格被控制，在任何时候市场的需求都大于供给，排长队是很正常的现象，相对于买者，卖者更具有市场势力，因此生产者完全没有提高产品品质和提高生产率的动力。

如果在市场经济体制下，这样的生产者将会面临破产，但是在计划经济社会中没有破产。由于经济主体不对其经济行为承担责任，因此资源不足或是投资过剩等问题无法遏制。

1991 年，苏联解体。很多国家也纷纷引入了市场经济体制，全球化时代到来了。采取市场经济的人数一口气从 27 亿人增加到 55 亿人。

苏联计划经济体制的特点和问题

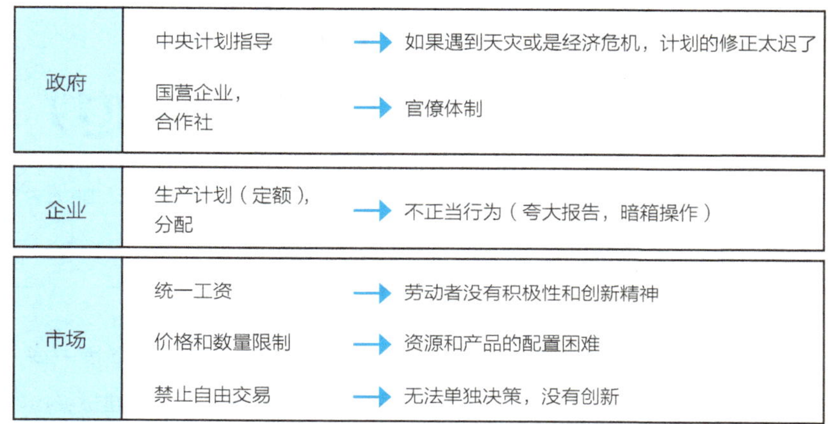

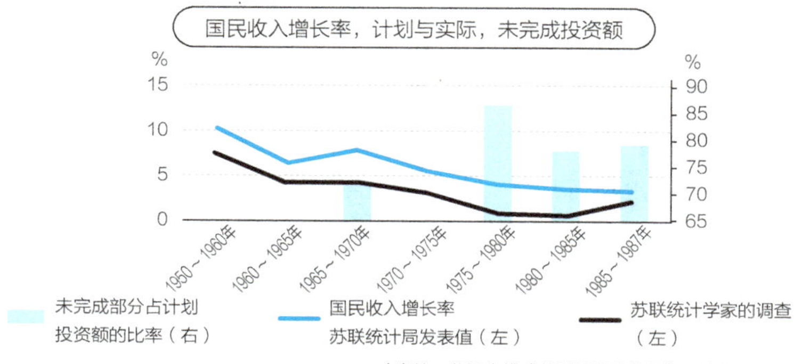

（出处：谷江幸雄《苏联经济的神话》，法律文化社）

苏联解体（1991 年）、全球化时代到来

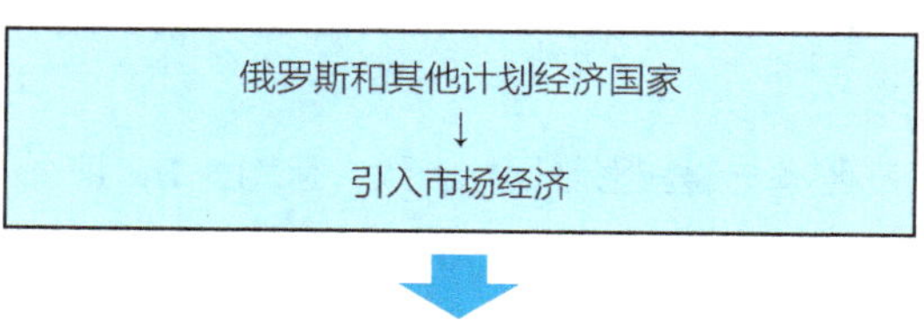

全球化时代到来！

通货膨胀目标制（inflation targeting）

自从新西兰率先采用通货膨胀目标制以来，到 2012 年，包括发达国家在内，已经有 20 余个国家先后实行。

20 世纪 80 年代，英国、加拿大、新西兰、瑞典等国家，与美国一样，遭受了 1986 ~ 1990 年的长期利率（10 年期）超过 10% 的高通货膨胀率的袭击。

1990 年之后，为了稳定通货膨胀预期，以达成降低通货膨胀率的目的，各国采取了通货膨胀目标制。最初，各国都认为一定会背负财政赤字，而且无法得到市场信任，但是到 90 年代后半期，不论是通货膨胀预期还是长期利率都维持在比较低的水平，通货膨胀目标政策得到了市场的信任。其原因详见下页图的四点说明。

20 世纪 90 年代，斯坦福大学的泰勒教授提出了货币政策的制定规则，即泰勒规则（Taylor rule），“根据通货膨胀率和经济增长率的变化情况来调整利率”。

名义利率 = 实际利率 + 通货膨胀率
+*a*×（通货膨胀率 – 通货膨胀目标） 考虑通货膨胀
+*b*×（实际 GDP– 潜在 GDP） 考虑失业

a、*b* 为一个大于 0 的常数，根据中央银行对通货膨胀和失业的重视程度权衡取值。比如，如果取值为 0.5，表示中央银行对通货膨胀和失业的重视程度是等同的。

如果通货膨胀率与通货膨胀目标一致，且均为 0，那么

名义利率 = 实际利率 +0.5×（实际 GDP– 潜在 GDP）。

这是今天中央银行所采用的模型之一。

各国采取通货膨胀目标政策

	时间	目标	
英国	1992年10月	2%	如果超过1%～3%的范围，需要向财政大臣报告
加拿大	1991年2月	中心值2%	1%～3%
新西兰	1988年4月	1%～3%	如果无法达成，财政部部长就有被免职的危险
瑞典	1993年1月	2%±1%	

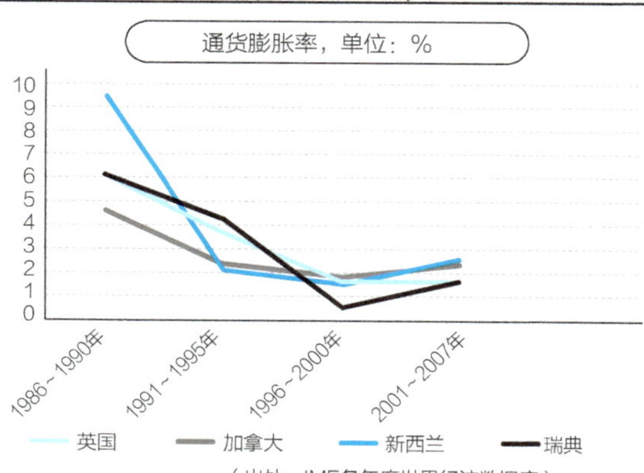

（出处：IMF各年度世界经济数据库）

通货膨胀目标政策获得市场信任的原因

（1）货币政策的透明度（commitment）	中央银行的政策为大众所知，民众据此调整预期
（2）政府的财政再建与改善	1996 年，除英国外，其他三国贸易盈余，即使是英国与前十年相比，其 GDP 也增长了 2%
（3）中央银行的独立性	1997 年英国的利率决策权从财政大臣手中转到中央银行手中。之后，中央银行不再理会财政大臣的建议，甚至采取了其所反对的行为，如 1995 年 5 月上调利率，1996 年 6 月下调利率
（4）引起通货膨胀的外部因素不存在	在全球化趋势下，经济和产业结构优化

NK（IS-MP）模型

IS-LM 模型是没有考虑价格变动的短期模型，如果放松条件，允许价格变动（即存在通货膨胀率），那么模型就会进化成 IS-MP 模型。

在卢卡斯批判（参见第 3.32 节）之后，宏观经济学开始以微观经济学为基础发展。另外，宏观经济政策则以货币政策为主，以规避高通货膨胀率为目的，这成为经济学家的共识。货币政策以费雪方程式和泰勒规则为主要参考。中央银行根据所制定的通货膨胀目标和泰勒规则，确保经济增长和通货膨胀率稳定。其政策运行情况良好，21 世纪之后，宏观经济没有大的变动。

中央银行通过操控名义利率影响实际利率。一般来说，实际 GDP 要低于潜在 GDP，此时如 IS 曲线所示（参见第 3.21 节到第 3.23 节），实际利率更低（低实际利率 = 低 GDP）。因此，根据泰勒规则，如果实际 GDP 上涨，那么实际利率也会上升。

这个关系可以用 MP 曲线来表示，曲线向右上方倾斜。IS 曲线和 MP 曲线一起构成了 IS-MP 模型。20 世纪 90 年代之后，中央银行的货币政策开始放弃对货币供应量的调节，转向调整名义利率，因此，IS-MP 模型成为全球所有中央银行使用的基础模型。通过降低实际利率，使得收入 Y 向充分就业时的 Y 移动，此模型被成为 NK 模型（New Keynesian Model，新凯恩斯主义模型）。凯恩斯主义经济学以微观经济学为基础，进行了重新构建。

货币政策模型

预期物价上涨率。

费雪方程式

实际利率=名义利率-预期通货膨胀率

没有考虑物价上涨率的利率。

泰勒规则　　⇨以稳定通货膨胀率和实现GDP增长为目标

名义利率=实际利率+通货膨胀率
　　+a×（通货膨胀率-通货膨胀目标）　⇨考虑通货膨胀
　　+b×（实际GDP-潜在GDP）　⇨考虑失业

实际GDP小于潜在GDP，此时降低实际利率可以刺激经济　➡　实际GDP上升 ⇨实际利率上升

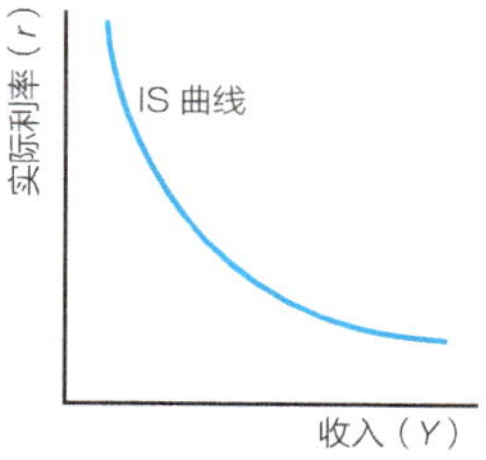

实际利率（r）
IS 曲线
收入（Y）

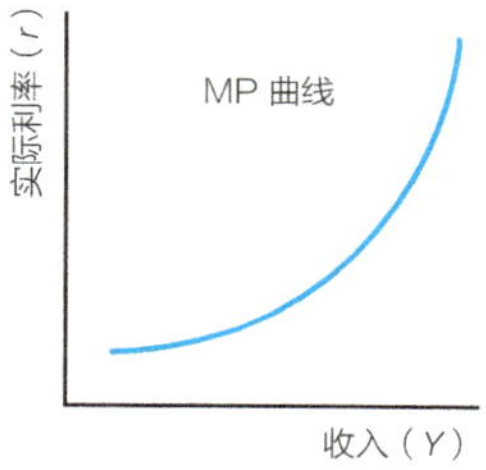

实际利率（r）
MP 曲线
收入（Y）

NK 模型（新凯恩斯主义模型线）

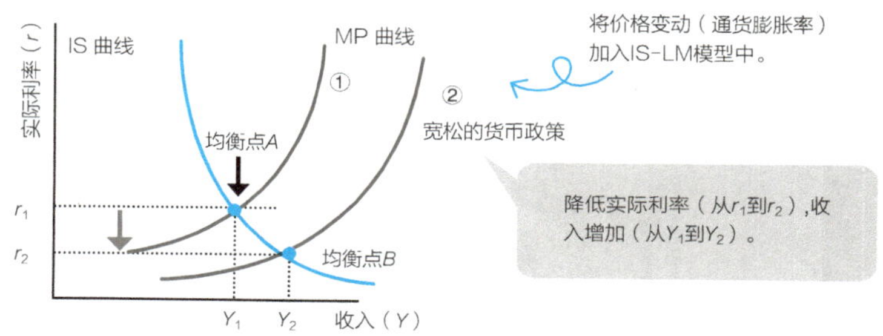

分析货币政策对于国民收入Y（GDP）以及失业率有何影响。

NK(IS-MP-PC)模型

采用现代货币政策，移动 IS-MP 曲线，在希望的通货膨胀目标和充分就业水平之间做出选择，以达到期望的目标。

DSGE 模型，即动态随机一般均衡模型。所谓动态，意味着模型中包含了对将来的预期，新凯恩斯模型（NK 模型）本质上也是一个动态理论。

曼昆从理论上证明了由于①价格黏性和②不完全竞争，即使存在对未来的预期，在短期内菲利普斯曲线也会向右下方倾斜。

如果通货膨胀率上升，那么企业应该重新制定价格。但是，价格的重新制定，比如更改菜单，会产生新的成本（如菜单成本，menu cost）。那么企业就会将菜单成本和不重新制定价格的成本进行比较，由此决定是否重新定价。由于这个成本对于企业和行业是不同的，因此产生了①价格黏性。

另外，在现实中的市场并不是完全竞争的市场结构，而是②寡头市场，此时各个企业自己定价是可能的（价格制定者，price maker）。

为了制定一个利润最大化的价格，需要考虑未来的通货膨胀率和边际成本（参见第 3.11 节）。边际成本增加包括劳动者的实际工资的增加。实际工资增加意味着此时企业对劳动力需求增加，失业率较低。因此，边际成本和失业率之间呈逆相关，因此就得到了 NK-PC（菲利普斯曲线）曲线。

如果将 NK-PC 曲线与 IS-MP 模型融合在一起，就可以分析货币政策对于失业率和通货膨胀的影响。NK（IS-MP-PM）模型是现代世界的中央银行的基本模型。

菲利普斯曲线成立的根据

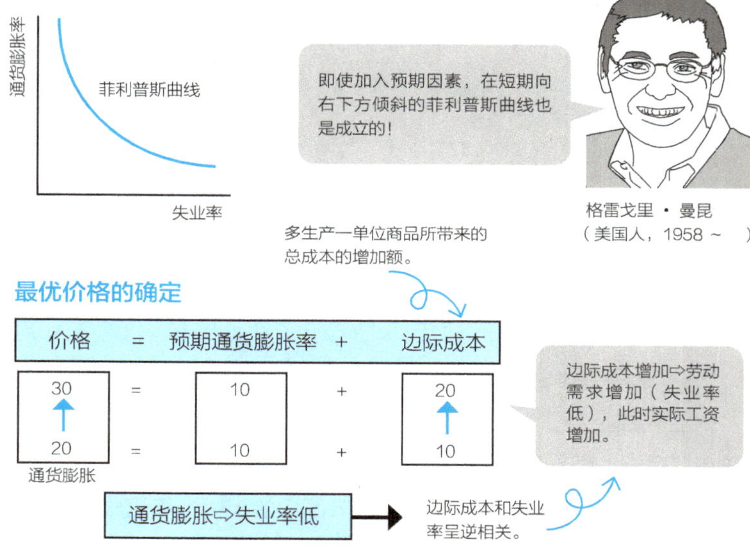

NK-PC 曲线和 IS-MP 曲线的融合

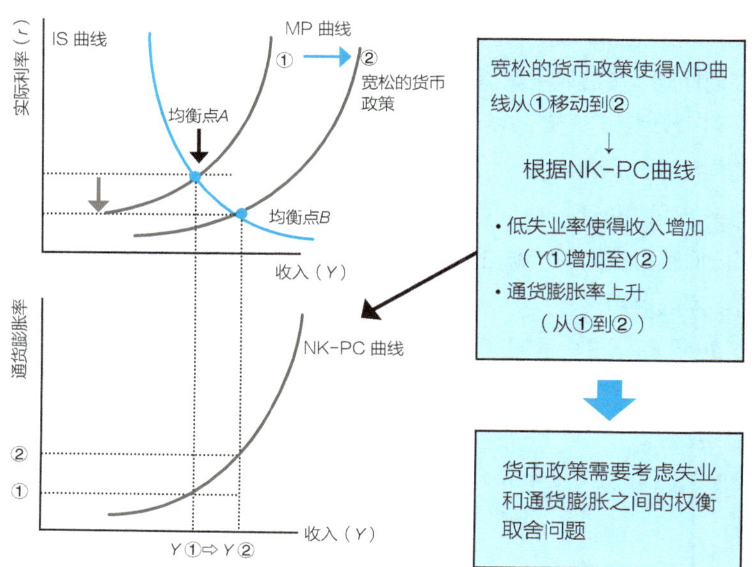

新经济时代

冷战结束后，美国削减了军费支出。在新兴国家货币危机的背景下，美国的经济信用度非常高。

20 世纪 90 年代，美国特别是在克林顿执政时间（1993 ~ 2001 年），迎来了战后最长的繁荣期。在肯尼迪总统时代的黄金 60 年代，最长的繁荣期为 106 个月，但是此时却增加到 119 个月。失业率在 2000 年 4 月降到 3.9%，是 1969 年（当时为 3.5%）以来 30 年间的最低记录。在整个 90 年代，就业人数上涨了 12.4%。特别是在 90 年代后期，由于 IT 行业和股票市场表现良好，菲利普斯曲线不能解释的新经济时代到来了。米尔顿 • 弗里德曼的自然失业率假说（参见第 3.30 节图）的担忧也不再成为问题。

1998 年，政府财政时隔 29 年终于实现财政盈余，达到 692 亿美元。1999 年度，财政盈余为 1224 亿美元，2000 年度达到 2360 亿美元。冷战结束后，美国的军事支出也减少了。

在此期间，美联储主席格林斯潘从 1987 ~ 2006 年，史无前例地连任 5 届。他巧妙地运用货币政策，实现了低失业率和低利率组合，因此被称为“经济学大师”（maestro）。

另一方面，处于一个回归市场机制的时代，一些政治家的宣传口号，如“市场原教旨主义”“新自由主义”等，由于不是严谨的经济学用语而受到经济学家的批判。

21 世纪，除了 3 个月的 IT 泡沫破灭期之外，经济运行情况总体持续向好。2003 年，卢卡斯作为美国经济学会会长发表了演说，这实际上可以看成是他的胜利宣言。

20 世纪 90 年代美国迎来了战后最长的繁荣期！

美国的GDP、通货膨胀率和失业率的情况（《世界经济素材书》）

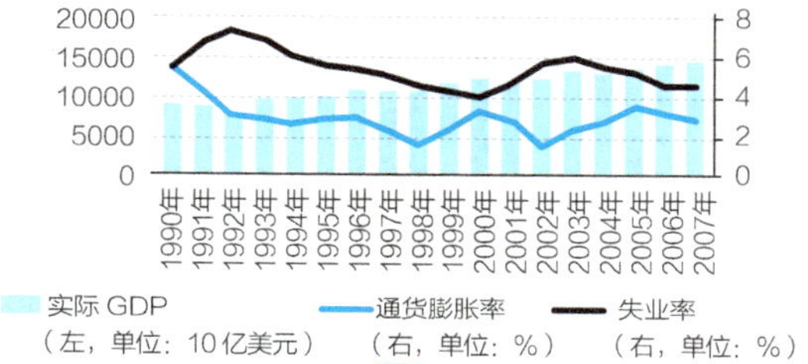

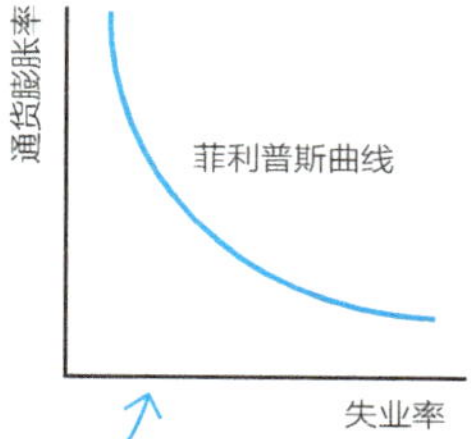

“通货膨胀率下降→失业率上升”这种相关关系消失了！

↓

新经济时代

美国的财政收支情况（单位：10亿美元；《世界经济素材书》）

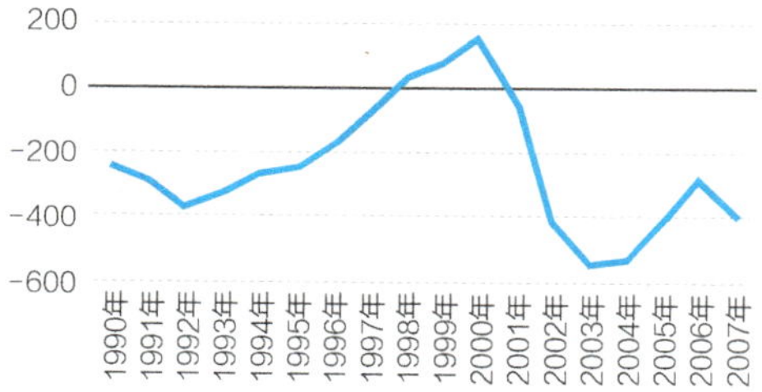

卢卡斯的胜利宣言

罗伯特·卢卡斯

20世纪40年代，为了理性地应对大萧条，作为经济学的一个分支而产生的宏观经济学，以防止经济惨状和不断积累知识和技能为目标……以之为初心的宏观经济学，从结果来看是成功的。

（2003年美国经济学会会议的演说摘要）

流动性陷阱(1)

岩本康志:“在世界性的经济危机面前,流动性陷阱不只是日本所面临的问题,而且是各国都必须直面的问题。”

日本的名义 GDP 在 1997 年达到顶峰,为 523 万亿日元。从 1992 ~ 2012 年,日本的经济完全没有增长,这种停滞的现象被称为“失去的二十年”。

用市场均衡理论来分析的话,如果价格和工资下降,萨伊定律应该起作用。但是,现实却是完全相反的。根据日本国税厅对民间工资实际情况的统计调查(此调查包括了非正式雇用的情况),工资从 1997 年的 467 万日元下降至 409 万日元,加上商品滞销,因此失业无法得到改善。

凯恩斯学派认为,如果劳动工资下降,失业率仍然居高不下,那么这一问题就难以解决。因此,失业导致货币工资下降,进而导致需求萎靡,价格进一步下降,失业情况更加恶化,这形成了一个恶性循环。实际上,日本就是在一个低位形成了均衡,无法改善失业情况。这也就是凯恩斯所说的“通货紧缩”和“流动性陷阱”。日本在战后首次切实地遭受了通货紧缩。

日本家庭以住房形式持有的现金,从 1989 年的 18 万亿日元上涨至 2013 年 3 月的 54 万亿日元。与此相对应,根据日本银行资金循环统计,住房占 GDP 的比重从 1990 年的 4.1% 上升至 2013 年 3 月的 11.3%。另一方面,相对于投资,企业更倾向于将资金用于归还欠款或是存在银行(参见第 2.8 节)。在东京证券交易所第一市场部上市的企业中,实际没有欠债的企业(存款大于借款)在 1996 年占 30%,而到 2014 年 3 月则增至 50%。由于经济表现不尽如人意,不论是家庭还是企业,都无法放弃流动性。

日本“失去的二十年”

市场不均衡！

· 工资下降　· 商品滞销　· 无法改善失业情况

通货紧缩，流动性偏好，流动性陷阱

即使劳动工资下降，如果失业率依然居高不下，那么不论怎样也解决不了！

凯恩斯

失业率和名义GDP（内阁府和厚劳省）

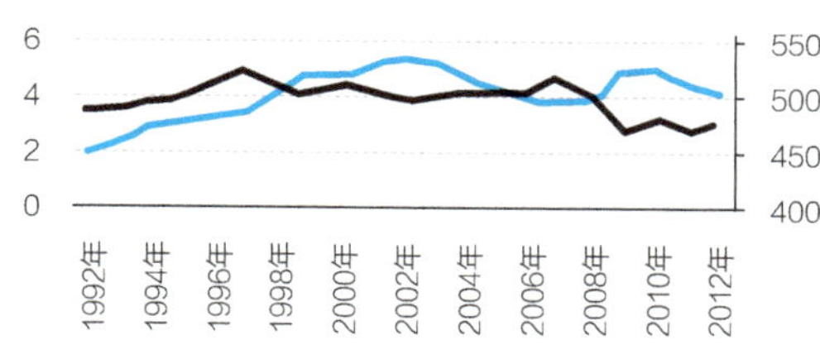

失业率（左，单位：%）

名义GDP（右，单位：万亿日元）

消费价格指数（单位：%；总务省）和
政策利率（单位：%；日本银行）

7
6
5
4
3
2
1
0
-1
-2
1990年 1991年 1992年 1993年 1994年 1995年 1996年 1997年 1998年 1999年 2000年 2001年 2002年 2003年 2004年 2005年 2006年 2007年 2008年 2009年

消费价格指数　利率

消费价格指数

（1）综合指数CPI；（2）剔除生鲜食品价格的核心CPI；（3）剔除生鲜食品和能源价格的超核心CPI。如果要综合考虑物价水平的话，（2）和（3）都应该使用。

日本银行的政策利率

泡沫经济崩溃后，利率迅速下降，1995年之后，实际上利率已经降至零。但是现在，无担保隔夜拆借利率（参见第2.13节），1996年被称为“公定步合”（译者注：民间银行从日本银行贷款时的基准利率），是日本银行代表性的货币调节工具。

流动性陷阱（2）

即使日本银行采取了宽松的货币政策，存款还是没有回流到市场中。日本的通货紧缩对市场均衡理论造成了很大的影响。

虽然日本银行增加货币供应，但是金融机构却将其储存起来，“谨慎贷款”和“强制收回贷款”等现象在 20 世纪 90 年代的日本非常普遍。

不仅是企业和家庭，连金融机构都储存货币，完全没有投资，这就是凯恩斯所说的“流动性陷阱”。

通货紧缩发生的背景可以用理性预期假说进行解释。人们会根据对未来的预期改变现在的行动，预期是会自我实现的（参见第 3.32 节）。不论是通货紧缩的预期，还是通货膨胀的预期，人们都会据此采取理性的利己行动。因此，在通货紧缩的预期下，如果通货紧缩带来了萧条，那么萧条就会一直持续下去（通货紧缩的自我实现）。人们由于对未来的不安，越来越多地减少货币（流动性）持有，在此状态下，利率接近于 0。

在日本持续受到通货紧缩影响的时候，“通货紧缩是有益的”理论出现了。通货紧缩被认为是“有利于低工资国家的产品输出”，以及“新产品、新技术、生产率提高和放松管制”等。

另外，日本由于经济长期停滞产生了供给短缺的问题，因此彻底实行放松管制政策、迫使生产效率低的企业退出市场这种极端的理论也出现了。与凯恩斯所想的是一样的，没有任何解决的办法。

日本的通货紧缩对于市场均衡理论产生了很大的影响。在流动性陷阱下，IS-LM 模型中的 LM 曲线呈现水平状态，货币政策没有任何效果。

通货紧缩预期和通货膨胀预期

凯恩斯

面对债券利率极端低下的情况，几乎所有人都会选择持有现金，流动性偏好在现实中肯定是存在的……只是我到现在为止还没有看到这样的例子。

20世纪90年代的日本

	通货紧缩预期	通货膨胀预期
收益	现金＞实物	现金＜实物
行动	存款＞购买商品	存款＜购买商品
投资	还款＞投资	还款＜投资
实证	“失去的二十年”	滞胀（参见第3.28节） 泡沫经济（资产通货膨胀） 安倍经济学（参见第3.51节）

流动性陷阱

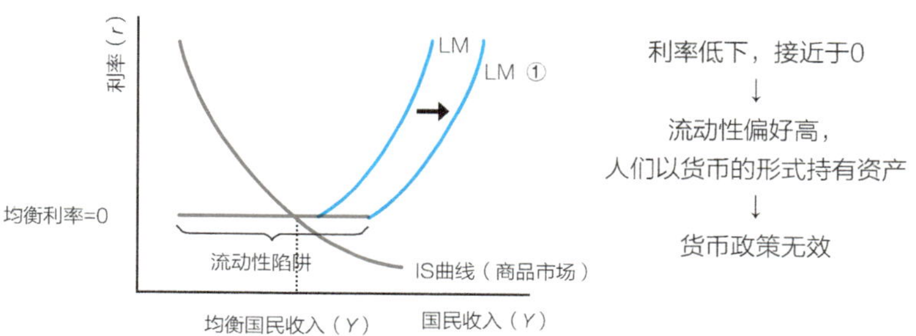

在经济萧条时，流动性偏好高。利率处于无限接近水平的状态，即使采取货币政策，对国民收入 Y 也不产生任何影响。LM 曲线向右上方倾斜的正常部分虽然向右移动，但是水平的部分仍然处在原位置，货币政策无效。

从关税及贸易总协定（GATT）到世界贸易组织（WTO）

乌拉圭回合谈判在强化多边贸易纪律的同时，建立了一个新的组织机构，即世界贸易组织（WTO）。

关税及贸易总协定（GATT），是一个以扩大自由贸易、通过多国之间的磋商消除影响自由贸易的壁垒为目的的协定。其原则包括以下三条：

（1）自由	消除关税和非关税贸易壁垒
（2）多边	在多国之间交涉
（3）无差异	对一个国家降低关税的话，对其他缔约国也适用

GATT 的谈判被称为回合（round），大幅度地降低了关税。根据 GATT 的谈判，发达国家在过去 50 年间的工业产品进口关税从最初的 40% 降至平均 4%。在对 20 世纪 30 年代贸易反省的基础上，GATT 的多方谈判扩大了全球贸易。

随后，WTO 取代了 GATT 成为新的国际性经济组织。其范围除了货物外，还拓展到服务和知识产权（商标、设计、创意等）领域，试图探索世界共同的规则。

WTO 的成员数量也持续增加，从 1964 年肯尼迪回合（Kennedy round）时的 47 个，增加到现在的 160 个，但是与此同时，各国的利益对立也更大。多哈回合（Doha round），对于包括农业、非农产品市场准入（NAMA）、知识产权等在内的 9 个领域进行了谈判，其目标是降低关税和放松管制。但是，特别是在各国普遍存在生产过剩的农业领域，并没有太大进展，实际上此后 10 年也未有大的进展。

另一方面，由于迅速和公平解决争端手段的增加，WTO 获得了很好的评价。

GATT 和 WTO 成员数量（经产省）

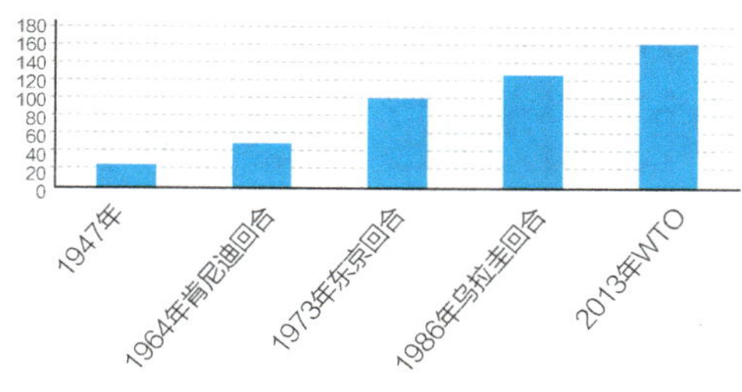

1947年 以降低关税为主旨的第一轮多边贸易谈判
成员：23个

↓

1973年 东京回合谈判
成员：100个

↓

1995年 WTO建立
成员：149个（建立时）
160个（截至2014年）

扩大全球出口贸易（单位：万亿美元；JETRO）

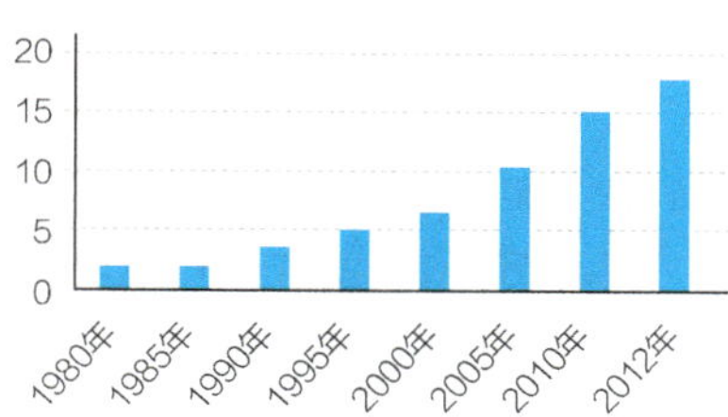

2012年，全球出口额为17.8821万亿美元，自1949年开始统计这一数据后，达到最高值。WTO在稳定全球贸易上，起到了非常重要的作用。

WTO 的议题

（1）日本和欧盟国家反对降低农产品关税。
（2）美国反对削减本国农业补助。
（3）发展中国家反对降低工矿产品关税。
（4）非洲国家要求美国削减对棉花的补助。

WTO 专家组解决争议数量陆续增加

GATT时代，平均每年6.7件

↓

WTO，平均每年26件，16年间共处理了422件

自由贸易协定（FTA），经济伙伴关系协定（EPA），跨太平洋伙伴关系协定（TPP）

根据实证分析，自由贸易协定使得成员 GDP 增加，而且随着成员数量的增加 GDP 增加得更多，而对非成员则产生负面影响。

由于 WTO 对于贸易自由化的推动较为缓慢，2 个或 2 个以上的国家 / 地区结成自由贸易协定或经济伙伴关系协定，加速了自由化的过程。

FTA 即自由贸易协定，在 GATT 的第 24 条中，作为例外情况被承认。

EPA 以 FTA 为核心，还包括金融和保险服务、投资扩大协定、劳动力市场开放、知识产权保护、行政手续简化和农副产品原产地表示等内容。

截至 2012 年，自由贸易协定已经超过 220 个，增加势头在进入 21 世纪后尤其迅猛。缔结协定所带来的通商利益效果显著，不及时缔结 FTA 的话则会直接影响收益，甚至遭受损失。区域内贸易占全球出口额的比重，在 2011 年上升到 71.8%。本来各国对 WTO 有所期望，但是现状却变成了缔结一个个小的贸易联盟。

日本在全球经济区域化中，先加入了 WTO，FTA 的缔结较晚。但是对于全球普遍存在的 FTA 加速化的潮流，日本也无法忽视，截至 2014 年 7 月，日本已经缔结了 14 个 FTA 或 EPA。

当前日本正在交涉中的 TPP（跨太平洋伙伴关系协定），其前身就是一个 4 个成员间的 EPA，之后加上了日本、美国、澳大利亚和加拿大等国家 / 地区，扩展成为一个 12 个成员间的协定。

日本对农产品实行了关税保护，包括大米、小麦、牛肉、牛奶和乳制品、砂糖等。TPP 未来很可能在 APEC 成员中发展。此外，RCEP（区域全面经济伙伴关系协定）、中日韩、日欧之间的磋商也正在进行中。

FTA 有效数量（JETRO）

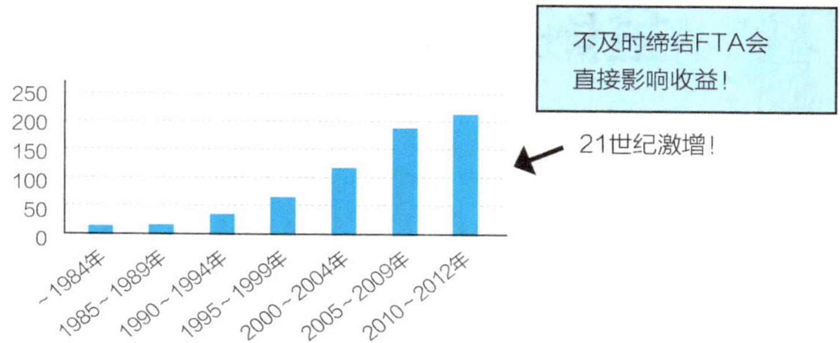

主要的 FTA

EU（欧盟）	共28个成员（到2013年，下同）
EFTA（欧洲自由贸易联盟）	比利时等4个成员
AFTA（东盟自由贸易区）	东南亚10个成员
APEC（亚太经济合作组织）	日本、美国、中国等21个成员
NAFTA（北美自由贸易协定）	美国、加拿大和墨西哥
MERCOSUR（南方共同市场）	巴西等5个成员

亚洲及太平洋区域的主要经济联系

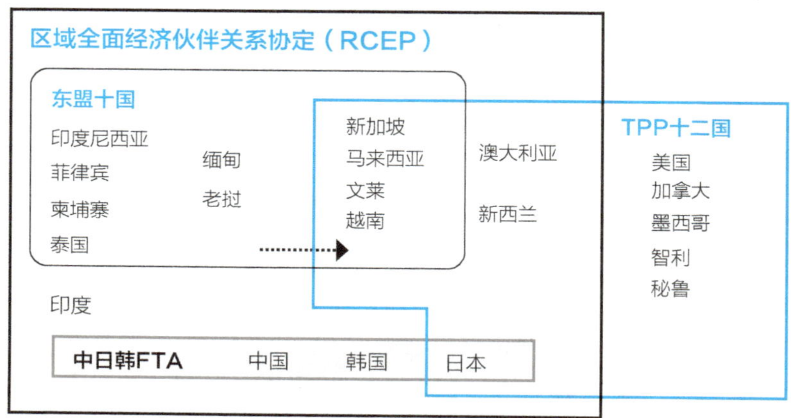

TPP 的未来

金融自由化

金融资产的增长率已经超过了 GDP 的增长率，但是，由于金融资产等于金融负债，金融资产的增加，其实也意味着金融负债的增加。

20 世纪 70 年代，美国的高通货膨胀率使得资金的流向发生了变化。高通货膨胀率使得利率很高，将资金贷出的瞬间，物价就上涨了 10%，因此利率的上涨必须超过这个比率。到 70 年代末期，连美国的短期利率都上升到了两位数。

另一方面，20 世纪 30 年代，美国银行的存款利率上限和银行管制就已经存在了。因此，随着市场上利率水平的不断上升，存款利率上限使得资金逐渐从银行向外流出。由于证券公司、投资信托和国债、公司债券等利率的上涨，没有人愿意将资金存在银行。而银行如果没有货币聚集的话，就无法进行信用创造以提供资金（参见第 2.28 节），因此最终经济活动范围缩小了。除了让存款利率自由浮动以外，别无他法。

1980 年，美国颁布了《1980 年金融制度改革法》，到 1986 年存款利率限制完全被取消，同时商业银行经营内容的限制也在 20 世纪 90 年代末被取消。

之后，各种金融产品的开发和彼此间的竞争层出不穷。如果利率一定，那么银行之间的差异化就很难体现，但是利率自由浮动之后，能开发出具有吸引力的金融产品的银行，就会更有竞争力、积累更多的资金。银行之间、银行与证券公司之间的竞争都更加激烈。

经济实力带来的信用，加上美元资本运作的丰富度和风险规避机制等，使得美国的金融实力备受信赖，因此出现了资金流入美国的情况。金融衍生产品大量登场，金融交易为主的时代到来了。然而这一趋势却最终被次贷危机和 2008 年金融危机终结了。

美国金融自由化趋势

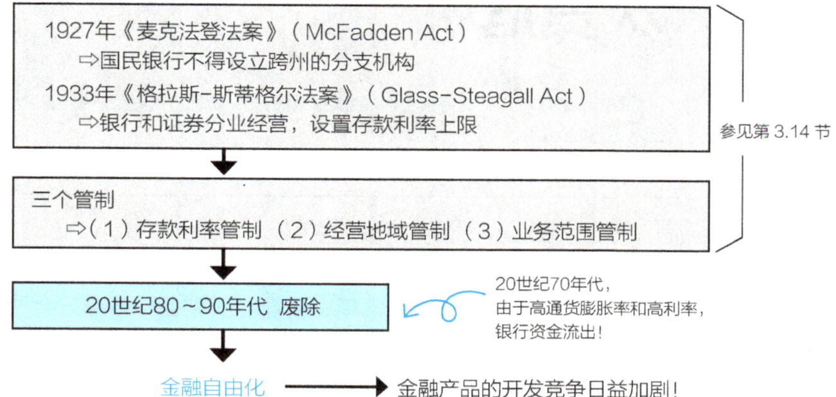

进入金融交易为主的时代

金融自由化后出现的金融产品

期货	为防止汇率波动，事先规定在多少月后或多少年后，1美元=若干日元
期权（option）	规定在多少月后或多少年后，购买者拥有以1美元购买若干日元的权利，或是以若干日元购买商品的权利（不论购买者是否使用这个权利，它都存在）
掉期交易（swap）	双方签订契约后，按照契约规定，互相交换付息方式，如以浮动利率交换固定利率

为了事先规避风险而出现的金融产品

↓

将商品存储起来使用的金融产品

（如：在小麦价格高涨时候，购买期权）

↓

将巨额资金存起来以备未来使用的金融产品

基金（信托）信托投资登场

↓

金融交易为主的时代的到来！

金融衍生产品登场！

↓

- 11年间（直到2006年）金融资产的增长率达到9.1%，高于全球实物资产增长率（5.7%）
- 全球的金融资产总额，是实物资产的3.5倍以上！

次贷危机

2008 年金融危机是此后持续性全球金融危机的关键诱因，同时也折射出实体经济运行的问题。

由于金融自由化，不论是小商店还是汽车公司，都纷纷依靠金融、保险、证券和不动产来发展子公司。只要去一个窗口，就能购买到各种各样的金融产品。而这些金融产品之一，就是资产证券化产品。

次级（subprime）贷款者指的是那些比抵押贷款等信用较好的贷款者（prime）要次一级的贷款者。他们愿意支付比浮动利率要高一点的利率，以获得贷款。由于当时经济景气，不动产担保价格上升，因此市场上出现了大量的贷款。但是从 2007 年 2 月开始，次级贷款的拖欠率（default）上升。

商业银行为了自保，停止向证券公司的资金流动，银行之间的融资开始停滞。

2008 年 9 月，投资银行雷曼兄弟破产，其负债总额达到约 6000 亿美元（60 万亿日元），是史上最大的破产案。由于还涉及公司债和投资信托的交易，因此雷曼兄弟破产的影响，从金融波及其他领域。例如，汽车贷款的审查开始变得非常严格，因此美国的汽车销售量大幅下降。

美国需求量的急剧下降，不仅影响到了其国内的产业，也对日本的出口业造成了极大的打击。2009 年 1 月，日本对美国的出口贸易额比前一年同月减少了 52.9%，因此出口行业不得不进行裁员。日经平均股票指数从 2008 年 9 月的 12214 日元暴跌至 10 月的 6000 日元。这一被称为是百年一遇的全球性大衰退，就是 2008 年金融危机。

次贷危机 /2008 年金融危机

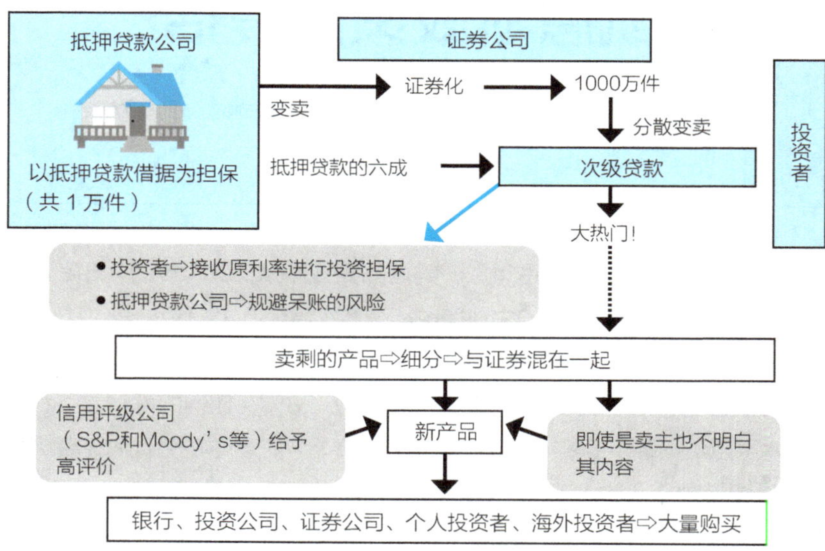

2007年2月起　次级贷款的拖欠率上升

大量企业受到打击！

2007年8月9日	法兰西银行为了保证银行的正常运作，暂停了三只基金，存款减少，短期债券价格下降→买者减少→资金周转恶化。
2007年8月	欧洲银行紧急融资950亿欧元，美联储紧急融资240亿美元。
2007年10月	主要银行持续遭到巨额损失←美联储和证券公司出资3万亿日元，以此作为解决各国政府必须增资3.8万亿日元的最后保证。

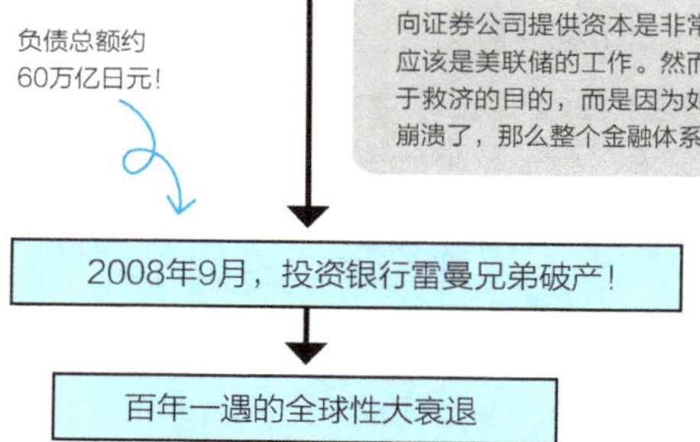

本 · 伯南克
时任美联储主席

2008年9月，投资银行雷曼兄弟破产！

百年一遇的全球性大衰退

凯恩斯政策的复活

美联储、英格兰银行（BOE）和欧洲中央银行等欧美国家的六家中央银行，以史无前例的速度，将政策利率降到史上最低水平。

各国的经济增长率都是负数，美国的失业率从 2007 年的 4.6% 飙升到 2009 年的 9.3%，日本的失业率也从 3.8% 增至 5.1%。

特别是提倡 DSGE 模型的淡水学派，其在危机面前毫无招架之力。按照他们的分析，对于日本实际 GDP 下降了 6.28%，他们的解释是“科学知识水平忽然下降了 6%”，对于失业的解释是“在全球的劳动者忽然懒惰了 5%”或者“个人收入下降了 5%”等，只能说明至此。然而实际上，这 5% 的人由于失业，完全失去了劳动收入。

淡水学派，正如其名，决定“沉默”（译者注：日语中淡水和沉默读音相似），不再提出他们的经济解释。不论是以往的宏观经济模型，还是 DSGE 模型，都无法完全预测 2008 年的危机，因此他们也提不出任何解决方案。

而作为需要被问责的实务层面的政府、各国中央银行和国际组织，则立刻采取了凯恩斯主义学派的政策来应对危机，如降低利率、持续增加货币供应量，实施财政政策等。当时的美联储主席伯南克，把所有能用的货币政策（如降低利率、增加货币供应量）都使用了。

被称为“经济学大师”的格林斯潘，在联邦会议上说“知识体系已经全部崩塌”，卢卡斯说“无论是谁都躲在凯恩斯主义学派的避难所中”。

七十年间，经济学在理论上基本没什么进步。

应对百年一遇的大衰退

DSGE模型完全无效！ → 各国政府、中央银行和国际组织 ⇨采取凯恩斯主义学派政策主张应对

DSGE模型对于危机的应对没有任何效果，白宫方面，面对流动性陷阱，只能使用IS-LM模型分析。
正如在哥白尼革命之后的五十年间，托勒密体系却被证明更好，IS-LM模型和DSGE模型也是同样的道理。

劳伦斯·萨默斯
（美国人，1954 ～　）
国家经济委员会主任
（在任时间：2009 ～ 2010）

2009年4月2日G20伦敦金融峰会

（1）为了恢复经济增长，持续扩张财政规模的努力必不可少。
（2）中央银行灵活使用所掌握的所有货币政策手段，维持宽松的政策。

凯恩斯主义学派的政策主张（货币政策 + 财政政策）

（1）货币政策

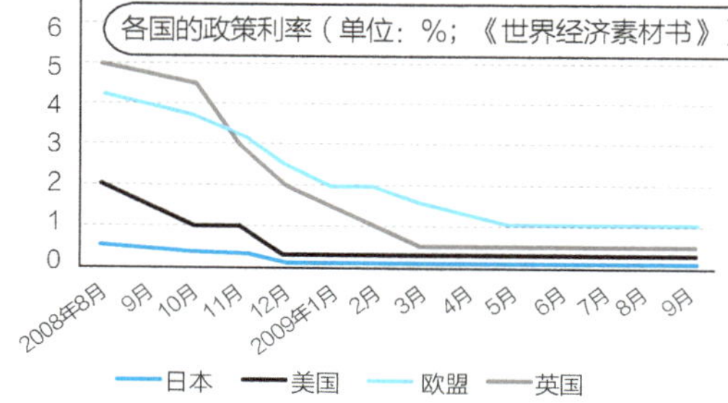

英格兰银行（BoE）当时的行长默文·金恩

“（经历过2008年金融危机后）我们终于意识到，十年前就应该知道，凯恩斯主义经济学就是针对‘未来的不确定性’而做的研究。”

（2）财政政策

日本	美国	欧盟5个主要国家
13.9256万亿日元	7827亿美元	3246亿欧元

各国“V”字反转

五个主要国家在2009年末实现了经济的“V”字反转！

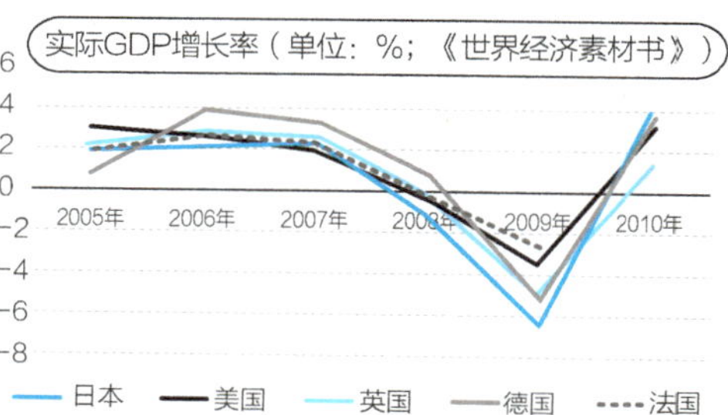

零利率，量化宽松政策

所谓的非传统货币政策，指的是中央银行事先通过一些货币政策的实施，引导未来市场的运行方向，如前瞻性指引（forward guidance）等。

2008 年金融危机之后，各国的政策利率变为零利率。对利率进行操控的传统货币政策，失去了用武之地。因此，各国转为采取非传统货币政策。为了进行金融调整，中央银行在市场中购买资产的范围和规模，都极大地得到拓宽，即维持宽松的货币存量和资产总量。

现在来考虑一下“流动性陷阱”的情况（参见第 3.43 节）。不论是传统的货币政策还是货币数量论（第 3.16 节图），在解决这个问题上，都是无效的。根据理性预期假说（第 3.32 节），要想实现未来货币供应量的增加，就必须改变现在的经济行为。不论是泰勒规则（第 3.39 节）还是费雪方程式（第 3.41 节图），都要充分利用。特别是为了能确定所增加的货币供应量，必须对预期加大影响力度。如果未来是确定的，那么人们的行动就会改变。

按照泰勒规则，零利率政策是切实可行的。如果未来确定采取宽松的货币政策，那么预期通货膨胀率就会上升，根据费雪方程式，即使名义利率为零，由于实际利率为负数，其对于投资的促进作用还是很明显的。

美国通过三轮量化宽松政策（参见下页表）确定了宽松的货币政策，特别是明确了将失业率控制在 6.5% 的政策目标。美联储主席特别重视所制定的目标，多次与相关人士约见，因此市场就越来越向着预期的方向运动。在股票市场，美联储通过公开发布政策，得到市场迅速的反应，股票市场数次突破了最高值。失业率从 2009 年的 9.3% 降至 2014 年 8 月的 6.1%。量化宽松政策取得了成功。

根据凯恩斯主义经济学和理性预期假说的政策主张

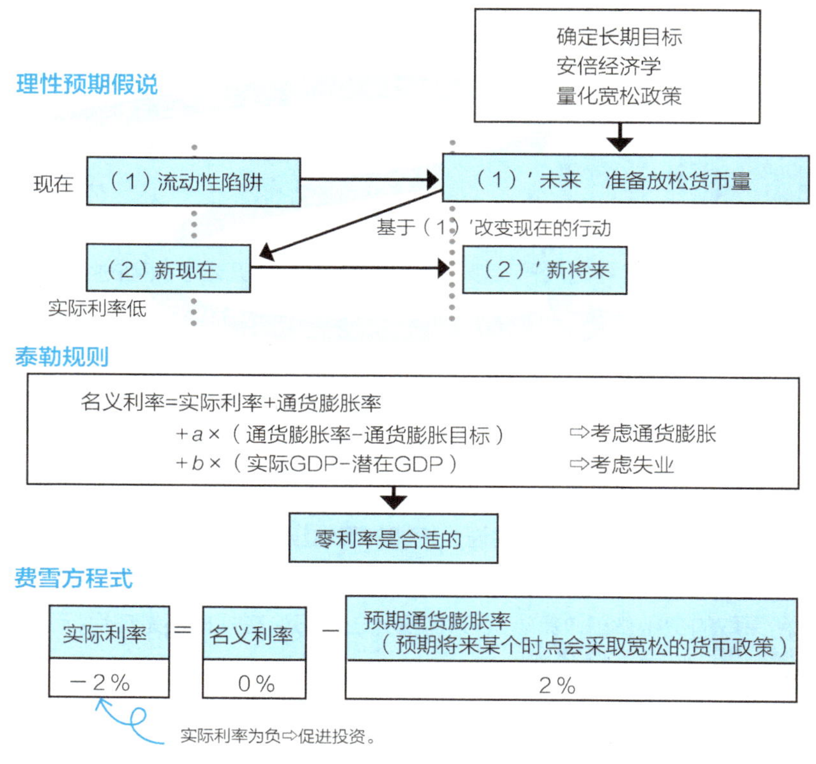

美国三轮量化宽松政策

根据约定改变长期利率

		量化宽松	放松资产总量
2008年11月	第一轮	1.725万亿美元	购买抵押贷款（1.25万亿美元）
2011年6月	第二轮	6000亿美元	
2012年9月	第三轮	每月购入国债450亿美元 ↓ 在此期间不再发行国债，直到失业率降至6.5%	每月购买400亿美元抵押贷款 ↓ 同左

再通货膨胀理论

安倍经济学

克鲁格曼在 1998 年的论文中说“如果预期通货膨胀率上升，那么实际利率就会下降，促进经济恢复”，这就是再通货膨胀理论（reflation）。

2012年末，3年之后再次掌握政权的安倍内阁，开始了大胆的经济政策，被称为是安倍经济学（Abenomics）。这些政策充分借鉴了现有经济学的所有内容。

货币政策基于非传统货币政策（第 3.50 节）的再通货膨胀理论。安倍内阁就通货膨胀目标发表了宣言，确定了量化标准，即“两年后基础货币将增加两倍，即通货膨胀率上升 2%”。在流动性陷阱的情况下，并未采取降低利率的传统货币政策，而是通过增加货币供应量，从而达到影响未来预期的目的。由于实际利率下降，企业的私人投资增加。这与日本银行在 21 世纪所采取的宽松货币政策（30 万亿日元），不论在规模还是在目标上，都完全不一样。

财政政策基于凯恩斯主义经济学理论。在流动性陷阱之下，货币政策是无效的，因此需要采取财政政策。2012 年度，日本的修正预算是 2.4 万亿日元，2013 年度的预算达到 106 万亿日元。

市场迅速对安倍的经济政策给予了反应，东京证券平均股票指数从9000 日元上升至 15000 日元，上涨了 60%，而日元指数在 2013 年一年间，则从 86 日元上升至 105 日元，贬值了 18%。2008 年金融危机之后的五年间，美国的货币供应增长速度达到 3.5 倍，日本是 1.5 倍，日元汇率恢复到正常水平。

从 IS-LM 模型分析来看，货币政策使得 LM 曲线向右移动，利率下降。而财政政策使得 IS 曲线也向右移动，收入水平上升。2013 年，日本的名义 GDP 上涨 1%，实际 GDP 上涨 1.6%。安倍经济学初次使用，短期效果还是明显的成功。

安倍经济学——三个关键要素

第一个要素	金融政策	两年后基础货币将增加两倍，即通货膨胀率目标设置为2%	凯恩斯主义理论+理性预期假说
第二个要素	财政政策	公共投资额在2013年度的预算为5.7万亿日元（是2012年度预算的1.7倍）	凯恩斯主义理论
第三个要素	经济成长战略	大规模放松管制	供给主义政策

对货币政策的分析

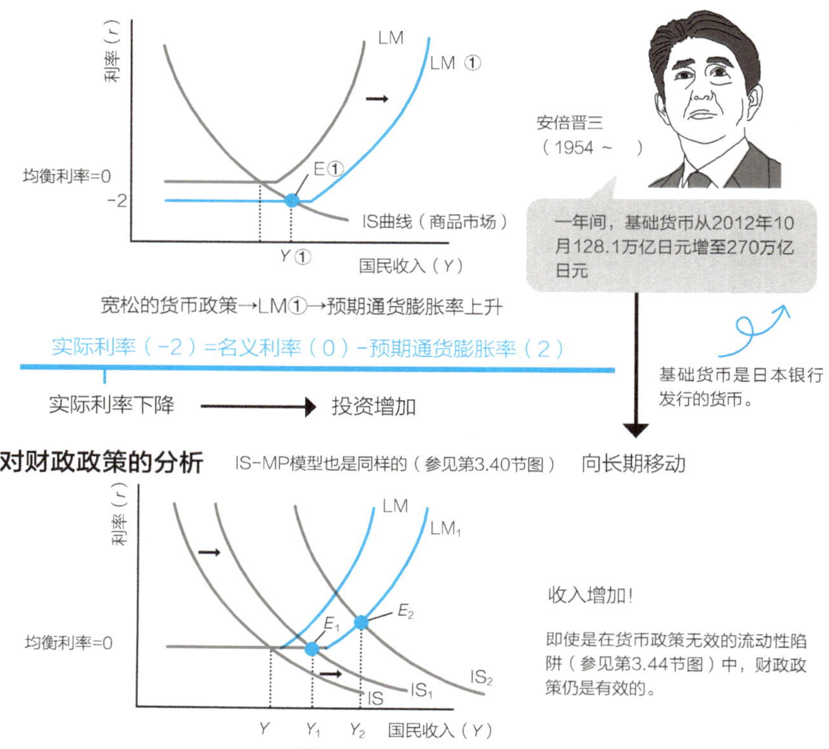

对财政政策的分析

2013年GDP ⇨ 名义GDP增长1%，实际GDP增长1.6%

新均衡

博弈论

如果上网检索的话，可以发现博弈论在招投标、住院医生医院分配和移动电话频率拍卖等方面应用非常广泛。

古典学派的经济学是微观经济学的基础，即个人理性地遵从利己心进行选择，其结果反而是最优（剩余最大化）的，这是经济学一贯的思维方式。

实际上，虽然以利己心和理性行动可以达到一个均衡状态，但是这个状态却不是最优的，而是一种新的均衡，这两个均衡所产生的利益可能是正好相反的。另外，关键问题在于人真的是如此“理性”的吗？经济学由此得到进一步的发展。而其代表就是这一节的博弈论和下一节的行为经济学。

在这一节，首先介绍一下博弈论。

新均衡的研究者是美国的约翰•纳什（1928～　），他提出了纳什均衡，而其经典案例有下页所示的“囚徒困境”和“公地悲剧”等。

在这两个例子中，博弈双方虽然都按照利己心和理性进行选择，但是其结果对于两方来说，都不是最优的状态，而会产生新的均衡。

此时，对于博弈双方来说，最好是不采取利己的行动，而是互相合作，此时才会达到两者都满意的结果。

实际上，同样的“困境”在很多场合都存在，比如裁军问题和环境保护。对于前者来说，两国合作裁军，既能减少军费支出，又能维护和平。而对于后者来说，由于地球的环境和海洋资源等是有限的，因此不论哪个国家，一味地采取利己心和理性行动的话，其结果都将是悲剧。

微观经济学的“最优”条件

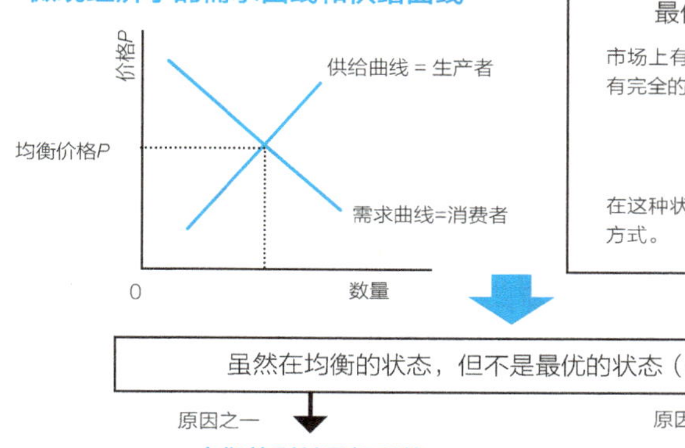

最优成立的条件（前提）

市场上有无数的消费者和生产者，他们具有完全的知识，并且是非常理性的。

在这种状态下，市场是最优的资源配置的方式。

虽然在均衡的状态，但不是最优的状态（新均衡）

原因之一

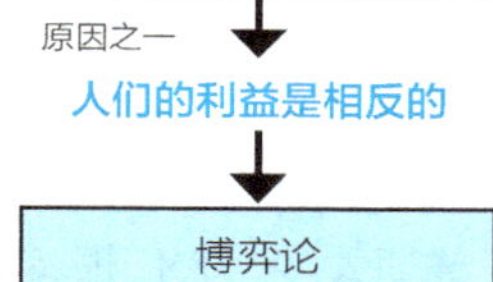

博弈论

原因之二

人们不是理性的

并非最优的两个例子

[囚徒困境]

对两个犯人进行单独审讯。

- 如果两人都坦白，那么两人都要被判刑20年。
- 如果两人都抵赖，那么判罚较轻，两人都被判刑1年。
- 如果一人坦白，而一人抵赖，那么坦白的那个人将无罪释放，而抵赖的人将获无期徒刑。

判罚年数		B的行动	
		抵赖	坦白
A的行动	抵赖	A1年 B1年	A无期徒刑 B无罪释放
	坦白	A无罪释放 B无期徒刑	A20年 B20年

- 如果B抵赖，A坦白的受益
- 如果B坦白，A坦白的受益

（相对于无期徒刑，还是被判刑20年比较好）

A 和 B 都采取利己心和理性的行动，最终两个人都受到了被判刑 20 年的惩罚，而如果两个人合作的话却只会被判刑 1 年。

[公地悲剧]

对用于放羊的公地来说，不论是谁，相对于他人利己心和理性行动，自己应该增加饲养的羊的数量，结果，公地的牧草被越吃越少，羊越来越瘦。

采取利己心和理性的选择，却不能达到双赢的结果。

行为经济学

行为经济学追求的不是理论完整性，而是采取最有效的方法进行实践，并通过实践帮助正确判断形成的方法论，具有较强的实用性。

微观经济的供求分析，是以“理性经济人”为前提的。但是，“理性经济人”这个前提的反例太多了。而对于这些反例的研究，就是行为经济学。在 2008 年金融危机之前，人和市场都会采取利己心和理性的行动并达到最优的结果这种观点，已经引起了行为经济学的警觉。

比如，传统经济学认为“选择和信息是无限的，效用可以实现最大化”，但是真的如此吗？果酱实验结果显示，由于选项太多，人们根本不能完全了解这些选项到底是什么。另外，如果公司职工了解彼此报酬，很可能会爆发不满而引起悲剧。因此，也有最好不要知道的信息。

企业人才聘用的实证研究显示，不直接面试而是通过简历、推荐书和求职动机等书面资料决定人才聘用的方式，比采取面试这种方式更能够聘用到优秀人才。面试官对于人才的预判能力几乎为零。

这种现象被称为“选择悖论”（the paradox of choice），即人的理性是有极限的。

另外，行为经济学还认为，在经济活动中，不同的性别存在明显的差异，女性更倾向于规避风险，而男性则会因为过度自信而偏好竞争。这种过度自信导致即使面对未来的不确定性，仍然乐观地积极投资，即凯恩斯所说的“动物精神”（animal spirit）。经济人不完全理性的一面，也是经济增长所要面对的问题。

关于经济人理性的讨论

人是完全理性的！

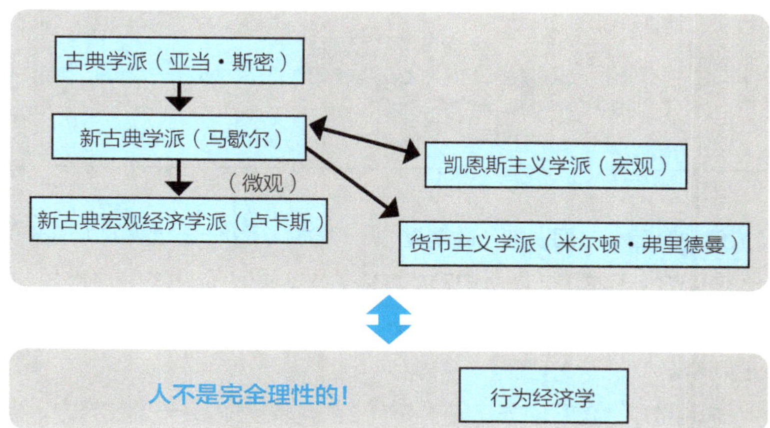

人不是完全理性的！　行为经济学

选择悖论

[在超市贩卖果酱]

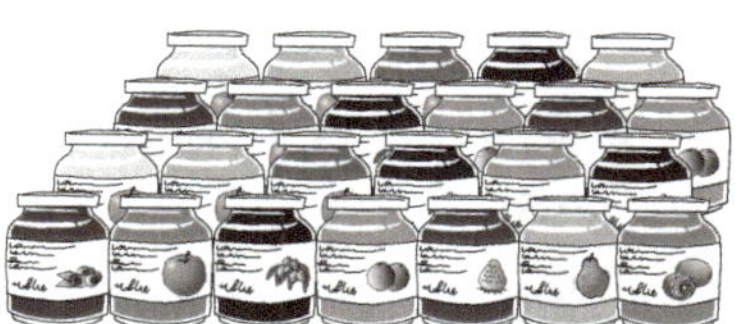

	陈列6种	陈列24种
关注的人数比例	40%	60%
在关注的人中购买的人数比例	30%	3%

[错觉]

特征 1　A　A′　B　特征 2

特征 1　A　B　特征 2

在上图中，相对于A′，增加诸多特征的A给人稳定性更强的错觉，结果，更多的人会选择A。

午饭套餐

最优的贩卖组合是 B（供给）
最优的购买组合是 B（需求）

价值观

那么，经济学在今后将何去何从呢？学者们对此的见解因人而异。但是，毫无疑问经济学进入了“混沌时代”。

价值观有三个方面：①什么是真的（科学），②什么是善的（道德），③什么是美的（艺术），即所谓的“真善美”。①表示的是“是什么”（德语 Sein），也就是存在；②表示的是“应该怎样”（德语 Sollen），也就是价值判断。

越来越数学化的经济学，在“是什么”①的道路上一直在努力，但是却不能逃出“应该怎样”②的讨论。

怎样的消费（C）会使自己更好，怎样的政府投资（G）会使政府更好，怎样的私人投资（I）会使企业的未来更好，这些选择的结果就构成了第 1 章所描述的“三面等价图”。

在消费时，我们所选择的是商品和服务，商品的英文是 goods，即好的东西。在最初，选择的前提就是“好的东西”，因此出现了这个英文单词。因此，作为经济学对象的 GDP，其实就是一种价值观的表达，即对于经济主体来说，什么是好的什么是不好的，喜欢什么不喜欢什么，什么是美的什么是丑的等。这种价值观是千差万别的，而且转眼即逝（如流行的变化等）。经济学以这些反复无常、不确定的主体作为对象进行分析，这与科学研究还有很大的距离。

另外，即使是 GDP 的分析，也不是无懈可击的。GDP 是将每个人、每个企业的附加值加总计算出来的。“怎样才能挣钱呢”“如果这么做就一定会产生那样的结果”，这种魔法般的理论，在经济学中是不存在的。经济学不能离开价值判断，因此也就不可能是纯粹的科学。

1970年以来，几乎所有主流宏观经济理论的发展，从结果来看都是白费功夫。

威廉·彼得

从现状来看，IS-LM模型作为一个能同时分析收入和利率的经济工具，仍然具有绝对优势。

若田部昌澄

现在经济学家认识到，经济学并不是无所无能的，预测是有极限的，因此在用经济学对特定问题进行研究时，也应该吸纳其他学科的研究成果。

里卡多·卡巴雷诺

在四个半世纪中，经济学模型越来越复杂，但是其对现实经济的解释力却没有相应地上升。

保罗·克鲁格曼

将微观经济学作为宏观经济学基础的这种方法论是错误的。实际上，微观经济学和宏观经济学应该是经济学的两个分支。

吉川洋

宏观经济学再次进入“混沌时代”，在研究上进入了丰富而有趣的时期。

池尾和人

信息不对称

正是由于信息不对称，才产生了附加值。与律师商谈、为了学习买书等，生产者与消费者之间的信息不对称，是经济活动的本质。

在市场中有着各种各样的商品和服务交易，但在市场中也存在着一个根本问题，就是信息不对称。

生产者对于这些商品和服务的内容非常了解，但是消费者并不了解。由于当今网络技术的发达，消费者可以对商店的食物、书本以及电影的内容等做出评价，因此，与之前相比，现在消费者的信息量增加了很多。但是即使这样，100% 掌握生产者的信息也是永远不可能的。不论是产地与实际不相符、代笔的音乐制作人、参加求职活动，还是医生与病人、当权者与政治家之间的关系，都有各种各样的契机，使得信息不对称问题不可能完全消失。

即使在供给方面，也存在信息不对称问题。在公司聘用员工时，公司对于求职者的信息就无法完全掌握。另外，供给方面有时候也不能完全掌握自己的信息。你对于自己现在体内有多少细胞了解吗？即使去医院，也不能完全调查出来。

拉面店和理发店的实力、与友人邂逅、恋爱、结婚、离婚、就业，等等，这些都是电影、小说和歌曲的主题，可以说信息不对称是人生的本质。

经济学分析所使用的供求曲线（参见第 3.11 节），假设所有市场参与人都完全掌握所有市场信息，但是实际上，这样的市场在现实中是不存在的。

经济的研究对象，从最初开始就是“不完全”的。

宏观经济学还有很长的路要走。

小林庆一郎

由于经济学并不像假设的那样简单，因此经济学模型也需要做调整，如何结合数学工具进行分析也是未来的课题。

罗伯特·席勒

最近经济学的研究，从对人预期形成的研究，转向对现实问题的研究。也就是说，现在的研究已经超越了理性预期假说。

川越敏司

宏观经济学前进的方向更加明朗，以微观经济主体的行动为研究对象的方法论更加精进，同时也应该以金融市场、资产价格和实体经济等相关领域为研究对象。

加藤凉

世上最难的事，并不是接受新思想，而是在精神上无法忘记原有的那些根深蒂固的思维方式。

凯恩斯

后记

法国经济学家托马斯·皮凯蒂在《21 世纪资本论》一书中论述了贫富差距形成的原因。金融交易为主的（参见第 3.47 节）时代以来，全球金融资产在 2012 年达到了实物资产的 3.2 倍。在遭受 2008 年金融危机之前的 11 年间，金融资产的平均增长率 9.1% 就已经大幅超过了全球 GDP 平均增长率 5.7%。换言之，即实物资产增长率小于资产收益率。由于 GDP 是经由劳动获得的附加价值的总额，这一事实也就意味着与劳动相比，通过资本运作可以获得更多的收益。

一般情况下，持有更多股票、债券及土地等资产的资本家经由资本运作会变得越来越富有，相对地，仅靠出卖劳动力赚钱的劳动者与资本家之间的贫富差距也就越来越大。

然而，上述贫富差距扩大是显著的央格鲁 - 撒克逊类型，此外贫富差距的类型还有收入再分配的 EU 类型以及高增长的同时保持极小差距的北欧类型，差距的程度依类型而不同。法国也有关于差距正在不断缩小的报告。实际上，联合国 2013 年发布的针对 130 个国家 1990 ~ 2012 年间的调查报告显示，有 50% 的国家贫富差距正在扩大，这些国家以包括美国在内的发达国家为主。另外 40% 的国家则呈现相反的趋势。值得注意的是，这 40% 的国家中也包含了发达国家。

此外，贫富差距的扩大并不意味着贫困阶层变得更加贫困。联合国的千年发展目标是在 2015 年之前将全球最贫困人口（靠日均不到 1.25 美元维生的人口）降低至 1990 年的一半，这一目标已提前达成，最贫困人口确实正在减少。

巴里·艾肯格林（加州大学伯克利分校）认为贫富差距的扩大有很强的政策依赖性。皮凯蒂就曾提出可向美国的富裕阶层征收最高税率为 70% 的资产累进税，施蒂格利茨（哥伦比亚大学）也有类似的建议，即提高累进税率、复征遗产税、实现收入再分配等。

另一方面，曼昆也曾指出，比例税、累退税、累进税哪一种更公平，不同的人有不同的看法，无法得出固定的结论（《曼昆经济学·微观篇》）。

每个人的价值观（什么是真的、什么是好的、什么是美的）都不尽相同（参见第 3.54 节）。价值观是个性的本质，个人主义所尊重的即是每个人的个性和其背后的价值观。

使持有各自不同价值观的人都能够自由参与，并且依据自身价值观做出自由选择的经济机制是市场，政治机制是民主制。无论市场还是民主制，体现的都是对个人最大限度的尊重。

市场经济与民主政治同样是依据对个人及其自由的尊重这一原理而成立的，两者相辅相成，缺一不可。但是，这两者所体现的都是当时环境下价值观的最大值，并非绝对值。

2014 年 9 月　菅原晃

主要参考文献、推荐文献

* 蓝色标注表示，即使是初学者也能容易理解的著作。

[1] アカロフ、シラー著 山形浩生訳『アニマルスピリット』東洋経済新報社 2009

乔治•阿克洛夫、罗伯特•席勒著，山形浩生译：《动物精神》，东洋经济新报社，2009年。

[2] イツァーク・ギルボア著 松井彰彦訳『合理的選択』みすず書房 2013

伊扎克・吉尔伯阿著，松井彰彦译：《理性选择》，美篶书房，2013年。

[3] クルーグマン著 山本章子訳『クルーグマンの国際経済学 理論と政策（上）貿易編』ピアソン 2010

保罗・克鲁格曼著，山本章子译：《克鲁格曼的国际经济学：理论与政策（上）贸易篇》，培生出版2010年。

[4] クルーグマン著 大山道広訳『クルーグマン マクロ経済学』東洋経済新報社 2009

保罗•克鲁格曼著，大山道宏译：《克鲁格曼 宏观经济学》，东洋经济新报社，2009年。

[5] ケインズ著 山形浩生訳『雇用、利子、お金の一般理論』

约翰・凯恩斯著，山形浩生译：《就业、利息和货币通论》

[6] ジョン・クイギン著 山形浩生訳『ゾンビ経済学—死に損ないの5つの経済思想』筑摩書房 2012

约翰・奎金著，山形浩生译：《僵尸经济学：借尸还魂的谬误经济思想及其成因》，筑摩书房，2012年。

[7] ダン・アリエリー著 熊谷淳子訳『予想どおりに不合理—行動経済学が明かす「あなたがそれを選ぶわけ」』早川書房 2008

丹・阿里著，熊谷淳子译：《与预想一样不理性：详解行为经济学“你应该如此选择”》，早川书房，2008 年。

［8］ ティモシー・ティラー著 池上彰監訳『スタンフォード大学で一番人気の経済学入門 マクロ編』かんき出版 2013

蒂莫西·泰勒著，池上彰监译：《斯坦福大学最有人气的经济学入门（宏观篇）》，刊记出版，2013 年。

［9］ ニコラス・ワプショット著 久保恵美子訳『ケインズかハイエクか—資本主義を動かした世紀の対決』新潮社 2012

尼古拉斯・韦普肖特著，久保惠美子译：《凯恩斯大战哈耶克》，新潮社，2012 年。

［10］フリードマン著『選択の自由』日本経済新聞出版社 2012

米尔顿・弗里德曼著：《自由选择》，日本经济新闻出版社，2012 年。

［11］フリードマン著 村井章子訳『資本主義と自由』日経 BP 社 2008

米尔顿・弗里德曼著，村井章子译：《资本主义与自由》，日经 BP，2008 年。

［12］マンキュー著　足立英之ほか訳『マンキュー経済学 II マクロ編（第 3 版）』東洋経済新報社 2014

曼昆著，足立英子等译：《曼昆经济学 II 宏观篇》（第 3 版），东洋经济新报社，2014 年。

［13］リカードゥ著　羽鳥卓也、吉沢芳樹訳『経済学および課税の原理（上）』岩波文庫 1987

大卫・李嘉图著，羽鸟卓也、吉泽芳树译：《政治经济学及赋税原理（上）》，岩波文库，1987 年。

［14］稲田義久「現代アメリカ経済」

稻田义久：《现代美国经济》。

［15］奥田宏司著『経常収支，財政収支の基本的な把握』論文

奥田宏司著：《基本理解经常项目收支和财政收支》（论文）。

［16］加藤涼著『現代マクロ経済学講義』東洋経済新報社 2006

加藤凉著：《现代宏观经济学讲义》，东洋经济新报社，2006 年。

［17］金子貞吉著『現代不況の実像とマネー経済』新日本出版社 2013

金子贞吉著：《现代萧条的实际情况与货币经济》，新日本出版社，2013 年。

[18] 根井雅弘著『サムエルソン経済学の時代』中公選書 2012

根井雅弘著：《萨缪尔森的经济学时代》，中公选书，2012 年。

[19] 根井雅弘編著『現代経済思想 サムエルソンからクルーグマンまで』ミネルヴァ書房 2011

根井雅弘著:《现代经济思想: 从萨缪尔森到克鲁格曼》, 密涅瓦书房, 2011 年。

[20] 小早川浩著『経済学のおさらい』自由国民社 2011

小早川浩著：《温习经济学》，自由国民社，2011 年。

[21] 小田中直樹著『ライブ・経済学の歴史―“経済学の見取り図”をつくろう』勁草書房 2003

小田中直树著:《实况: 经济学的历史——来制作经济学示意图吧》, 劲草书房, 2003 年。

[22] 松尾匡著『痛快明快経済学史』日経 BP 社 2009

松尾匡著：《痛快明快经济学史》，日经 BP 社，2009 年。

[23] 松尾匡著『標準マクロ経済学―ミクロ的基礎・伸縮価格・市場均衡論で学ぶ』中央経済社 1999

松尾匡著：《标准宏观经济学——通过微观经济基础、弹性价格、市场均衡理论学习》，中央经济社，1999 年。

[24] 川越敏司著『現代経済学のエッセンス―初歩から最新理論まで』河出書房新社 2013

川越敏司著：《现代经济学的精华——从最初的理论到最新的理论》，河出书房新社，2013 年。

[25] 丹野忠晋「ミクロ経済学入門」講義レジュメ

丹野忠晋：《微观经济学入门》，讲义摘要。

[26] 竹森俊平著『資本主義は嫌いですか―それでもマネーは世界を動かす』日本経済新聞出版社 2008

竹森俊平著：《资本主义让人讨厌吗？——还是资金让世界转动》，日本经济新闻出版社，2008 年。

[27] 中谷巌著『入門マクロ経済学 第 5 版』日本評論社 2007

中谷岩著：《宏观经济学入门》（第 5 版），日本评论社，2007 年。

[28] 藤田康範著『世界一わかりやすい経済学の授業』KADOKAWA 中経出版 2013

藤田康范著：《世界上最容易理解的经济学课程》，KADOKAWA 中经出版，2013 年。

[29] 藤田康範著『経済理論集中講義』日本実業出版社 2012

藤田康范著：《经济理论集中讲义》，日本实业出版社，2012 年。

[30] 櫨浩一著『日本経済の呪縛』東洋経済新報社 2014

栌浩一著：《日本经济的咒语》，东洋经济新报社，2014 年。

[31] 野口旭著『経済対立は誰が起こすのか』ちくま新書 1998

野口旭著：《是谁引起了经济学的对立》，筑摩书房，1998 年。

[32] 岡地勝二訳『マクロ経済学はどこまで進んだか—トップエコノミスト 12 人へのインタビュー』東洋経済新報社 2001

冈地胜二译：《宏观经济学将走向何方？——采访全球前 12 名的经济学家》，东洋经济新报社，2001 年。

[33] 内閣府『平成 22 年度 年次経済財政報告』

内阁府：《平成二十二年度经济财政报告》。

（特别在文中引用的文献）

[34] アダム・スミス著　山岡洋一訳『国富論』日本経済新聞出版社 2007

亚当・斯密著，山冈洋一译：《国富论》，日本经济新闻出版社，2007 年。

[35] アダム・スミス著　水田洋訳『道徳感情論』岩波文庫 2003

亚当・斯密著，水田洋译：《道德情操论》，岩波文库，2003 年。

[36] ハイエク著　西山千明訳『隷属への道 ハイエク全集 I- 別巻』春秋社 2008

哈耶克著，西山千明译《通往奴役之路 哈耶克全集 I- 别卷》，春秋社，2008 年。

[37] マンキュー著　足立英之ほか訳『マンキュー経済学 I ミクロ編（第 3 版）』東洋経済新報社 2013

曼昆著，足立英子等译：《曼昆经济学・宏观篇》（第 3 版），东洋经济新报社，2013 年。

[38] 中谷巌『痛快 経済学』集英社 1998

中谷岩著：《痛快经济学》，集英社，1998 年。

[39] 野口旭『グローバル経済を学ぶ』ちくま新書 2007

野口旭著：《学习世界经济》，筑摩书房，2007 年。

[40] 齋藤誠ほか著『マクロ経済学』有斐閣 2010

斋藤诚等：《宏观经济学》，有斐阁，2010 年。

[41] 「世界経済のネタ帳」

《世界经济素材书》。